처음 배우는 C

김명호 지음

C Programming for Beginners

도서출판 홍릉

저자소개

김명호 공학박사

숭실대학교 소프트웨어학부 교수
숭실대학교 소프트웨어교육연구소 소장
전 ETRI 연구원
미 테네시주립대학교 교환교수

처음 배우는 C

인　쇄: 2025년 11월 17일 초판 1쇄
발　행: 2025년 11월 26일 초판 1쇄

저　자: 김명호
발행인: 송 준
발행처: 도서출판 홍릉
주　소: 01093 서울시 강북구 인수봉로 50길 10
등　록: 1976년 10월 21일 제5-66호

전　화: 02-999-2274~5, 903-7037
팩　스: 02-905-6729
e-mail: hongpub@hongpub.co.kr
http://www.hongpub.co.kr
ISBN: 979-11-7570-001-7(93000)

정　가: 27,000원

머리말

AI가 사회 전반에 영향을 끼치고 있다. 특히 소프트웨어 분야에서는 AI를 활용한 바이브 코딩(vibe coding), 로우 코드(low code), 심지어는 노코드(no-code) 등이 활용되면서 프로그래밍 교육의 무용론이 제기되고 있기도 하다. 하지만 프로그래밍 교육을 통해 컴퓨터를 더 잘 이해할 수 있고, 논리적 사고와 문제 해결 능력을 키울 수 있으며, AI를 더 잘 사용할 수 있는 능력을 키울 수도 있다. 또한, AI를 통한 코딩 결과가 항상 정확하지는 않으므로, 프로그램의 검증을 위해서도 프로그래밍 지식이 필요하다.

다양한 프로그래밍 언어가 있지만, 이 책은 표준 C 프로그래밍에 관한 것이다. 컴퓨터가 개발되면서 많은 프로그래밍 언어가 생겨나고 사라졌지만, C는 1972년에 개발된 이후 지금까지 가장 많이 사용되고 있는 언어이다. C는 단순히 많이 사용되는 언어가 아니라, 컴퓨터 구조와 논리를 가장 명확하게 이해할 수 있게 하는 언어이다. C의 다양한 구성 요소를 배우면서, 컴퓨터의 작동 원리, 메모리 구조, 저장 장치의 동작 원리를 이해할 수도 있다. 또한 다른 프로그래밍 언어의 기반 언어이기 때문에, Python, Java, C++, 등과 같은 다른 프로그래밍 언어를 배울 때에도 도움이 된다.

이 책은 처음 프로그래밍을 접하는 독자도 부담 없이 C 언어를 익힐 수 있도록 구성하였다. 각 장마다 C 구문을 예제를 통해 익힐 수 있게 하였고, 다양한 연습문제를 통해 컴퓨터를 더 잘 이해할 수 있도록 하였다. 특히, 최신 표준 C를 바탕으로 설명하였으므로, 어느 컴퓨터에서도 동작하는 프로그램을 작성할 수 있는 능력도 배양할 수 있다.

이 책을 만들기 위해 많은 시간과 노력을 들였지만, 저자의 무지로 인한 오류가 있다면 너그러운 용서를 바라고, 그 내용을 kmh@ssu.ac.kr로 알려주기 바란다. 아무쪼록 이 책이 독자 여러분들에게 많은 도움이 되기를 바란다.

2025년 11월

차례

1

CHAPTER

프로그래밍 시작

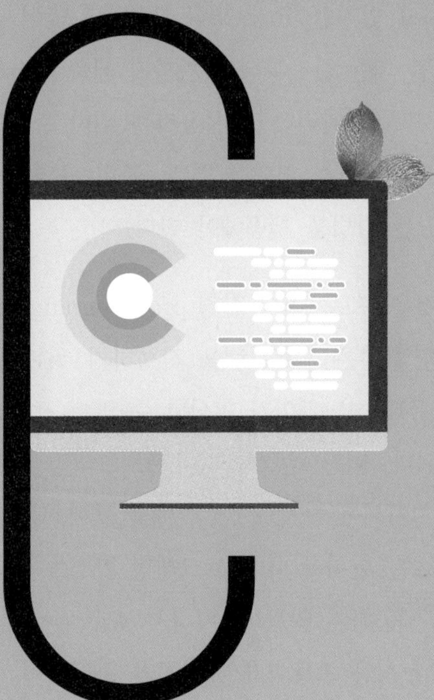

CHAPTER

1 프로그래밍 시작

컴퓨터는 하드웨어와 소프트웨어로 구성된다. 하드웨어는 CPU, 메모리, 메인보드와 같은 컴퓨터 부품을 의미하고, 소프트웨어는 흔글, PowerPoint, Excel, Chrome 등과 같이 컴퓨터 하드웨어를 사용하여 특정한 기능을 수행하는 프로그램을 의미한다. 또한, PC에는 Windows나 macOS가 설치되어 있는데, Windows나 macOS도 소프트웨어 일종이고, 이러한 소프트웨어는 사용자가 원하는 특정한 기능을 수행하기보다는 컴퓨터를 사용할 수 있도록 만든 소프트웨어로 운영체제(Operating System)라고 한다. 우리나라에서는 Windows를 가장 많이 사용하고 있지만, macOS나 Linux도 많이 사용되고 있는 운영체제이다. 운영체제는 컴퓨터를 켜는 순간부터 끄기까지 계속 동작하는 특별한 소프트웨어이다. 운영체제는 컴퓨터 자원을 관리하고, 사용자를 위한 소프트웨어를 제공하며, 사용자와 하드웨어 사이의 인터페이스 역할을 한다. 특히 운영체제는 사용자가 프로그램을 작성하고 실행할 수 있는 방법을 제공해야 한다.

프로그램을 작성하고 실행할 수 있게 하는 것을 프로그래밍 환경(programming environment)이라고 한다. 기본적인 프로그래밍 환경은 프로그램을 작성하기 위한 문서편집기(text editor)와 작성된 프로그램을 컴퓨터 하드웨어가 인식할 수 있는 프로그램으로 변환하는 컴파일러(compiler)로 구성된다. 어떤 운영체제는 프로그래밍 환경을 기본으로 제공하기도 하고, 어떤 것은 따로 설치해야 하기도 한다. 예를 들어, UNIX는 기본적인 프로그래밍 환경을 제공하고, Linux는 설치할 때 프로그래밍 환경을 선택할 수 있으며, Windows는 프로그래밍 환경을 제공하지 않는다. 따라서 Windows를 사용한다면 프로그래밍 환경을 따로 설치하거나 상용 프로그래밍 환경을 구매하여 설치해야 한다.

프로그램은 프로그래밍 언어로 작성된다. 프로그래밍 언어로는 Basic, C, C++, Fortran, Java, JavaScript, Perl, Python 등 많은 종류가 있다. 각 프로그래밍 언어는 고유의 목적과 특징이 있다. 따라서 어떤 종류의 프로그램을 작성하고자 하는지에 따라 적절한 프로그래밍 언어를 선택하면 된다. 이 책은 많은 프로그래밍 언어 중 표준 C를 사용하여 프로그램을 작성하는 방법에 관해 설명한다.

이 장에서는 C 프로그래밍에 대해 개괄적으로 설명한다. 먼저 표준 C 프로그래밍 언어에 관해서 설명하고, 프로그래밍 환경을 설명한 후, 간단한 예제 프로그램을 통해 프로그램을 작성하고 실행하는 방법에 대해서 다룰 것이다.

1.1 C

C는 Bell 연구소의 Dennis Ritchie에 의해 처음 설계되었고, 1972년 PDP-11 시스템에 구현된 범용 프로그래밍 언어이다. C는 처음에 UNIX 운영체제를 위한 시스템 언어로 사용되었지만, C의 간결성과 뛰어난 성능으로 점차 가장 많이 사용되는 범용 언어가 되었다. 많은 사용자가 생김에 따라 초기의 원시 C 언어는 1980년대 초에 "전통적인 C"로 발전하였고, 표준 C의 필요성으로 1990년 초에 ANSI(American National Standards Institute) 위원회는 표준 C인 "ANSI C"를 발표하게 되었다. ANSI C는 약간의 수정을 거쳐 1990년에 국제 표준인 ISO(International Organization for Standardization) 표준 C가 되었다. 보통 표준 C를 ANSI C라고 했던 이유는 ANSI C가 ISO 표준 C의 바탕이 되었기 때문이다.

C의 국제적 표준이 한번 발표되었다고 변하지 않는 것은 아니다. ISO 위원회는 컴퓨터 하드웨어 구조가 변하고 응용 프로그래머의 요구가 있으면 C 표준을 개정할 수 있다. 표준 C가 발표된 이후 많은 환경의 변화가 있었기 때문에 1999년에 ISO 위원회는 개정된 새로운 표준 C를 발표하였다. 보통 1990년에 발표된 C를 C90이라 하고, 1999년에 발표된 C를 C99라 한다. 그 후, 2011년, 2018년, 2024년에도 표준을 발표했으며, 각각 C11, C17, C23이라고 한다. C99와 C11은 이전 버전에 비해 많은 변화가 있었지만, C17과 C23은 새로운 기능 추가와 같은 주요 변화는 없고 약간의 수정이 있을 뿐이다. 이 책은 C23을 기준으로 작성되었다. 이 책에서 C라고 함은 C23을 의미한다.

지금까지 간략하게 살펴본 것과 같이 C가 프로그래밍 언어로 개발된 지 50년이 넘었다. 이 50년 동안 많은 프로그래밍 언어가 생겨났고, 그중 많은 언어가 사라졌지만, C는 여전히 가장 많이 사용되고 있는 언어 중 하나이다. 이러한 C의 인기는 다음과 같은 C의 특성 때문일 것이다.

먼저 C는 작은 언어이다. C는 적은 개수의 키워드를 가지고 있지만 이들을 조합하여 사용할 수 있어서 강력한 언어이다. C는 정확한 제어 구조와 자료형(type)을 포함하고 있으며, 이것들을 의미 있게만 사용한다면 거의 제한 없이 사용할 수 있다. 또한 기능의 단순성 때문에 배우기도 쉽다.

C는 UNIX, Linux, Windows, macOS를 포함하여 대부분의 운영체제를 개발할 때 사용되는 언어이다. 또한 빠른 응답시간이 필요한 서버 프로그램이나, 데이터베이스, 그래픽스 라이브러리, 등이 C로 작성되고 있다.

C는 이식성이 좋다. 이것은 한 컴퓨터에서 작성된 코드가 수정이 필요 없거나 아니면 약간의 수정만 거치면 다른 컴퓨터에서도 수행될 수 있음을 의미한다. 이는 C가 모든 컴퓨터에서 똑같이 작동하는 표준 라이브러리 함수를 프로그래머에게 제공하기 때문이다. 또한 C가 제공하는 전처리기를 사용하면 시스템에 독립적인 코드를 작성할 수 있다.

C는 간결하다. C는 강력한 연산자 집합을 제공하고 있으며, 그중 어떤 연산자는 프로그래머가 컴퓨터를 비트 수준까지 접근할 수 있게 한다. 증가 연산자 ++는 많은 컴퓨터에서 기계 언어와 직접적으로 연관되므로 효율적인 연산자이다. 간접 지정과 주소 연산을 수식 내에 함께 사용할 수 있어서 다른 언어로는 여러 문장으로 작성해야 하는 것을 한 문장이나 수식으로 표현할 수 있다. 소프트웨어 생산성에 관한 연구에 따르면 평균적으로 하루 동안 프로그래머가 작성할 수 있는 코드의 양은 적다고 한다. 따라서 간결한 언어는 프로그래머의 잠재적인 생산성을 분명히 증대시킨다.

C는 모듈성이 있다. C는 값에 의한 호출로 인자를 전달하는 외부 함수만을 제공한다. 함수들의 중첩은 허용하지 않는다. 또한 한 파일 내에서만 사용이 가능한 변수도 만들어서 사용할 수 있다. 이러한 기능들은 운영체제가 제공하는 라이브러리와 사용자 정의 라이브러리를 사용하여 모듈화 프로그래밍을 쉽게 할 수 있다. 이를 통해 코드의 재사용 가능성도 높일 수 있다.

C는 C++와 Java 등 많은 프로그래밍 언어의 기반이다. 이는 C 프로그래머가 일반적으로 많이 사용하는 구문과 방법이 다른 프로그래밍 언어에서도 보편적으로 사용됨을 의미한다. 그러므로 C를 배우는 것은 다른 프로그래밍 언어를 익히는 첫걸음이라고 할 수 있다.

C는 대부분 컴퓨터에서 효율적이다. C 언어의 어떤 구문은 컴퓨터 종속적이기 때문에 C는 컴퓨터 구조에 적합하도록 구현될 수 있다. 또한 컴퓨터는 그 구조에 종속적인 코드를 바로 수행할 수 있어 컴파일된 C 코드는 매우 효율적일 수 있다. 물론 프로그래머는 컴퓨터 종속적인 코드 부분을 잘 파악하고 있어야 한다.

이러한 장점으로 C는 지금까지 가장 많이 사용되는 언어가 되었다. 그렇다고 C가 결점이 없다는 것은 아니다. C는 문법이 복잡하고, 자동으로 배열의 범위를 검사하는 기능을 가지고 있지 않다. 또한 *나 =와 같은 기호는 사용 방법에 따라 여러 가지 의미로 사용되므로 잘못된 사용으로 오류가 발생하기도 한다. 그럼에도 C는 훌륭한 언어이다. C는 프로그래머가 컴퓨터에 접근하는 것을 막지 않는다. 이러한 방법을 사용하면 더욱 효율적인 프로그램을 작성할 수 있다.

1.2 프로그래밍 준비

프로그래밍을 위한 기본적인 환경은 프로그램을 작성할 수 있는 문서 편집기와 작성된 프로그램을 실행 코드로 만들어 주는 컴파일러로 구성된다. 이 두 가지 프로그램이 따로 제공될 수도 있고, 통합되어 제공될 수도 있다. 통합된 환경을 통합 개발 환경(Integrated Development Environment, IDE)이라고 하는데, 보통 프로그래밍을 도와주는 여러 기능도 함께 제공된다. 이러한 통합 개발 환경으로는 Windows 계열에서 사용할 수 있는 MS Visual Studio C++, Eclipse CDT, CLion 등이 있고, Linux에서 사용할 수 있는 NetBeans, Code::Blocks 등이 있다. 보통 통합 개발 환경은 한 윈도우 내에서 프로그래밍을 위한 모든 기능을 제공하고, 메뉴 기반으로 필요한 기능을 수행할 수 있다. 반면 통합 개발 환경이 아닌 것을 명령어 기반 개발 환경이라 한다. 명령어 기반 개발 환경에서는 프로그램을 작성하기 위해 사용자는 문서 편집기를 직접 실행하여 작성하고, 작성된 프로그램을 실행 코드로 변환하기 위한 명령도 직접 실행해야 한다. 통합 개발 환경이 명령어 기반 개발 환경보다 프로그램을 개발하기에 더 편리하지만, 처음 배울 때에는 둘 간의 차이가 거의 없으므로 어떤 개발 환경을 구축해도 된다.

C 언어로 작성된 프로그램을 원시 코드(source code) 또는 원시 파일(source file)이라고 하는데, 원시 코드는 컴퓨터에서 바로 실행할 수 없다. 원시 코드를 실행하기 위해서는 컴퓨터에서 실행될 수 있는 형태인 실행 코드(executable code) 또는 실행 파일(executable file)로 변환해야 한다. 원시 코드를 실행 코드로 변환하는 과정을 컴파일(compile)이라고 하고, 컴파일을 수행하는 프로그램을 컴파일러(compiler)라고 한다. C 컴파일러는 여러 종류가 있다. 어떤 것은 최신 C 표준인 C23이 반영된 것도 있고, 어떤 것은 반영되지 않아 이전 표준을 따르는 것도 있다. 혹은 표준에 없는 기능을 제공하는 컴파일러도 있는데, 이것은 사용자에게 좀 더 편리한 프로그래밍을 할 수 있도록 추가된 것이다. C 프로그래밍을 배울 때에는 가능하면 C23이 반영된 최근에 발표된 C 컴파일러를 사용하는 것이 좋다. 추천하는 컴파일러는 GNU에서 만든 gcc 컴파일러이다. gcc 컴파일러는 최신 버전을 무료로 사용할 수 있고, 계속해서 업그레이드되고 있다. 또한 대형 프로그램을 작성할 때도 많이 사용되고 있는 컴파일러이기 때문에 안정적인 컴파일러라고 할 수 있다. Linux를 사용하고 있다면, gcc를 바로 설치하여 사용할 수 있다. Windows를 사용하고 있다면, Eclipse CDT를 사용하거나, Windows에 Linux를 설치한 다음 gcc를 설치하면 된다. Windows 사용자들은 Windows에 Linux를 설치하고, gcc 컴파일러를 사용하는 것을 추천한다. 이렇게 하면 C 프로그래밍도 배우면서 Linux 사용법도 익힐 수 있을 것이다. 이 책에서는 Linux 설치나 일반적인 사용법에 대해서는 언급하지 않을 것이다. 이와 관련된 많은 책과 인터넷 사이트가 있으므로 그것을 참고하기를 바란다.

1.3 첫 번째 프로그램

프로그램은 사용자와 상호작용을 할 수 있어야 한다. 즉 사용자의 요구사항을 입력받을 수 있어야 하고, 계산 결과나 정보를 출력할 수 있어야 한다. C 언어는 이러한 대화 수단을 제공한다. 프로그램에서 입력은 출력보다 약간 더 어렵기 때문에, 출력하는 프로그램부터 시작하자. 첫 번째 예제 프로그램 1.1은 "Hello World!"라는 문장을 화면에 출력하는 프로그램이다.

프로그램 1.1

```
#include <stdio.h>
int main(void)
{
    printf("Hello World!");
    return 0;
}
```

프로그램 1.1에서 첫 번째 열의 숫자는 행 번호로 프로그램의 일부는 아니다. 프로그램 1.1에 관해 설명해야 할 것이 많이 있지만 여기서는 출력에 관해서만 설명할 것이다. 나머지 부분들은 다른 장에서 자연스럽게 설명될 것이다. C 프로그램은 다음 코드의 사각형을 제외한 부분을 반드시 포함해야 한다.

```
#include <stdio.h>
int main(void)
{
    . . .
    . . .
    return 0;
}
```

물론 앞으로 C 프로그램을 더 배우게 되면 필요에 따라 추가되거나 변경되는 부분이 있겠지만, 그때까지 C 프로그램은 반드시 이와 같은 모양을 가짐을 명심해야 한다. 즉 사각형 부분을 제외한 코드가 없다면, 그것은 C 프로그램이 아니다. 가운데에 있는 사각형에는 프로그램이 해야 하는 문장들을 작성한다. 프로그램 1.1에서는 사각형에 다음 문장이 있는 것이다.

```
printf("Hello World!");
```

이 문장은 화면에 자신이 원하는 내용을 `printf()`라는 함수를 사용하여 출력하는 것이다. 화면에 어떤 내용을 출력하기를 원한다면 다음과 같은 형식으로 쓰면 된다.

```
printf(" 출력하고자 하는 내용 ");
```

이제 이 프로그램을 어떻게 실행하는지 살펴보자. 첫 번째 단계는 프로그램을 작성하는 것이다. 좁은 의미의 프로그램 작성은 문서 편집기를 사용하여 프로그램을 입력하여 파일로 만드는 것을 의미한다. 특히 이렇게 만든 파일을 원시 파일이라고 하는데, 원시 파일을 만드는 방법은 일반적인 파일을 만드는 것과 크게 다르지 않다. 통합 환경을 사용한다면 통합 개발 환경에서 제공하는 편집기를 사용하여 원시 파일을 만들면 된다. 명령어 기반 개발 환경을 사용한다면 아무런 문서 편집기를 사용해도 된다. 예를 들어, Linux를 사용한다면, vi, emacs, nano 등 사용하기 편한 편집기를 사용하면 된다. 원시 파일의 이름은 그 프로그램에 가장 적합한 이름을 선택해야 하고, 확장자는 반드시 `.c`로 해야 한다. 예를 들어, 첫 번째 프로그램은 `first.c`라는 이름으로 저장하면 될 것이다.

두 번째 단계는 원시 파일을 컴파일하는 것이다. 원시 파일은 컴퓨터가 인식할 수 있는 프로그램이 아니다. C를 보통 고급 프로그래밍 언어(high-level programming language) 또는 중급 프로그래밍 언어(mid-level programming language)라고 하는데, 그 이유는 C 언어는 컴퓨터가 인식할 수 있는 언어가 아니라 사람이 인식할 수 있는 언어이기 때문이다. 반면 컴퓨터가 인식할 수 있는 언어를 기계 언어(machine language)라고 하는데, 기계 언어는 0과 1의 조합으로 구성되기 때문에 사람이 이해하기가 매우 어렵다. 따라서 프로그래머가 프로그램을 쉽게 작성할 수 있게 하려고 사람이 이해하기 쉬운 형태의 프로그래밍 언어가 개발되었고, 그중 하나가 C 언어이다. 하여튼 C 언어로 작성된 프로그램은 컴퓨터가 인식할 수 없으므로 컴퓨터가 인식할 수 있는 언어인 기계 언어로 변환하는 과정이 필요하다.

통합 개발 환경에서 컴파일은 단순히 컴파일 메뉴를 클릭하면 된다. 명령어 기반 개발 환경을 사용한다면, 설치된 컴파일러를 호출하면 된다. 즉, 다음과 같이 명령어 라인에 컴파일러와 원시 파일을 명시하면 된다. 여기서 `$` 기호는 프롬프트를 의미하는 것으로 입력하는 문자가 아니다.

```
$ 컴파일러 원시파일
```

예를 들어, `gcc` **컴파일러**로 앞에서 만든 `first.c` **원시파일**을 컴파일한다면, 명령어 라인에 다음과 같이 입력하면 된다.

```
$ gcc first.c
```

`first.c`가 올바르게 작성되었다면, `gcc` 컴파일러는 `first.c`의 실행 파일을 만들게 된다. 기본적인 실행 파일명은 어떤 환경을 사용하고 있느냐에 따라 달라진다. 예를 들어, Windows의 통합 개발 환경에서 했다면 `first.exe`라는 실행 파일이 생성되고, Linux에서 `gcc`로 컴파일했다면 `a.out`이라는 실행 파일이 생성될 것이다. 즉, 위와 같이 Linux 환경에서 `gcc`를 사용하여 컴파일하면 어떤 원시 파일을 컴파일해도 `a.out`이라는 파일이 생성될 것이다. 만일 다른 이름으로 실행 파일을 만들고 싶다면, `-o` 옵션을 사용하여 실행 파일명을 지정하면 된다. 예를 들어, 실행 파일명을 `first`로 하고 싶다면 다음과 같이 하면 된다.

```
$ gcc -o first first.c
```

마지막 단계로 실행 파일을 실행하는 것이다. 실행 파일은 컴퓨터가 인식할 수 있는 프로그램이기 때문에 컴퓨터에서 바로 실행된다. 통합 개발 환경을 사용한다면, 실행 메뉴를 선택하면 그 프로그램이 실행될 것이다. 명령어 기반 개발 환경을 사용한다면 명령어 라인에 그 실행 파일을 명시하면 된다. 예를 들어, Linux에서 `first`라는 실행 파일을 실행하기 위해서는 다음과 같이 하면 된다.

```
$ first
```

만일 현재 디렉터리가 실행 경로에 포함되어 있지 않다면 다음과 같이 하면 된다.

```
$ ./first
```

어느 개발 환경을 사용하더라도 이 프로그램을 실행하면 화면에 `Hello World!`가 출력될 것이다. 다음 그림은 Linux에서 `vi`를 사용하여 `first.c` 파일이라는 원시 파일을 만들고, `gcc`로 컴파일한 후, 실행 파일인 `first`의 실행 및 결과를 보여주고 있다.

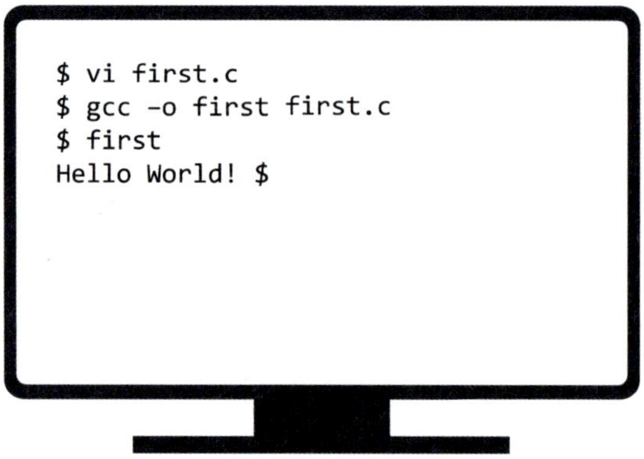

그림에서 보면 마지막 줄에 프롬프트 **$**가 출력 문장인 **Hello World!**에 붙어서 나왔는데 이를 다음 줄에 나오게 하는 방법은 다음에 설명할 것이다.

지금까지 살펴본 것과 같이 통합 개발 환경이나 명령어 기반 개발 환경이나 프로그램을 작성하고 컴파일하여 실행하는 순서는 동일하며 그 결과도 같다. 또한, 우리가 이 책에서 다루는 모든 프로그램은 통합 개발 환경을 사용하든 명령어 기반 개발 환경을 사용하든 똑같다. 따라서 앞으로는 특별히 구분을 하지 않고 설명할 것이다. 이 절에서 설명한 프로그램 작성에서부터 실행까지의 단계를 그림으로 정리하면 다음과 같다.

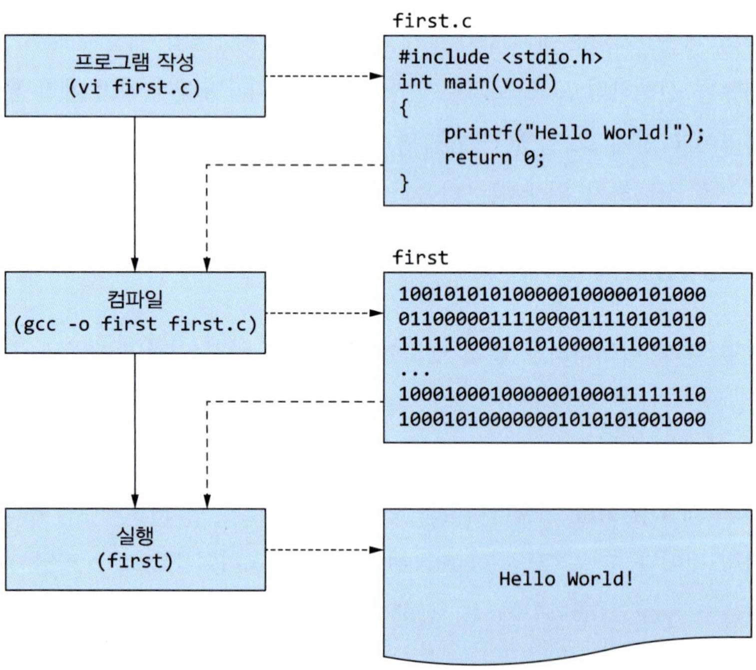

1.4 printf()

프로그램 1.1에서 `printf()`를 사용하였다. `printf()`는 출력을 위해 가장 많이 사용하는 함수이기 때문에 여기서 좀 더 설명할 것이다. `printf()` 함수는 주어진 문자열을 화면(screen)에 연속으로 출력하는 함수이다. 화면은 2-차원 출력 장치로 왼쪽에서 오른쪽으로, 위에서 아래로 출력이 진행된다. `printf()` 함수가 여러 번 호출되면, `printf()` 함수는 이전 `printf()` 함수가 출력한 마지막 지점부터 출력한다. 따라서 프로그램 1.1을 프로그램 1.2와 같이 고쳐도 출력 결과는 같다.

프로그램 1.2

```c
#include <stdio.h>
int main(void)
{
    printf("Hello ");
    printf("World!");
    return 0;
}
```

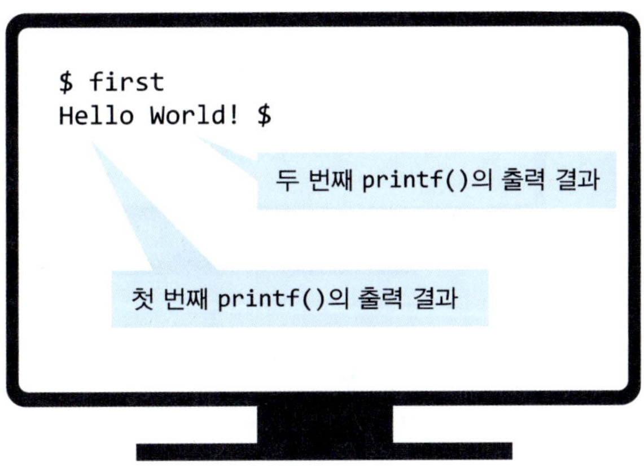

줄을 바꾸어 출력하고 싶다면, 줄 바꿈을 하고 싶은 위치에 개행(new-line) 문자(`'\n'`)를 삽입하면 된다. 프로그램에서 개행 문자는 키보드로 표현할 수 없으므로 `'\'`와 `'n'`의 조합으로 표시한다. 이렇게 역슬래시(\)로 시작하는 것을 탈출 기법(escape sequence)이라고 하고 앞으로 다시 다룰 것이다. 우리나라 키보드에서 역슬래시는 ₩ 키와 같다. 개행 문자를 출력하면 키보드의 "Enter" 키와 유사하게 커서가 다음 줄로 옮겨진다. 예를 들어, Hello World!를 두 줄로 출력하고 프롬프트를 출력 결과 다음 줄에 나오게 하고 싶다면, 프로그램 1.3과 같이 하면 된다.

프로그램 1.3

```
#include <stdio.h>
int main(void)
{
    printf("Hello\n");
    printf("World!\n");
    return 0;
}
```

프로그램 1.3의 수행 결과는 다음과 같다.

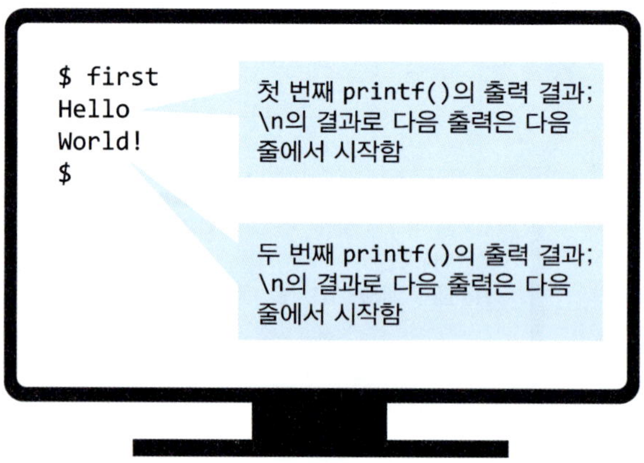

지금까지 printf()를 사용하여 문자들만을 출력했지만, 수치계산 결과나 앞으로 배울 변수의 값을 출력할 수도 있다. 예제 프로그램을 통해 사용법을 배워보자.

프로그램 1.4

```
#include <stdio.h>
int main(void)
{
```

```
4     printf("%d * %d = %d\n", 7, 8, 7 * 8);
5     return 0;
6 }
```

4행의 **printf()**는 괄호 안에 큰따옴표(")로 둘러싸인 것뿐만 아니라, 콤마로 분리된 숫자와 수식이 있다. 이와 같이 괄호 안에 콤마로 분리된 것을 함수의 인자(argument)라고 한다. 따라서 4행의 **printf()** 함수는 다음과 같이 네 개의 인자를 가지고 있다.

첫 번째 인자 : **"%d * %d = %d\n"**

두 번째 인자 : **7**

세 번째 인자 : **8**

네 번째 인자 : **7 * 8**

이 예에서와 같이 **printf()** 함수는 하나 이상의 인자를 가질 수 있지만, 첫 번째 인자는 반드시 큰따옴표(")로 둘러싸인 것이어야 한다. C에서 큰따옴표로 둘러싸인 문자를 문자열(string)이라고 하는데, **printf()**의 첫 번째 인자인 문자열을 제어 문자열이라고 한다. **printf()**의 인자가 여러 개라도 화면에 출력되는 것은 첫 번째 인자이고, 나머지 인자는 첫 번째 인자가 출력될 때 필요한 정보를 제공하는 것이다. **printf()** 함수의 인자가 두 개 이상일 경우 제어 문자열에는 뒤에 오는 인자를 어떤 형식으로 출력할지를 명시하는 변환 명세가 온다. 변환 명세는 **%**로 시작해서 변환 문자로 끝난다. 4행의 **printf()** 함수에는 변환 문자가 **d**인 변환 명세 **%d**가 사용되었다. 이 변환 명세는 화면에 그대로 출력되는 것이 아니고, 뒤따르는 인자의 값이 변환 명세에 명시된 대로 변환되어 대신 출력된다. 제어 문자열에 변환 명세가 여러 개 나오면, 뒤에 나오는 인자와 차례대로 대응된다. 예를 들어, 4행의 **printf()**에 있는 변환 명세와 인자는 다음과 같이 대응된다.

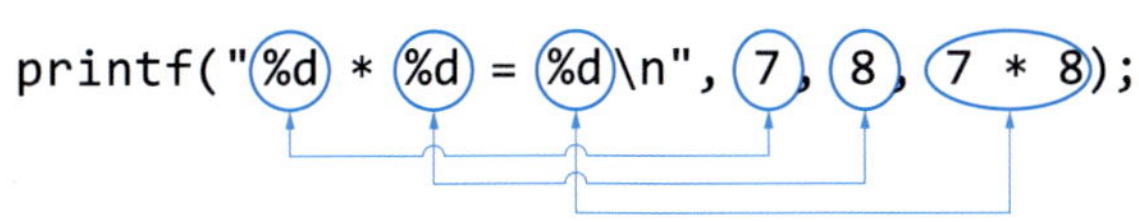

변환 명세에서 변환 문자로는 **c, d, e, E, f, g, G, i, n, o, p, u, x, X, %** 등이 올 수 있다. 이 절에서는 **d**와 **f**에 관해서만 설명하고, 다른 것들은 나중에 설명할 것이다. **d**

변환 문자는 대응되는 값을 정수로 출력하라는 것이다. 참고로, 네 번째 인자인 수식 **7 * 8**은 7 곱하기 8을 의미한다. C 프로그램에서 더하기, 빼기, 곱하기, 나누기 연산자로 각각 +, -, *, /를 사용한다. 따라서 네 번째 인자는 8 곱하기 7의 결과인 56이라는 값이 대응되는 변환 명세 대신 출력된다. 결국 화면에는 다음과 같이 출력된다.

```
7 * 8 = 56
```

실숫값을 출력할 때는 변환 문자로 f를 사용한다. 프로그램 1.5는 실수 곱하기 프로그램이다.

프로그램 1.5

```
1 #include <stdio.h>
2 int main(void)
3 {
4     printf("%f * %f = %f\n", 12.9, 8.8, 12.9 * 8.8);
5     return 0;
6 }
```

4행의 printf() 제어 문자열에서 변환 명세로 %f를 사용하였다. %f는 대응하는 인자의 값을 10진 소수 형태로 소수점 이하 6자리까지 출력한다. 프로그램 1.5의 실행 결과는 다음과 같다.

```
12.900000 * 8.800000 = 113.520000
```

1.5 scanf()

C 프로그램에서 입력이 필요한 경우 가장 많이 사용하는 함수는 scanf() 함수이다. scanf() 함수의 사용은 printf() 함수의 사용과 유사해 보이지만 좀 더 복잡하다. scanf() 함수를 완벽하게 이해하기 위해서는 변수 선언, 포인터, 함수에 대해 알아야

한다. 하지만 이 장에서는 예제를 통해 간단히만 설명할 것이다. 프로그램 1.6은 미화 1달러가 1,425원일 때, 달러를 원화로 계산하는 프로그램이다.

프로그램 1.6

```
1  #include <stdio.h>
2  int main(void)
3  {
4      int dollar;
5
6      printf("달러 금액을 입력하세요 : ");
7      scanf("%d", &dollar);
8      printf("%d원 입니다.\n", 1425 * dollar);
9      return 0;
10 }
```

4행은 입력되는 값을 저장하기 위한 변수를 선언하는 선언문이다. 미국 달러를 입력받을 것이기 때문에 dollar라는 변수로 선언했고, 앞의 int는 dollar가 정숫값을 다룸을 의미한다. 선언문과 변수에 대해서는 다음에 다시 설명할 것이니, 여기서는 이렇게만 이해하면 된다. 7행의 scanf()는 사용자로부터 데이터를 입력받아 변수에 저장하는 함수이다. scanf()를 사용하는 가장 단순한 형식은 다음과 같다.

```
scanf("[입력데이터형]", &변수);
```

입력데이터형에는 printf()에서의 변환 명세와 같은 것을 명시하면 된다. 즉, 정숫값을 입력받는다면 **입력데이터형**에 %d를, 실수를 입력받는다면 %f를 명시하면 된다. 물론 **입력데이터형**은 대응되는 변수의 형과 일치해야 한다. 그리고 중요한 것은 **변수** 앞에 &를 붙여야 한다는 것이다. &에 대해서는 포인터 부분에서 다룰 것이다. 프로그램 1.6에서는 정숫값 달러를 입력받아야 하므로 %d로 명시하였고, 대응되는 변수 dollar도 int 형으로 선언하였다. 8행의 printf()에서 환율인 1,425를 1425로 코딩했다는 것을 주의해야 한다. 즉, 프로그램에서는 천 단위를 표시하기 위한 콤마(,)를 사용하면 안 된다. 프로그램 1.6을 실행하고 123을 입력하면 다음과 같은 출력이 나올 것이다. 출력에서 이텔릭체는 사용자가 입력한 내용을 의미하고, [Enter↵]는 123을 입력한 후에 엔터키를 입력했다는 의미이다. 앞으로 엔터키 표시는 필요한 경우에만 할 것이다.

```
달러 금액을 입력하세요 : 123 Enter↵
175275원 입니다.
```

scanf() 함수는 프로그램으로 값들을 입력받을 때 매우 유용하지만, 입력되는 문자들이 scanf()에서 지정된 변환 형식으로 변환할 수 없다면 문제가 발생한다. 예를 들어, 프로그램 1.6을 실행하고 "what"을 입력하면 다음과 같이 출력될 것이다.

```
달러 금액을 입력하세요 : what
-2679899원 입니다.
```

이 실행 예제에서는 -2679899원으로 출력됐는데, 다른 값이 나올 수도 있다. 이와 같이 scanf() 함수를 사용하면 잘못된 입력으로 인해 문제가 발생할 수 있으니 주의해야 한다. 프로그램 1.6은 1달러당 환율이 1,425원으로 고정되어 있어 유용하지 못하다. 프로그램 1.7은 환율과 달러를 같이 입력받도록 수정한 것이다.

프로그램 1.7

```
1  #include <stdio.h>
2  int main(void)
3  {
4      int dollar, rate;
5
6      printf("환율과 달러 금액을 입력하세요 : ");
7      scanf("%d%d", &rate, &dollar);
8      printf("%d달러는 %d원입니다.\n", dollar, rate * dollar);
9      return 0;
10 }
```

7행에서 scanf() 함수의 제어 문자열에 %d%d를 사용했다. 이것은 두 개의 정숫값을 입력받겠다는 것이고, 각각 뒤따르는 변수에 입력되는 값을 저장하겠다는 의미이다. 또한, 두 정수 사이에는 공백 이외에는 없음을 의미한다. 즉, 환율과 달러를 입력할 때, 숫자 두 개만 입력해야 함을 의미한다. 환율 1,400원과 123달러를 입력하면 다음과 같은 결과를 얻을 것이다.

```
환율과 달러 금액을 입력하세요 : 1400 123
123달러는 172200원입니다.
```

만일 환율과 달러를 구분하기 위해 공백 이외의 문자가 온다면 이상한 결과가 나올 것이다. 예를 들어, 1400과 123 사이에 콤마를 넣은 결과는 다음과 같다.

```
환율과 달러 금액을 입력하세요 : 1400, 123
4096달러는 5734400원입니다.
```

결과에서 알 수 있듯이 `dollar`에 `123`이 입력되지 않았음을 알 수 있다. `scanf()`를 사용할 때는 제어 문자열에 명시된 대로 값을 입력해야 정상적으로 프로그램이 동작함을 알아야 한다.

1.6 디버깅

1.3절에서 첫 번째 C 프로그램을 소개하면서 프로그램을 실행하기 위해서는 컴파일러를 사용하여 먼저 프로그램을 컴파일해야 함을 설명하였다. 앞 절에서 보여준 C 프로그램은 완벽한 C 프로그램이기 때문에 컴파일러가 컴파일할 수 있었지만, 만일 작성한 프로그램이 구문에 맞지 않는다면 컴파일러는 오류 메시지를 출력하고 컴파일을 멈춘다. 즉, 컴파일러는 C 구문에 맞는 완벽한 프로그램만 컴파일하여 실행 파일로 만들 수 있다. 컴파일하는 도중 오류 메시지가 나온다면, 프로그램에서 잘못된 부분을 찾아서 수정한 후 다시 컴파일 해야 한다. 이러한 과정을 디버깅(debugging)이라고 한다. 물론 디버깅은 컴파일은 되지만 실행 결과가 예상한 대로 나오지 않았을 때도 해야 한다. 이 경우에는 프로그램의 문법을 확인하는 것이 아니라, 프로그램의 논리적 구조를 확인해야 한다. 디버깅이 이와 같이 크게 두 가지로 나누어지지만, 여기에서는 구문 오류의 디버깅에 대해서만 잠시 살펴볼 것이다.

프로그램 1.8

```
1 #include <stdio.h>
2 int main(void)
3 {
4     printf("Hello World!")
5     return 0;
6 }
```

프로그램 1.8은 프로그램 1.1과 비슷하지만, 4번째 행 끝에 세미콜론(;)이 없다. 이 프로그램을 gcc로 컴파일하면, 다음과 같은 오류 메시지를 출력한 후 실행 파일을 만들지 않고 컴파일이 멈춘다. 다른 컴파일러를 사용하면 오류 메시지가 약간 다를 수도 있지만, 그 내용은 같을 것이다.

```
first.c: In function 'main':
first.c:4:26: error: expected ';' before 'return'
```

이 메시지는 "first.c 파일: main 함수에서(첫 번째 메시지), first.c의 4행 26칸: 오류(error): return 문 앞에 ';'이 없음(두 번째 메시지)"을 알려준다. 이와 같이 메시지를 잘 읽으면, 문제가 있는 행과 그 이유를 알 수 있다. 하지만 정확한 이유를 알려주지 않을 수도 있다. 따라서 프로그래밍을 처음 배울 때 이러한 메시지를 읽고 이해하고 디버깅하기가 어려울 수도 있다. 하지만 이러한 과정을 몇 번 경험하면 빠르게 적응할 것이다. 또한 출력되는 메시지를 읽고 디버깅하는 작업을 통해 많이 배울 수 있으므로 메시지를 잘 읽기 바란다. 프로그램 1.9를 보자.

프로그램 1.9

```
1 #include <stdio.h>
2 float main(void)
3 {
4     printf("Hello World!");
5 }
```

프로그램 1.9는 첫 번째 프로그램에서 두 번째 행의 첫 번째 int를 float로 바꾸었고, 마지막 return 0; 문장도 삭제하였다. 이 프로그램을 컴파일하면 다음과 같은 메시지가 출력될 것이다.

```
first.c:2:7: warning: return type of 'main' is not 'int' [-Wmain]
first.c: In function 'main':
first.c:5:1:warning: control reaches end of non-void function
[-Wreturn-type]
```

이 메시지도 문제가 있는 파일 이름과 행 번호를 보여주고, 경고(warning)라는 단어가 나온 후 오류 설명이 나온다. 이러한 오류를 경고 오류라고 하는 데, 경고 오류만 있으면 컴파일러는 실행 파일을 생성한다. 하지만 이렇게 만들어진 실행 파일을 실행하면 원하는 대로 실행되지 않을 수도 있다. 따라서 경고 메시지만 나왔다고 디버깅을 멈추지 말고 경고 메시지가 나오지 않을 때까지 계속 디버깅하는 것이 좋다.

연습문제

01 C 프로그램은 확장자가 .c인 파일에 저장해야 한다. C 프로그램을 *.c 파일에 저장하지 않았을 때 컴파일이 되는지 확인해 보자. 프로그램 1.1을 위한 first.c 파일을 first_test 파일로 복사한 후 컴파일해 보아라. 컴파일되는지 확인하고 오류가 발생한다면 어떤 오류가 나는지 설명하여라. 즉, 다음과 같이 해 보아라.

```
$ cp first.c first_test
$ gcc first_test
```

02 자신의 이름을 별표로 그리는 프로그램을 작성하여라. 예를 들어, 다음과 같이 출력하여라.

```
*******     *      *       *  *******    *****
   *       * *     * *   * *  *         *     *
   *      *   *    *  *  * *  *         *
   *      *   *    *   *   * *******     *****
   *     *******   *       *  *               *
*  *     *     *   *       *  *         *     *
 **      *     *   *       * *******    *****
```

03 printf() 함수는 출력되는 데이터의 형식을 지정할 수 있게 한다. 출력 형식은 변환 명세에서 %와 변환 문자 사이에 온다. 먼저 변환 문자 d를 위한 출력 형식을 알아보자. 프로그램을 실행한 다음 질문에 답하여라.

```c
#include <stdio.h>
int main(void)
{
    int num = 1234;

    printf("12345678901234567890\n");
    printf("===%d===\n", num);
    return 0;
}
```

(a) 프로그램의 실행 결과를 써라.
(b) 7행의 `printf()`에서 `%d`를 `%6d`로 수정한 후의 실행 결과를 써라.
(c) 7행의 `printf()`에서 `%d`를 `%06d`로 수정한 후의 실행 결과를 써라.
(d) 7행의 `printf()`에서 `%d`를 `%-6d`로 수정한 후의 실행 결과를 써라.
(e) (b)부터 (d)까지의 실행 결과를 바탕으로 `%`와 `d` 사이의 `6`, `0`, `-`의 의미를 써라.

04 실수 출력 형식을 어떻게 사용하는지 알아보기 위해 다음 프로그램을 실행한 다음 질문에 답하여라.

```
1  #include <stdio.h>
2  int main(void)
3  {
4      float num = 1.234512345;
5  
6      printf("12345678901234567890\n");
7      printf("===%f===\n", num);
8      return 0;
9  }
```

(a) 프로그램의 실행 결과를 써라. 소수점 몇 자리까지 출력되는가?
(b) 7행의 `printf()`에서 `%f`를 `%8.2f`로 수정한 후의 실행 결과를 써라.
(c) 7행의 `printf()`에서 `%f`를 `%08.2f`로 수정한 후의 실행 결과를 써라.
(d) 7행의 `printf()`에서 `%f`를 `%-8.2f`로 수정한 후의 실행 결과를 써라.
(e) (b)부터 (d)까지의 실행 결과를 바탕으로 `%`와 `f` 사이의 `8`, `.`, `2`, `0`, `-`의 의미를 써라.

05 다음 프로그램을 실행해 보아라.

```
#include <stdio.h>
int main(void)
{
    int num;

    printf("Input a number : ");
    scanf("%d", num);
    printf("%d X %d = %d\n", num, num, num * num);
    return 0;
}
```

(a) 프로그램이 정상적으로 실행되는가? 안될 것이다. 프로그램의 어떤 부분이 잘못됐는지 살펴보고, 수정한 후 다시 실행해 보아라.

힌트 7행의 `scanf()`의 사용 방법이 잘못되었다.

(b) (a)에서 수정한 프로그램을 실행한 후 7.8과 같은 형태의 실숫값을 입력하면 어떻게 되겠는가? 실행 오류가 나는지 또는 실행되는지 확인해 보아라.

06 다음 프로그램을 실행해 보아라.

```
#include <stdio.h>
int main(void)
{
    float num1, num2, sum;

    printf("Input 2 real numbers : ");
    scanf("%f %f", &num1, &num2);
    sum = num1 + num2;
    printf("%f + %f = %f\n", num1, num2, sum);
    return 0;
}
```

(a) 이 프로그램을 실행한 후 3.5와 8.9를 입력한 후 실행 결과를 써라.

참고 이 프로그램은 실수를 다루기 위해 변수들을 `float`으로 선언하였고, `scanf()`와 `printf()`에서 `%f`를 사용하고 있다.

(b) 연습문제 4번을 참조하여 실행 결과가 다음과 같이 되도록 프로그램을 수정하여라.

```
Input 2 real numbers : 3.5  8.9
3.50 + 8.90 = 12.40
```

07 프로그램 1.4는 계산하고자 하는 값을 프로그램에 명시하고 있다. 따라서 다른 값들의 곱셈 값을 알고 싶다면, 프로그램을 수정하고 다시 컴파일한 후 실행해야 한다. 이러한 번거로움은 계산하고자 하는 값을 프로그램 실행 중에 입력받으면 없앨 수 있다. 프로그램 1.4를 계산하고자 하는 값을 입력받아 처리하는 프로그램으로 수정하여라. 단, 출력 화면을 다음과 같이 되도록 하여라.

```
Input 2 integer numbers : 9  8
9 * 8 = 72
```

08 구구단의 단을 입력받아, 그 단 전체를 출력하는 프로그램을 작성하여라. 출력은 다음과 같이 되도록 하여라. 단, for, while, do-while과 같은 반복문은 사용하지 말고 printf() 문을 여러 개 사용하는 것으로 작성해야 한다.

```
Input a number : 5
5 * 1 = 5
5 * 2 = 10
5 * 3 = 15
5 * 4 = 20
. . .
5 * 9 = 45
```

09 x가 4일 때 다음 이차 방정식의 값을 구하는 프로그램을 작성하여라.

$$f(x) = 3 * x^2 - x + 20$$

단, 출력은 다음과 같이 되도록 하여라.

```
Input x value : 4
f(4) = 64
```

10 다음 이차 방정식의 계수 a, b, c와 x값을 읽어서 방정식 값을 구하는 프로그램을 작성하여라.

$$f(x) = a * x^2 + b * x + c$$

단, 출력은 다음과 같이 되도록 하여라.

```
Input coefficients a, b, c : 3 -1 20
Input x value : 4
f(4) = 64
```

11 printf() 함수는 출력한 문자 개수를 알려준다. 출력된 문자 개수를 알고 싶다면 다음 프로그램과 같이 하면 된다.

```
1  #include <stdio.h>
2  int main(void)
3  {
4      int i = 30, cnt;
5  
6      printf("12345678901234567890\n");
7      cnt = printf("i = %d", i);
8      printf("\nNumber of output characters : %d\n", cnt);
9      return 0;
10 }
```

(a) 7행은 printf()가 출력한 문자 개수를 cnt에 저장하고, 8행에서 그 값을 출력하고 있다. 출력 결과를 써라.

(b) 7행에서 cnt =를 지우면 어떤 결과가 나오는지 확인해 보아라.

12 scanf() 함수도 실제로 입력된 데이터 개수를 알려준다. 다음 프로그램을 실행해 보아라.

```
#include <stdio.h>
int main(void)
{
    int a1, a2, a3, cnt;
    printf("Input three integers :  ");
    cnt = scanf("%d%d%d", &a1, &a2, &a3);
    printf("Number of entered data : %d\n", cnt);
    return 0;
}
```

(a) 10 20 30을 입력했을 때의 출력 결과를 써라.

(b) 10 20 ?를 입력했을 때의 출력 결과를 써라.

(c) 10 ? 30을 입력했을 때의 출력 결과를 써라.

(d) ? 20 30을 입력했을 때의 출력 결과를 써라.

2 CHAPTER
프로그래밍 기초

CHAPTER

2 프로그래밍 기초

프로그램은 기본적으로 자료 또는 데이터(data) 처리를 위한 것이다. 자료 처리를 위해 C는 다양한 형태의 자료를 다루는 방법과 연산 방법을 제공한다. C에서 기본적으로 다룰 수 있는 자료 형태를 기본 자료형이라고 한다. C가 제공하는 기본 자료형으로 정수, 실수, 문자, 부울, 복소수를 다룰 수 있다. 변수는 프로그램에서 데이터 저장을 위해 사용한다. 변수를 사용하기 위해서는 먼저 선언문을 통해 어떤 형의 자료를 다룰지를 정의해야 한다. C는 자료 처리를 위해 산술 연산자뿐만 아니라 다양한 종류의 연산자를 제공한다.

이번 장에서는 기본 자료형과 변수 선언을 위한 식별자와 선언문을 설명하고, 산술 연산자에 관해 설명한다.

2.1 기본 자료형

컴퓨터가 다루는 데이터 유형을 자료형(data type), 또는 줄여서 형(type)이라고 한다. 자료형은 크게 정수형, 실수형, 문자형으로 나눌 수 있다. 이보다 더 세분하게 나눌 수도 있지만, 이 세 가지가 기본이다. 어떤 자료형의 값이라도 메모리에는 0 또는 1의 비트열로 저장된다. 또한 메모리에는 값만 저장될 뿐, 어떤 자료형의 값을 저장했는지에 대한 정보는 가지고 있지 않다. 즉, 메모리에 저장된 비트열만 봐서는 이것이 정수인지 실수인지 또는 문자인지 알 수 없다는 것이다. 프로그래머는 메모리에 어떤 자료형의 값을 저장했는지 알아야 할 책임이 있다. 예를 들어, 프로그램 2.1을 보자.

프로그램 2.1

```
1 #include <stdio.h>
2 int main(void){
3     int i;
4     i = 65;
5     printf("정수 ? : %d\n", i);
6     printf("실수 ? : %f\n", i);
7     printf("문자 ? : %c\n", i);
8     return 0;
9 }
```

프로그램 2.1에서 3개의 `printf()`는 모두 `i` 값을 출력하지만, 출력형은 다르다. 즉, 5행의 `printf()`는 `i`를 정수로 출력하고, 6행은 실수로, 7행은 문자로 출력한다. 프로그램 2.1의 실행 결과는 다음과 같다.

```
정수 ? : 65
실수 ? : 0.000000
문자 ? : A
```

출력된 결과만 보면 모두 정상적인 값처럼 보인다. 하지만 `i`에 65를 저장했기 때문에 우리가 원하는 출력값은 65일 것이다. 이 결과에서 알 수 있는 것처럼 메모리에 정수 65를 저장했으면 정수로 읽어야 정확한 65 값을 얻을 수 있다. 다른 자료형으로 읽어도 동작은 하지만 우리가 원하는 값은 아님을 알 수 있다. 즉 프로그래머는 메모리에 저장한 형식으로 메모리 내용을 읽어야 한다.

C 프로그램에서는 변수를 선언할 때 자료형을 명확히 명시해야 한다. 다음은 C가 제공하는 기본 자료형이다.

대분류	소분류	기본 자료형
표준 정수형	부울형	_Bool
	문자형	char
		signed char
		unsigned char
	정수형	signed short int (short)
		signed int (int, signed)
		signed long int (long)
		signed long long int (long long)
		unsigned short int (unsigned short)
		unsigned int (unsigned)
		unsigned long int (unsigned long)
		unsigned long long int (unsigned long long)
표준 부동소수점형	부동소수점형	float
		double
		long double
	복소수형	float _Complex
		double _Complex
		long double _Complex

기본 자료형은 그 기능에 따라 표준 정수형(standard integer type)과 표준 부동소수점형(standard floating point type)으로 분류된다. 표준 정수형은 정숫값을 저장할 수 있는 자료형이고, 표준 부동소수점형은 실숫값을 저장할 수 있는 자료형이다. 이 두 형을 합하여 산술형(arithmetic type), 즉 계산이 가능한 자료형이라고 한다. 표준 정수형에는 부울형, 문자형, 정수형이 있다. 부울형은 부울 값인 참(1)과 거짓(0)을 다룰 때, 문자형은 문자를 다룰 때, 정수형은 정숫값을 다룰 때 사용되는 형이다. 부울형과 문자형이 표준 정수형으로 분류되어 이상하게 보이지만, C는 부울형과 문자형을 정수를 나루기 위한 자료형으로도 사용한다. 표준 부동소수점형은 크게 부동소수점형과 복소수형으로 나누어진다. 부동소수점형은 실숫값을 다루기 위해, 복소수형은 복소수 값을 다루기 위해 사용한다. 이 책에서는 부동소수점형을 실수형이라고도 할 것이다. 복소수형은 많이 사용되지 않고 아직 지원하지 않는 컴파일러도 있으므로, 이 책에서는 복소수형에 관해서는 설명하지 않을 것이다.

정수형 이름은 보통 줄여서 사용된다. 앞의 표에서 괄호에 있는 것이 축약된 형태이다. 즉, 정수형에서의 `signed` 키워드는 보통 생략된다. 즉, `int`만 써도 이것은 `signed int`를 의미한다. 또한 `short int`, `long int`, `unsigned int`는 각각 `short`, `long`, `unsigned`로 줄여 쓸 수 있다. `signed`도 `int`와 같은 의미이지만, 많이 사용하지 않는다. 기본 자료형이 많이 있지만, 당분간은 정수를 저장할 때는 `int` 형, 실수를 저장할 때는 `float` 형, 문자를 저장할 때는 `char` 형을 사용한다는 것만 알면 된다.

정수형

C에서 정수 상수(Integer constant)는 소수점이 없는 숫자이다. 일상에서 숫자를 쓸 때 천 단위마다 콤마를 넣어 가독성을 높이지만, 프로그램에서는 콤마를 사용하면 안 된다. 즉, 123,456,789를 프로그램에서 사용할 때는 123456789로 써야 한다. C에서 정수를 다룰 때는 기본적으로 `int` 자료형을 사용한다. `int` 형의 크기는 사용하는 컴퓨터마다 다르지만, 요즘 사용하는 대부분 컴퓨터에서 `int` 형의 크기는 4바이트이므로 이 책에서도 `int` 형의 크기를 4바이트라고 할 것이다. 크기가 4바이트라는 것은 `int` 형을 위해 메모리에 4바이트가 할당된다는 것이다. 1바이트는 8비트이고, 1비트는 이진 숫자 한자리를 표현하는 최소 저장 단위이다. 이것은 `int` 형이 32비트이고, 2^{32} 개의 다른 값을 가질 수 있다는 것을 의미한다. `int` 형은 이 중 반은 음수를 표현하는 데 사용하고, 나머지 반은 양수를 표현하는 데 사용한다. 즉, `int` 형은 다음 중 하나의 값을 표현하는 데 사용한다.

$$-2^{31}, -2^{31}+1, \cdots, -3, -2, -1, 0, 1, 2, 3, \cdots, 2^{31}-1$$

따라서 `int` 형 변수의 값의 범위는 대략 −21억에서 +21억이다. C는 10진 정수 상수뿐만 아니라, 16진 정수 상수와 8진 정수 상수도 지원한다. 16진 정수 상수는 `0x`나 `0X`로 시작하고, 8진 정수 상수는 `0`으로 시작한다는 것만 제외하면 우리가 일반적으로 알고 있는 상수와 같다. 예를 들어, `17`은 10진 정수 상수이고, 그 값은 17이다. `017`은 `0`으로 시작하기 때문에 8진 정수 상수이고, 그 값은 15가 된다. `0x17`은 `0x`로 시작하기 때문에 16진 정수 상수이고 그 값은 23이다. `printf()` 함수에서 값을 8진수와 16진수로 출력할 때는 변환 명세로 각각 `%o`와 `%x`를 사용한다. 출력할 때 8진수나 16진수 값 앞에 각각 `0`과 `0x` 접두사를 붙이고 싶다면, 변환명세로 `%#o`와 `%#x`를 사용하면 된다. 프로그램 2.2는 10진수, 8진수, 16진수에 대한 예제 프로그램이다.

프로그램 2.2

```
#include <stdio.h>
int main(void)
{
    printf("%d  %x  %o\n", 19, 19, 19);
    printf("%d  %x  %o\n", 0x1c, 0x1c, 0x1c);
    printf("%d  %#x  %#o\n", 017, 017, 017);
    return 0;
}
```

프로그램 2.5의 실행 결과는 다음과 같다.

```
19  13  23
28  1c  34
15  0xf  017
```

C에서 정수를 다룰 때는 기본적으로 int 부류 자료형을 사용한다. int 부류 자료형은 표현되는 바이트 크기에 따라 short, int, long, long long 형으로 나눌 수 있고, 이것은 또한 부호의 유무에 따라 signed와 unsigned로 나누어진다. 자료형 별 바이트 크기는 컴퓨터마다 다르다.

요즘 보통 사용하는 컴퓨터에서는, short는 2바이트, int는 4바이트, long은 8바이트, long long은 8바이트이다. 프로그램에서 정수를 다룰 때 가장 일반적인 자료형은 int 형이다. 하지만 다루는 값의 범위에 따라 다른 정수 자료형을 사용할 수 있다. 일반적으로 short 자료형은 기억장소를 절약하고자 할 때에 사용되고, long 형이나 long long 형은 큰 정숫값을 다룰 때 사용된다. short, int, long, long long 형의 크기와 값의 범위, 그리고 printf()와 scanf()를 위한 변환 명세는 다음과 같다.

자료형	크기(바이트)	범위	입출력 변환 명세
short	2	$-2^{15} \sim 2^{15}-1$	%hd, %hi, %hx, %ho
int	4	$-2^{31} \sim 2^{31}-1$	%d, %i, %x, %o
long	8	$-2^{63} \sim 2^{63}-1$	%ld, %li, %lx, %lo
long long	8	$-2^{63} \sim 2^{63}-1$	%lld, %lli, %llx, %llo

unsigned 형의 변수는 **signed** 형과 같은 크기의 바이트에 저장된다. 그러나 이름에서 알 수 있듯이 부호를 갖지 않는 정숫값만 다룬다. 즉, **unsigned** 형이 다루는 최솟값은 0이고 최댓값은 **signed** 형의 최댓값보다 2배 큰 수이다. **unsigned short**, **unsigned int**, **unsigned long**, **unsigned long long**의 크기 및 값의 범위를 정리하면 다음과 같다.

자료형	크기(바이트)	범위	입출력 변환 명세
unsigned short	2	$0 \sim 2^{16}-1$	%hu, %hx, %ho
unsigned int	4	$0 \sim 2^{32}-1$	%u, %x, %o
unsigned long	8	$0 \sim 2^{64}-1$	%lu, %lx, %lo
unsigned long long	8	$0 \sim 2^{64}-1$	%llu, %llx, %llo

지금까지 살펴본 것과 같이 C에서는 정수를 저장하기 위해 보통 **int** 부류 형을 사용하고, **int** 부류 형 중 크기가 제일 큰 것이 8바이트이다. 이것은 컴퓨터가 저장할 수 있는 정수의 범위가 매우 제한적임을 의미한다. 즉, 컴퓨터의 정수 계산 결과는 주어진 자료형의 범위 내에서만 정확함을 알 수 있다. 예를 들어 프로그램 2.3을 보자.

프로그램 2.3

```
#include <stdio.h>
int main(void)
{
    printf("2,000,000,000 + 2,000,000,000 = %d\n", 2000000000 + 2000000000);
    return 0;
}
```

4행에서 20억에 20억을 더한 결과를 출력하고 있다. 이 프로그램은 C 구문에 맞는 프로그램이므로 컴파일되고 실행될 것이다. 프로그램 2.3의 결과는 다음과 같다.

```
2,000,000,000 + 2,000,000,000 = -294967296
```

이 결과에서 알 수 있듯이 실행은 되지만 결과는 부정확하다. 앞에서 살펴본 것과 같이 C에서 **int**는 약 21억까지만 저장할 수 있다. 따라서 계산 결과인 40억은 **int** 형으로는 표현할 수 없다. 이러한 경우를 정수 오버플로(overflow)라고 한다. 일반적으로 정수 오버플로가 발생해도 프로그램은 계속 수행되지만, 그 결과는 논리적으로 부정확하다. 프로그래머는 정수 수식의 값이 적당한 범위 내에 있도록 주의해야 한다. 반드시 기억할 것은 컴퓨터의 계산 결과가 항상 정확한 것은 아니라는 것이다. 컴퓨터의 계산은 컴퓨터가 표현할 수 있는 값의 범위 내에서만 정확하다.

실수형

부동소수점형 상수(Floating constant)는 소수점이 있는 숫자를 의미한다. 앞으로 부동소수점형 상수를 실수 상수라고도 할 것이다. 정수 상수와 마찬가지로 실수 상수에는 자릿수를 나타내는 콤마를 사용할 수 없다. 수학에서 실수는 정수를 포함하지만, C에서는 소수점이 있는 수를 실수 상수라고 하고, 소수점이 없는 것을 정수 상수라고 한다. 예를 들어, C에서 7은 정수 상수이고, 7.0은 실수 상수이다.

C는 실수를 위해 **float**, **double**, **long double** 형을 제공한다. **float** 형은 4바이트이고, **double** 형은 8바이트이며, **long double** 형은 구현에 따라 달라진다. 실수 상수의 기본형은 **double** 형이지만, 프로그램에서는 **float** 형을 많이 사용한다. 부동소수점 형의 크기와 값의 범위, 그리고 변환 명세를 정리하면 다음과 같다.

자료형	크기(바이트)	범위	입출력 변환 명세
float	4	$10^{-38} \sim 10^{+38}$	%f, %e, %g, %a
double	8	$10^{-308} \sim 10^{+308}$	printf() : %f, %e, %g, %a scanf() : %lf, %le, %lg, %la
long double	?	?	%Lf, %Le, %Lg

실수 상수는 지수 표기법으로도 표현할 수 있다. 지수 표기법에는 10진 지수 표기법과 16진 지수 표기법이 있다. 10진 지수 표기법은 소수점 뒤에 `e(E)`를 쓰고 10진 지수를 명시하는 것이다. 예를 들어, **`314.0e-2`**는 314.0×10^{-2}을 의미하며, 결국 3.14를 지수 표기법으로 쓴 것이다. 16진 지수 표기법은 **`0x(0X)`**로 시작하는 16진 상수를 쓰고, 그 뒤에 `p(P)`로 시작하는 2진 지수를 명시한다. 즉, **`0x10p4`**는 $0x10 \times 2^{4}$을 의미하고 그 값은 256.0이다. `printf()`에서 소수점 표기법으로 출력할 때는 `f(F)` 변환 문자를 사용하고, 10진 지수 표기법으로 출력할 때는 `e(E)`, 16진 지수 표기법으로 출력할 때는 `a(A)`를 사용한다. 프로그램 2.4는 실수 상수 출력 예제이다.

프로그램 2.4

```
1  #include <stdio.h>
2  int main()
3  {
4      printf("   3.14 : %.2f, %.2a, %.2e\n", 3.14, 3.14, 3.14);
5      printf(" 314e-2 : %.2f, %.2a, %.2e\n", 314e-2, 314e-2, 314e-2);
6      printf("0x10p-2 : %.2f, %.2a, %.2e\n", 0x10p-2, 0x10p-2, 0x10p-2);
7      return 0;
8  }
```

5행의 **`314e-2`**는 314×10^{-2}을 의미하고, 6행의 **`0x10p-2`**는 16×2^{-2}을 의미한다. 출력 결과는 다음과 같다.

```
   3.14 : 3.14, 0x1.92p+1, 3.14e+00
 314e-2 : 3.14, 0x1.92p+1, 3.14e+00
0x10p-2 : 4.00, 0x1.00p+2, 4.00e+00
```

C는 정수 상수와 실수 상수를 명확히 구분한다. 이 말은 프로그램에서 정수 상수를 사용했느냐 또는 실수 상수를 사용했느냐에 따라 수식의 결과가 달라질 수 있다는 의미이다. 예를 들어, 5 / 2와 5.0 / 2.0은 수학에서는 같은 값을 갖지만, C에서 **`5 / 2`**는 2이고 **`5.0 / 2.0`**은 2.5이다.

문자형

문자 상수(Character constant)는 작은따옴표로 둘러싸인 한 문자이다. 예를 들어 'a', 'b', '+'는 문자 상수이다. 키보드 자판으로 표현할 수 없는 문자 상수는 탈출 기법(escape sequence)을 사용하여 표현한다. 앞에서 본 것과 같이 '\n'은 개행 문자 상수이다. \n은 두 문자처럼 보이지만 한 문자로 취급된다. 다음 표는 탈출 문자들과 그 의미를 설명하고 있다.

탈출 문자	의미
\a	경고
\\	역슬래시
\b	백스페이스
\r	캐리지 리턴
\"	큰따옴표
\f	폼피드
\t	수평 탭
\n	개형
\0	널 문자
\'	작은따옴표
\v	수직 탭

프로그램 2.5는 탈출 문자의 사용 예를 보여주고 있다.

프로그램 2.5

```
1  #include <stdio.h>
2  int main(void)
3  {
4      printf("\a");
5      printf("I like\b\b\bove C.\n");
6      return 0;
7  }
```

4행의 printf() 함수는 '\a'를 출력하는데, 이 문자는 경고음을 위한 탈출 문자이기 때문에 삑 소리가 날 것이다. 5행의 printf()에서 '\b'는 백스페이스를 위한 탈출 문자이고 3개가 연속해서 나오기 때문에 그 앞의 세 개의 문자 "ike"가 지워질 것이다. 결국 화면에는 **I love C.**가 출력될 것이다. 프로그램 2.5의 실행 결과는 다음과 같다.

```
<삑>
I love C.
```

문자도 컴퓨터에 저장될 때는 0과 1의 조합으로 저장된다. 문자를 이진 비트열로 변환하는 방법은 표준으로 정해져 있으며, 보통 ASCII(American Standard Code for Information Interchange)라는 표준을 사용한다. 다음 표는 ASCII 코드 값이다.

ASCII										
	0	1	2	3	4	5	6	7	8	9
0	nul	soh	stx	etx	eot	enq	ack	bel	bs	ht
1	nl	vt	np	cr	so	si	dle	dc1	dc2	dc3
2	dc4	nak	syn	etb	can	em	sub	esc	fs	gs
3	rs	us	sp	!	"	#	$	%	&	'
4	(	)	*	+	,	-	.	/	0	1
5	2	3	4	5	6	7	8	9	:	;
6	<	=	>	?	@	A	B	C	D	E
7	F	G	H	I	J	K	L	M	N	O
8	P	Q	R	S	T	U	V	W	X	Y
9	Z	[	\	]	^	_	'	a	b	c
10	d	e	f	g	h	i	j	k	l	m
11	n	o	p	q	r	s	t	u	v	w
12	x	y	z	{	|	}	~	del		

각 문자의 값은 행 번호에 열 번호를 붙여서 만들어진다. 예를 들어, 알파벳 A는 6행 5열에 있으므로 알파벳 A의 ASCII 값은 65가 된다. 이 의미는 프로그램에서 **'A'**를 메모리에 저장하면 **'A'** 대신 65라는 값이 저장된다는 것이다. ASCII 표를 보면 거기에는 숫자도 있음을 알 수 있다. 이 숫자는 숫자 문자를 나타내며 정수 숫자와는 다르다. 예를 들어, 숫자 문자 **'0'**의 ASCII 값은 48이고, 이는 숫자 0과는 완전히 다른 값을 갖는다는 것을 알 수 있다. 다만 숫자 문자들의 코드 값은 실제 숫자와 마찬가지로 연

속적인 값을 가짐을 알 수 있다. 또한 알파벳에도 연속적인 값이 할당되어 있음을 알 수 있다. 즉, `'B'`의 값은 `'A'`의 값보다 1 크고, `'1'`의 값은 `'0'`의 값보다 1 크다.

`char` 형은 문자를 저장하는 형으로, 그 크기는 1바이트이다. 따라서 `char` 형 변수는 2^8 또는 256개의 값을 저장할 수 있다. 이 값 중 일부만이 화면에 표시할 수 있는 인쇄 문자(printable character)이다. 인쇄 문자에는 스페이스, 소문자, 대문자, 숫자, 마침표, 특수문자 등이 있다. ASCII 값으로는 32부터 126까지가 인쇄 문자이다. 문자 집합에는 인쇄 문자뿐만 아니라 벨, 수직 탭, 수평 탭, 개행 문자 등의 제어 문자도 포함된다.

C가 제공하는 문자형은 `char` 이외에 `signed char`와 `unsigned char`가 있다. 컴파일러에 따라 `char` 형은 `signed char` 형과 같을 수도 있고, `unsigned char` 형과 같을 수도 있다. 이 세 가지 문자형은 모두 1바이트에 저장된다. `signed char` 형의 값의 범위는 −128부터 127이고, `unsigned char` 형은 0부터 255이다. `printf()`와 `scanf()`에서 `char` 형을 위한 변환 명세는 `%c`다. 예를 들어, 다음 프로그램을 보자.

프로그램 2.6

```
1 #include <stdio.h>
2 int main(void)
3 {
4     printf("75 = %c\n", 75);
5     printf("'1' = %d\n", '1');
6     return 0;
7 }
```

4행에서 75를 문자로 출력하고 있는데, 이것은 ASCII 값이 75인 문자를 출력하라는 의미이다. 5행에서와 같이 문자 상수 `'1'`의 값을 출력하면, 문자 상수 `'1'`의 ASCII 값이 출력된다. 프로그램 2.6의 출력은 다음과 같다.

```
75 = K
'1' = 49
```

문자열

"programming"과 같이 한 쌍의 큰따옴표로 묶인 일련의 문자들을 문자열 상수(string constant) 또는 문자열 리터럴(string literal)이라 한다. 문자열 상수와 문자 상수는 다르다. 예를 들어 "a"와 'a'는 같지 않다. 문자열 상수에 "(큰따옴표) 문자를 포함시키려면, 그 앞에 \ 문자를 써야 한다. 마찬가지로 \ 문자를 문자열 상수에 포함시키기 위해서도 그 앞에 \ 문자를 써야 한다. 공백에 의해 분리된 2개의 문자열 상수는 컴파일러에 의해 하나의 문자열로 결합 된다. 따라서 "abc" "def"는 "abcdef"이다. 문자열 상수를 정의할 때 행의 마지막에 \를 쓰면 문자열 정의가 다음 줄로 이어짐을 의미한다. 프로그램 2.7은 문자열 상수에 대한 예제 프로그램이다.

프로그램 2.7

```
#include <stdio.h>
int main(void)
{
    printf("%s\n", "F""u" "n " "\"C\"!");
    printf("%s\n", "\\n is \
new line.\n");
    return 0;
}
```

프로그램 2.7의 실행 결과는 다음과 같다.

```
Fun "C"!
\n is new line.
```

부울형

C에서 논리값인 참과 거짓은 숫자로 표현된다. 거짓은 0이고, 참은 0 이외의 값이다. 0 값은 정수 0뿐만 아니라 실수 0.0, 앞으로 배울 널 문자 \0, NULL 포인터 중 어느 것도 될 수 있다. 참은 0 이외의 값이기 때문에 1, 3.14, 625, 'a' 등을 참으로 사용할 수 있다. 논리값을 다룰 때는 _Bool 형을 사용한다. _Bool 형은 0 또는 1의 값만

을 가질 수 있는 형이다. 0은 거짓을 의미하고 1은 참을 의미한다. _Bool 형 변수에 임의의 값을 배정하면 그 값은 0 또는 1로 적절히 변환된다. 즉 배정되는 값이 0이면 그 변수에는 0이 배정되지만, 배정되는 값이 0이 아니면 그 값은 1로 변환되어 배정된다. 다음 프로그램을 보자.

프로그램 2.8

```
1  #include <stdio.h>
2  int main(void)
3  {
4      _Bool a, b;
5
6      a = 100;
7      b = a - 100;
8      printf("a = %d\n", a);
9      printf("b = %d\n", b);
10     return 0;
11 }
```

프로그램 2.8에는 아직 설명하지 않은 선언문과 배정문을 사용하고 있다. 선언문과 배정문은 뒤에서 자세히 설명할 것이다. 여기서는 눈으로만 이해하면 된다. 4행은 a와 b를 _Bool 형 변수로 선언하고 있다. a와 b는 부울형 변수이기 때문에 이들이 가질 수 있는 값은 0 또는 1이다. 6행에서 a에 100을 배정하고 있는데, 100은 참이므로 1이 a에 배정될 것이다. 7행에서 b에 a - 100을 배정하고 있는데, 이 값은 -99이고 이는 참이므로 1이 b에 배정될 것이다. 프로그램 2.8의 실행 결과는 다음과 같다.

```
a = 1
b = 1
```

2.2 선언문

프로그램은 데이터를 처리하는 것이다. 데이터 처리를 위해 프로그램에서 상수만 사용한다면, 유용한 작업을 할 수 없다. 의미 있는 데이터 처리를 하기 위해서는 데이터를 저장하고, 저장된 데이터를 활용하는 방법이 있어야 한다. 프로그램에서 데이터를 저장하고 활용하기 위해 제공되는 것이 변수이다. 변수에는 데이터를 저장할 수 있고, 이전에 저장한 데이터를 사용하거나, 다른 데이터로 대치할 수도 있다. 변수는 원하는 만큼 만들어서 사용할 수 있다. 변수를 만들 때 변수 이름을 부여하는데, 변수는 이렇게 부여된 변수 이름(변수명)으로 구별된다. 변수 이름은 식별자를 만드는 규칙에 맞게 만들어야 한다.

식별자(Identifier)는 프로그램에서 사용하는 변수, 함수, 태그 등을 말 그대로 식별하기 위해 사용하는 이름이다. 식별자는 알파벳, 숫자, 밑줄 문자를 조합하여 만드는데, 첫 문자는 반드시 알파벳이나 밑줄문자(_)이어야 한다. 또한, 용도가 미리 정해져 있는 단어인 키워드도 사용자 식별자로는 사용할 수 없다. 즉, 키워드는 프로그램에서 미리 사용 용도가 정의되어 있으므로 프로그램에서 다른 용도로 바꿀 수 없다.

올바른 식별자 예제	잘못된 식별자 예제
`sum`	`#_of_cats`
`numOfStudents`	`^smile^`
`ID`	`4you`
`id`	`return`
`_temp`	`int`

C는 대소문자를 구별하기 때문에, 예제에서 **id**와 **ID**는 다른 식별자로 취급된다. 잘못된 식별자 예제에서 **#_of_cats**와 **^smile^**은 특수문자가 사용되었기 때문에 잘못된 것이고, **4you**는 숫자로 시작하기 때문에 잘못된 것이다. 또한, **return**과 **int**는 식별자 규칙에는 맞지만, 키워드이기 때문에 사용자 식별자로는 사용할 수 없다. 지금까지 나온 키워드로는 **return**과 **int**, **float**, **short**, **signed**, 등과 같은 자료형을 위한 식별자가 있었다. C에는 더 많은 키워드가 있으며, 앞으로 하나씩 살펴볼 것이다. 프로그램을 작성할 때 키워드가 아니더라도 식별자로 사용하지 말아야 하는 것들이 있다. C

는 프로그래밍에 도움을 주기 위해 다양한 함수와 매크로를 제공하고 있는데, 이러한 곳에 사용되는 식별자는 키워드는 아니지만 식별자로 다시 정의하여 사용하지 말아야 한다. 예를 들어, 표준 라이브러리 함수로 제공되는 함수 이름인 scanf와 printf, 미리 정의된 매크로 이름인 NULL, EOF, __TIME__와 같은 것을 프로그램에서 변수나 함수 등을 위한 식별자로 사용하면 문제가 발생할 수 있다. 또한 main은 C 프로그램이 반드시 가지고 있어야 하는 함수 이름이기 때문에 식별자로 사용하면 안 된다. 마지막으로 C 시스템은 밑줄 문자로 시작하는 식별자를 많이 사용하기 때문에 식별자를 만들 때 밑줄 문자로 시작하는 식별자를 만들지 않는 것이 좋다.

프로그램에서 사용할 변수는 반드시 선언되어야 한다. 변수의 선언은 선언문(declaration)을 통해서 한다. 변수 선언문은 다음과 같이 어떤 종류의 값을 다룰지를 알려주는 자료형을 먼저 쓰고, 그 뒤에 변수의 이름인 식별자 목록을 명시하는 형식을 갖는다.

```
자료형 식별자목록;
```

자료형은 변수가 다루는 자료의 형으로, 앞에서 배운 기본 자료형이나 앞으로 배울 사용자 자료형을 명시하면 된다. **식별자목록**에는 식별자가 하나만 올 수도 있고, 콤마로 분리된 여러 개의 식별자가 올 수도 있다. 다음 프로그램을 보자.

프로그램 2.9

```c
#include <stdio.h>
int main(void)
{
    int radius;
    int diameter;
    float pi;

    radius = 0;
    pi = 3.14;

    printf("Input radius(integer value) : ");
    scanf("%d", &radius);
    printf("Radius : %d\n", radius);
    diameter = 2 * radius;
```

```
15     printf("Diameter : %d\n", diameter);
16     printf("Circumference : %.2f\n", diameter * pi);
17
18     return 0;
19 }
```

4행, 5행, 6행은 선언문이다. 세 개의 선언문은 컴파일러에게 **radius**와 **diameter**는 정수를 저장할 변수이고, **pi**는 실수를 다루는 변수라는 것을 알려준다. 좀 더 정확하게 표현하면, **radius**와 **diameter**는 **int** 형 변수이고, **pi**는 **float** 형 변수라는 정보를 주는 것이다. 컴파일러는 이러한 정보를 바탕으로 정숫값 두 개와 실숫값 하나를 저장할 수 있는 공간을 메모리에 할당하고, 그 공간을 각각 **radius**, **diameter**, **pi**라는 이름으로 접근할 수 있게 한다. 즉, 프로그램을 실행하면, 선언문에 의해 메모리에 다음과 같이 3개의 변수가 할당된다.

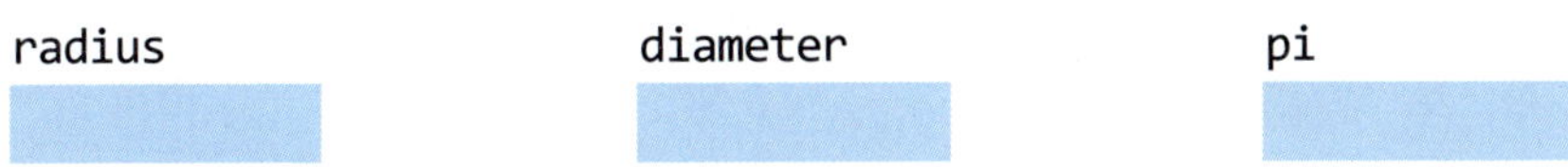

같은 형의 변수를 여러 개 선언할 때는 하나의 선언문을 사용하여 선언할 수도 있다. 즉, 4행과 5행은 **int** 형의 변수 **radius**와 **diameter**를 선언하고 있으므로, 다음과 같이 하나의 선언문으로 두 변수를 선언해도 된다.

```
int radius, diameter;
```

선언문을 통해 변수에 할당된 메모리 공간은 0으로 초기화되어 있지 않다. 그래서, 변수를 사용하기 전에 변수를 초기화하는 것이 보통이다. 선언문에서 변수를 선언함과 동시에 초깃값을 지정할 수도 있다. 선언문에서 변수의 초기화는 다음과 같은 형식으로 한다.

```
자료형  식별자 = 초기값;
```

프로그램 2.8에서 **radius**와 **pi** 값을 각각 0과 3.14로 초기화하고 있는데, 이를 선언문에서 하고 싶다면 선언문을 다음과 같이 수정하면 된다.

```
int radius = 0;
```

```
int diameter;
float pi = 3.14
```

이렇게 하면 변수가 메모리를 할당받는 동시에 그 공간이 다음과 같이 초기화된다.

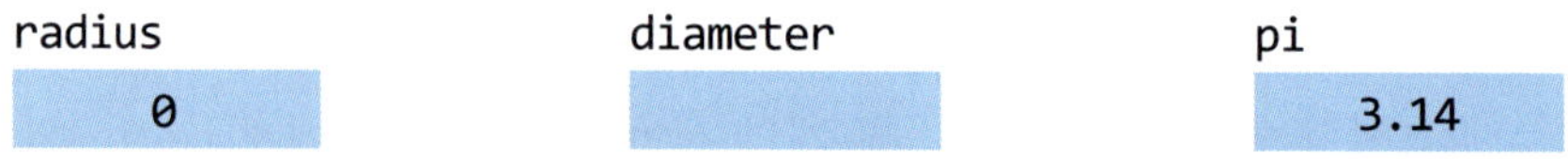

선언문에 초기화하는 변수와 초기화하지 않는 변수를 동시에 선언해도 된다. 따라서 다음과 같이 작성해도 같은 의미이다.

```
int radius = 0, diameter;
float pi = 3.14;
```

변수 선언문은 변수를 사용하기 전에만 있으면 된다. 즉, 프로그램 2.8에서 **diameter**는 14행에서 처음 사용되기 때문에, 5행의 **diameter** 선언문을 다음과 같이 사용 직전 행으로 옮겨도 된다.

```
int diameter;
diameter = 2 * radius;
printf("Diameter : %d\n", diameter);
```

선언문은 프로그램의 여러 곳에 분산되어 있어도 되지만, 한곳에 모아 두는 것이 일반적이다. 이렇게 하면 변수를 더욱 쉽게 관리할 수 있다. 변수가 선언되면, 변수는 하나의 값을 계속 유지할 수 있다. 프로그램 2.8을 실행한 후 12행이 실행될 때 4라는 값을 입력했다면, 각 변수의 메모리 값은 다음과 같이 변할 것이다.

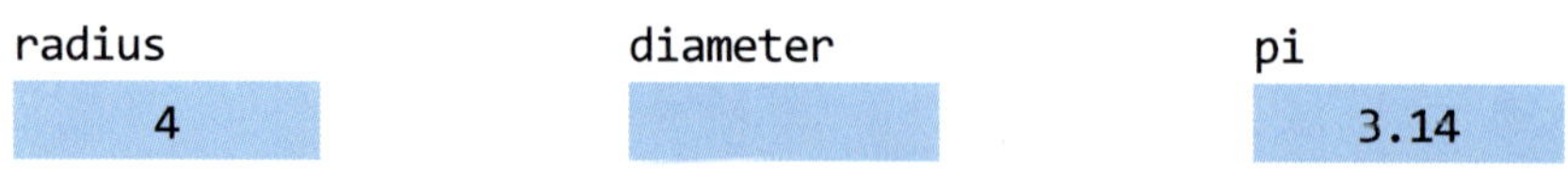

그림에서와 같이 **radius**는 이전에 가졌던 0이라는 값은 잊어버리고, 새로운 값인 4만을 기억하게 된다. 그 결과 13행이 실행되면, 현재 **radius**에 저장된 4라는 값이 화면에 출력될 것이다. 그다음 14행이 실행되면 **radius**의 값인 4와 2를 곱한 결과인 8을 **diameter**에 배정하게 되어 메모리 내용은 다음과 같이 변한다.

radius	diameter	pi
4	8	3.14

이렇게 변수를 사용하면 하나의 값을 유지하면서 사용할 수 있다. 프로그램 2.9를 실행한 후 4를 입력했을 때의 출력 결과는 다음과 같다.

```
Input radius(integer value) : 4
Radius : 4
Diameter : 8
Circumference : 25.12
```

2.3 기본 연산자

C는 다양한 종류의 연산자를 제공한다. 이 절에서는 산술 연산자, 배정 연산자, **sizeof** 연산자를 설명하고, 다른 연산자는 주제별로 뒤에서 설명할 것이다.

산술 연산자

앞에서 이미 살펴봤지만, C뿐만 아니라 거의 대부분의 프로그래밍 언어는 더하기를 **+** 기호로, 빼기를 **-** 기호로, 곱하기를 ***** 기호로, 나누기를 **/** 기호로 표현한다. 또한 상수나 변수 앞에 **-**나 **+** 기호를 붙일 수 있다. 이러한 연산자는 수학에서 사용하는 것과 거의 유사하다. 이 외에 C는 나머지 연산자인 **%**도 제공한다. 나머지 연산자의 두 피연산자는 정수이어야 하고, 두 정수를 나누기했을 때의 나머지 값을 알려준다. 프로그램 2.10은 이러한 산술 연산자를 사용하는 예제 프로그램이다.

프로그램 2.10

```
#include <stdio.h>
int main(void)
{
```

```
4       printf("9 + 5 = %d\n", 9 + 5);
5       printf("9 - 5 = %d\n", 9 - 5);
6       printf("9 * 5 = %d\n", 9 * 5);
7       printf("9 / 5 = %d\n", 9 / 5);
8       printf("-9 = %d\n", -9);
9       printf("+9 = %d\n", +9);
10      printf("9 %% 5 = %d\n", 9 % 5);
11      printf("9.0 + 5.0 = %f\n", 9.0 + 5.0);
12      printf("9.0 - 5.0 = %f\n", 9.0 - 5.0);
13      printf("9.0 * 5.0 = %f\n", 9.0 * 5.0);
14      printf("9.0 / 5.0 = %f\n", 9.0 / 5.0);
15      printf("-9.0 = %f\n", -9.0);
16      printf("+9.0 = %f\n", +9.0);
17      return 0;
18  }
```

10행 printf()의 제어 문자열에서 %%가 있는데, 이것은 %를 출력하기 위한 것이다. 프로그램 2.10의 실행 결과는 다음과 같다.

```
9 + 5 = 14
9 - 5 = 4
9 * 5 = 45
9 / 5 = 1
-9 = -9
+9 = 9
9 % 5 = 4
9.0 + 5.0 = 14.000000
9.0 - 5.0 = 4.000000
9.0 * 5.0 = 45.000000
9.0 / 5.0 = 1.800000
-9.0 = -9.000000
+9.0 = 9.000000
```

이 결과를 보면 수학에서의 산술 연산과 유사함을 알 수 있다. 하지만 나누기(/) 수식에서 피연산자가 정수인 경우와 실수인 경우의 계산값이 다름을 알 수 있다. 이것은 앞으로 다시 다룰 것이다.

하나의 수식(expression)에 여러 개의 연산자가 있을 수 있다. 여러 개의 연산자를 가지고 있는 수식이 항상 같은 결과를 낼 수 있게 하도록 C는 연산자의 우선순위와 결합방향을 정의하고 있다. 우선순위란 연산자의 실행 순서를 정의하는 것이고, 결합방향은 같은 우선순위에 있는 연산자의 실행 순서를 정의하는 것이다. 사칙 연산(+, -, *, /)의 우선순위와 결합방향은 우리가 수학 시간에 배운 것과 같다. 다음 표는 C의 산술 연산자의 우선순위와 결합방향을 보여준다.

우선순위	결합방향
( ) ++ (후위) --(후위)	좌에서 우
+ (단항) - (단항) ++ (전위) -- (전위)	우에서 좌
* / %	좌에서 우
+ -	좌에서 우

표에서 연산자가 위에 있을수록 우선순위가 높고, 같은 행에 있는 연산자는 우선순위가 같음을 나타낸다. 즉 *, /, %는 우선순위가 같다. 예를 들어 다음 수식을 보자.

```
1 + 2 * 3
```

이 수식에서 * 연산자는 + 연산자보다 우선순위가 높으므로 이 수식의 값은 7이다. 즉, 수식은 다음과 같은 의미이다.

```
1 + (2 * 3)
```

수식에 같은 우선순위를 갖는 연산자가 여러 개 있다면 결합방향이 적용된다. 다음 수식을 보자.

```
1 + 2 - 3 + 4 - 5
```

이항 연산자 +와 -는 같은 우선순위를 갖기 때문에 계산되는 순서를 결정하기 위해 **좌에서 우로**의 결합방향이 적용된다. **좌에서 우로**의 결합방향은 왼쪽에 있는 연산자가 먼저 수행됨을 의미한다. 따라서 앞의 수식은 다음 수식과 같다.

```
(((1 + 2) - 3) + 4) - 5
```

간혹 C에서 정의하고 있는 규칙을 따르지 않아야 할 경우가 있는데, 이때에는 괄호를 사용하여 강제로 우선순위를 변경할 수 있다. 예를 들어 다음 수식을 보자.

```
(1 + 2) * 3
```

이 수식은 괄호에 의해 *보다 +가 먼저 계산되어 9의 값을 갖는다. +와 -는 이항 연산자일 수도 있고 단항 연산자일 수도 있다. 그 구분은 수식에서 그 기호가 사용된 위치를 보면 알 수 있다. 다음 수식을 보자.

```
- a - b
```

수식에서 첫 번째 - 기호는 단항 연산자이고, 두 번째 - 기호는 이항 연산자이다. 따라서 우선순위 규칙을 적용하면 이 수식은 다음과 같이 쓸 수 있다.

```
(-a) - b
```

배정 연산자

다른 언어와 달리 C는 배정 연산자(=)를 연산자로 취급한다. 배정 연산자의 우선순위는 다른 산술 연산자의 우선순위보다 낮고, **우에서 좌로**의 결합방향이 적용된다. 배정 수식의 형식은 다음과 같다.

```
변수 = 수식
```

이 배정 수식의 결과로 = 기호 오른편에 있는 **수식**의 값이 왼편의 **변수**에 들어가게 된다. 그리고 그 값이 이 배정 수식의 값이 된다. 여기서 수식의 값이라는 말을 사용했는데 수식의 값이 어떻게 되는지 아는 것이 매우 중요하다. 대부분의 수식 값은 수학 시간에 배운 것과 같지만 다음에 설명할 증가와 감소 연산자 수식의 값은 조금 다르므로 주의해야 한다. 예를 들어, 다음 수식을 보자.

```
a = b + c
```

이 수식에서 = 기호 오른쪽에 있는 수식은 b + c이다. 이 더하기 수식의 값은 b의 값과 c의 값을 더한 결과이다. 따라서 a에는 b와 c 값을 더한 값이 저장된다. 이 설명에서 짐작하겠지만 = 기호 양쪽에 변수가 있지만 그 의미는 다르다. = 기호의 오른쪽 변수는 값을 의미하고, 왼쪽 변수는 메모리 위치를 의미함을 알 수 있다. 또한 이 수식의 값은 a에 저장되는 값이다.

배정 수식은 수학 방정식과 유사해 보이지만, 사용 방식과 의미는 완전히 다르다. 즉, 수학에서는 다음과 같은 수학 방정식을 사용할 수 있다.

```
x + 2 = 0
```

그러나 C 프로그램에서는 잘못된 배정 수식이다. 왜냐하면 등호 왼쪽의 수식 x + 2는 할당받은 메모리 공간이 아니므로 값을 배정할 수 없기 때문이다. 또한, 프로그램에서 다음과 같은 배정 수식을 사용했다고 하자.

```
x = x + 1
```

이 수식은 x에 x의 이전 값에 1을 더한 값을 배정하라는 수식이다. x의 이전 값이 2라면, x는 3이 된다. 그러나 수학 방정식으로는 잘못된 것이다. 지금까지 살펴본 것과 같이 C의 배정 연산자와 수학의 등호는 같아 보이지만 완전히 다른 것이다.

배정 수식의 끝에 세미콜론이 오면, 이 수식은 배정문이 된다. 다음 코드를 보자.

```
b = 2;
c = 3;
a = b + c;
```

여기서 사용된 변수는 모두 int 형이라고 가정하자. C에서는 배정 연산자(=)도 일반 연산자처럼 취급하기 때문에, 위의 세 문장을 다음과 같이 한 문장으로 쓸 수도 있다.

```
a = (b = 2) + (c = 3);
```

배정 수식 b = 2는 변수 b에 2를 배정하고, 이 값을 자신의 값으로 한다. 이와 같이 배정 수식 c = 3도 변수 c에 3을 배정하고, 이 값을 자신의 값으로 한다. 마지막으로 두 배정 수식의 값이 더해지고 그 결괏값이 변수 a에 배정된다. C 프로그램에서는 이러한 문장이 가능하지만, 그렇게 좋은 방법은 아니다. 왜냐하면, 하나의 문장에서 여러 변수의 값이 동시에 변하기 때문에 프로그램 가독성이 떨어지기 때문이다. 프로그램에 이러한 문장이 많으면 이해하기 어려운 프로그램이 된다. 하지만 다음과 같은 형식의 다중 배정은 많이 사용된다.

```
a = b = c = 0;
```

= 연산자는 우에서 좌로의 결합방향을 가지기 때문에 다음과 같은 의미이다.

```
a = (b = (c = 0));
```

즉, 먼저 c에 0이 배정되고, 수식 c = 0의 값은 0이 된다. b에는 0이 배정되고, 수식 b = (c = 0)의 값은 0이 된다. 마지막으로 a에는 0이 배정되고, 수식 a = (b = (c = 0))의 값은 0이 된다. 따라서 a, b, c 모두 0의 값이 배정된다.

증가 연산자와 감소 연산자

증가 연산자 ++와 감소 연산자 --는 단항 연산자이다. 증가 연산자는 피연산자의 값을 1 증가시키고, 감소 연산자는 피연산자의 값을 1 감소시킨다. 이 두 연산자는 전위 연산자로도 사용되고, 후위 연산자로도 사용될 수 있는 재미있는 연산자이다. 즉, ++a와 a++는 모두 올바른 수식이다. ++a에서의 ++는 전위 연산자이고, a++의 ++는 후위 연산자이다. 그러나 이 둘의 우선순위는 다르다. 후위 연산자는 가장 높은 우선순위를 갖고 좌에서 우로의 결합방향이 적용되고, 전위 연산자는 다른 단항 연산자와 같은 우선순위를 가지면서 우에서 좌로의 결합방향이 적용된다.

++와 -- 연산자가 전위 연산자인지 후위 연산자인지에 따라 그 수식의 값은 달라진다. 수식 ++a와 a++는 모두 a의 값을 1 증가시키지만, 두 수식의 값은 다르다. 즉, ++a는 변수 a의 값을 먼저 증가시키고, 증가된 새로운 값을 이 수식의 값으로 한다. 그러나 a++는 현재 a 값을 이 수식의 값으로 한 다음 a 값을 증가시킨다. 프로그램 2.11은 이러한 증가 연산자의 특성을 보여주는 예제 프로그램이다.

프로그램 2.11

```
1  #include <stdio.h>
2  int main(void)
3  {
4      int a, b, c, d;
5
6      c = d = 0;
7      a = ++c;       // 0이 저장된 c에 전위 ++적용
8      b = d++;       // 0이 저장된 d에 후위 ++적용
9      printf("a = %d, b = %d, c = %d, d = %d\n", a, b, c, d);
10     return 0;
11 }
```

6행에서 c와 d를 0으로 초기화하고 있다. 7행에서 ++c 값을 a에 배정하고 있다. ++c에 의해 c의 값은 1이 될 것이다. 그리고 ++c의 값은 c를 증가한 이후의 c 값이기 때문에 1이다. 따라서 a에는 1이 저장된다. 8행에서는 d++의 값을 b에 배정하고 있다. d도 증가 연산자로 인해 1이 되지만, d++의 값은 d를 1 증가시키기 전의 d 값이므로 d++의 값은 0이다. 따라서 b에는 0이 저장된다. 프로그램 2.11의 실행 결과는 다음과 같다.

```
a = 1, b = 0, c = 1, d = 1
```

-- 연산자도 이와 유사하게 동작한다. 예를 들어, --i는 변수 i에 저장된 값을 먼저 하나 감소시키고 새로운 값을 이 수식의 값으로 하고, i--는 i의 현재 값을 이 수식의 값으로 한 다음 i의 값을 하나 감소시킨다.

++와 -- 연산자를 갖는 수식의 값이 항상 중요한 것은 아니다. 예를 들어, ++i;와 i++;는 단순히 i의 값을 하나 증가시키는 역할만 한다. 즉, 두 문장 다 i = i + 1;과 같은 의미이다. 그러나 어떤 경우에는 전위로 사용할 것인지 후위로 사용할 것인지를 주의해서 판단해야 한다.

마지막으로 주의할 것은 ++와 --는 변수에 적용될 수 있지만, 상수나 일반 수식에는

적용될 수 없다는 것이다. 따라서 다음과 같은 수식은 잘못된 것이다.

```
777++
++(a * b - 1)
```

복합 배정 연산자

C는 단순 배정 연산자 외에 다른 연산자와 결합한 복합 배정 연산자도 지원한다. 다음 수식을 보자.

```
k = k + 2
```

이 수식은 변수 k의 값에 2를 더해서 그 결과를 k에 배정한다. 이러한 종류의 배정 수식은 += 배정 연산자를 사용하여 다음과 같이 작성해도 된다.

```
k += 2
```

이와 같은 배정 연산자를 복합 배정 연산자라고 한다. 복합 배정 연산자는 다음과 같은 형식을 갖는다.

```
변수 op= 수식
```

여기서 op은 +, -, *, /, %, >>, <<, &, ^, | 중 하나이고, 이 복합 배정 연산자 수식은 다음과 같은 의미이다.

```
변수 = 변수 op (수식)
```

수식이 괄호로 묶여있음을 주의해야 한다. 즉, 배정 수식 j *= k + 3은 j = j * k + 3이 아니라, j = j * (k + 3)이다. 다음 표는 모든 배정 연산자를 정리한 것이다.

배정 연산자										
=	+=	-=	*=	/=	%=	>>=	<<=	&=	^=	|=

이들 모든 배정 연산자는 같은 우선순위를 가지고, 우에서 좌로의 결합방향을 갖는다. 프로그램 2.12는 복합 배정문의 예를 보여주고 있다.

프로그램 2.12

```
1 #include <stdio.h>
2 int main(void)
3 {
4     int i = 1,  j = 2,  k = 3,  m = 4;
5 
6     printf("i += j + k : %d\n", i += j + k);
7     printf("j *= k = m + 5 : %d\n", j *= k = m + 5);
8     return 0;
9 }
```

7행에서 j *= k = m + 5는 연산자 우선순위에 의해 j *= (k = (m + 5))와 같고, 이는 j = (j * (k = (m + 5)))이다. 여기서 (k = (m + 5))의 값은 k에 저장되는 값인 9이기 때문에 j에는 18이 저장되고 전체 수식의 값도 18이 된다. 프로그램 2.12의 실행 결과는 다음과 같다.

```
i += j + k : 6
j *= k = m + 5 : 18
```

sizeof 연산자

단항 연산자인 **sizeof**는 객체를 저장하는 데 필요한 바이트 수를 알려준다. **sizeof**는 다른 단항 연산자와 동일한 우선순위와 결합방향을 가진다. 사용법은 다음과 같다.

```
sizeof (자료형)
sizeof (수식)
sizeof 단항수식
```

sizeof의 피연산자가 **자료형**일 때는 괄호를 반드시 써야 하고, **단항수식**일 때는 괄호를 안 써도 된다. 하지만 여러 항으로 구성된 **수식**을 피연산자로 사용할 때는 괄호로 묶어줘야 한다. 예를 들어, **sizeof a + b**는 **(sizeof a) + b**이기 때문에 괄호를 생략할 때는 주의해야 한다. 다음 프로그램을 보자.

프로그램 2.13

```
#include <stdio.h>
int main(void)
{
    printf("** 기본 자료형의 크기**\n");
    printf("      char:%lu byte \n", sizeof(char));
    printf("     short:%lu bytes\n", sizeof(short));
    printf("       int:%lu bytes\n", sizeof(int));
    printf("      long:%lu bytes\n", sizeof(long));
    printf(" long long:%lu bytes\n", sizeof(long long));
    printf("  unsigned:%lu bytes\n", sizeof(unsigned));
    printf("     float:%lu bytes\n", sizeof(float));
    printf("    double:%lu bytes\n", sizeof(double));
    printf("long double:%lu bytes\n", sizeof(long double));
    return 0;
}
```

프로그램 2.13은 `sizeof` 연산자를 이용하여 C의 기본 자료형의 크기를 알아보는 것이다. `sizeof` 수식을 출력할 때, `%lu` 변환 명세를 사용하고 있다. `sizeof` 연산 결과의 형은 컴퓨터마다 다르지만, `unsigned long int` 형을 가정한 것이다. 프로그램 2.13의 결과는 컴퓨터마다 다를 수 있지만 다음 조건은 항상 만족한다.

```
sizeof(char) = 1
sizeof(short) ≤ sizeof(int) ≤ sizeof(long) ≤ sizeof(long long)
sizeof(unsigned) = sizeof(int)
sizeof(float) ≤ sizeof(double) ≤ sizeof(long double)
```

출력의 한 형태는 다음과 같다.

```
** 기본 자료형의 크기**
     char:  1 byte
    short:  2 bytes
      int:  4 bytes
     long:  8 bytes
```

```
   long long:  8 bytes
    unsigned:  4 bytes
       float:  4 bytes
      double:  8 bytes
 long double: 16 bytes
```

2.4 일반적 산술 변환과 캐스트

컴파일러는 수식에서 연산자가 가지는 피연산자들의 형이 다르면 같은 형을 갖도록 형 변환을 한다. 이러한 형 변환은 프로그래머가 관여하지 않아도 일어나며, 이것을 일반적 산술 변환(usual arithmetic conversion)이라고 한다. 일반적 산술 변환은 컴파일러에 의해 자동으로 일어나는 것이기 때문에 자동 형 변환(automatic type conversion) 또는 묵시적 형 변환(implicit type conversion)이라고도 한다. 컴파일러가 알아서 형 변환을 하는 이유는 실행 코드의 기계 연산자에 올바른 피연산자를 제공하여 정확한 결과를 내게 하기 위해서다.

일반적 산술 변환의 첫 번째 단계는 정수 승격(integer promotion)이다. 정수 승격은 피연산자가 `_Bool`, `char`, `signed char`, `unsigned char`, `signed short`, `unsigned short` 형일 때 그 피연산자의 값을 `int` 형으로 변환하는 것이다. 예를 들어 다음 코드를 보자.

```
char a, b, c;
c = a + b;
```

C에서는 `char` 형 변수도 산술 연산에 사용될 수 있다. 이 코드에서 `+` 연산자의 두 피연산자는 모두 `char` 형이므로, `+` 연산을 하기 전에 `a`와 `b` 값의 자료형을 `int` 형으로 변환하는 정수 승격이 일어난다.

정수 승격이 일어난 다음, 피연산자의 형이 다를 경우 피연산자의 형을 통일시키는 과정이 진행된다. 기본적으로 두 피연산자 중 표현할 수 있는 값의 범위가 작은 자료형을 큰 자료형으로 변환하는 것이다. 이렇게 함으로써 다루고 있는 값의 주요 값들을 손실 없이 처리할 수 있다. 예를 들어, 두 피연산자의 자료형이 각각 **long double** 형과 **float** 형이라면, **float** 형이 표현할 수 있는 값의 범위가 **long double** 형보다 작으므로 **float** 형의 피연산자 형을 **long double** 형으로 변환한다. 다른 예로 두 피연산자의 자료형이 각각 **float** 형과 **int** 형이라면, **int** 형의 피연산자의 형을 **float** 형으로 변환한다. 물론 **int** 형이 표현할 수 있는 값을 **float** 형이 모두 정확하게 표현할 수는 없지만, **float** 형의 값의 범위가 더 크기 때문이다. 다음 표는 일반적 산술 변환에서 자료형 변환의 기준이 되는 자료형의 순위를 정리한 것이다.

자료형 순위
long double _Complex, long double
double _Complex, double
float _Complex, float
unsigned long long, long long
unsigned long, long
unsigned, int

즉, 두 피연산자의 자료형이 다를 경우, 표의 아래에 있는 자료형이 표의 위쪽에 있는 자료형으로 변환된다는 의미이다. 또한 같은 위치에 있다면 오른쪽에 있는 자료형이 왼쪽에 있는 자료형으로 변환된다. 예를 들어, 두 피연산자의 형이 각각 **unsigned long** 형과 **long** 형이면, **long** 형이 **unsigned long** 형으로 변환된다. 즉, 피연산자들이 같은 크기의 **unsigned** 형과 **signed** 형이 혼합되어 있으면 **signed** 형은 **unsigned** 형으로 변환되기 때문에 원하지 않는 연산 결과를 얻을 수 있다. 따라서 가능하면 **signed** 형과 **unsigned** 형 변수를 혼합하여 수식에 사용하지 않는 것이 좋다.

캐스트 연산자

자동 형 변환은 컴파일러가 알아서 해주는 형 변환이다. 프로그램을 작성하다 보면 자동 형 변환으로는 부족할 때가 있다. 이럴 때 캐스트(cast) 연산자를 사용하여 명시적으로 형을 변환할 수 있다. 캐스트 연산자는 다음과 같이 사용한다.

```
(자료형) 수식
```

즉, 형 변환을 하고자 하는 수식 앞에 원하는 자료형을 괄호에 명시하는 형태이다. 예를 들어, 10을 4로 나눈 값을 float 형 변수인 quarter에 저장하는 문장을 다음과 같이 작성했다고 하자.

```
quarter = 10 / 4;
```

이 문장이 실행되면 quarter에는 2.5가 아니라 2.0이 저장될 것이다. 그 이유는 이 수식의 나누기 연산자는 정수 나누기 연산자이기 때문이다. 만일 quarter에 2.5라는 값이 저장되도록 하고 싶다면, 이 나누기 연산자를 실수 나누기 연산자로 만들어야 한다. 실수 나누기 연산자로 만드는 방법은 피연산자를 실수형으로 만드는 것이다. 이때 수식의 자료형을 강제로 형 변환시키는 캐스트 연산자를 사용할 수 있다. 예를 들어, 위 수식을 캐스트 연산자를 사용하여 강제 형 변환하는 수식으로 수정하면 다음과 같다.

```
quarter = (float) 10 / (float) 4;
```

이렇게 수정하면 나누기 연산자의 두 피연산자 값의 자료형이 float 형으로 변환되기 때문에 실수 나누기 연산자가 되어 quarter에는 2.5가 저장될 것이다. 물론 두 피연산자 중 하나만 float 형으로 캐스트 연산자를 적용해도 된다.

캐스트 연산자를 변수 앞에 사용했다고 해서 변수 자체의 형이 변경되는 것은 아니다. 단지 캐스트 연산자가 적용된 변수의 값의 자료형이 변환된다. 예를 들어, 다음 문장을 보자.

```
half = (double) quarter * 2;
```

이 문장에서 quarter 앞에 (double)이라는 캐스트 연산자가 사용됐는데, 이는 quarter의 자료형이 아니라 quarter가 가지고 있는 값의 형을 double로 캐스트하는 것이다. 따라서 캐스트 연산자는 배정 연산자 왼쪽에는 올 수 없다. 즉 다음은 잘못된 예제이다.

```
(double) quarter = 2.5;
```

이것은 quarter 자체의 자료형을 변경시키려는 의도이기 때문에 잘못된 것이다. 물론 다음과 같이 할 수는 있다.

```
(double) (quarter = 2.5)
```

이것은 quarter = 2.5의 값을 double 형으로 형 변환하는 것이므로 올바르다. 지금까지 배운 연산자의 우선순위와 결합방향은 다음과 같다.

우선순위	결합방향
( ) ++ (후위) --(후위)	좌에서 우
+ (단항) - (단항) ++ (전위) -- (전위) sizeof	우에서 좌
* / %	좌에서 우
+ -	좌에서 우
= += -= *= /= %= >>= <<= &= ^= |=	우에서 좌

2.5 주석문

프로그램에서 주석문(comment)은 실행되는 문장이 아니라 프로그램을 설명하는 문서화 도구로 사용된다. 주석문은 컴파일러에 의해 하나의 공백 문자로 대치되기 때문에 실행 프로그램의 일부가 아니다. 하지만 프로그램의 이해를 돕기 위한 문서화 기능을 하므로 매우 중요하다. 문서화의 목적은 프로그램이 어떻게 작동되고, 어떻게 사용되는지를 명확히 설명하는 데 있다. 어떤 경우에는 주석문에 프로그램의 정확성을 증명하는 개략적인 설명을 쓰기도 한다. 주석문은 프로그램을 코딩할 때 같이 작성하는 것이 좋다. 프로그래밍이 끝난 다음 주석문을 작성하면 주석문이 너무 간략하게 되거나 생략되는 경향이 있기 때문이다.

C는 다중 줄 주석문과 줄 단위 주석문을 제공한다. 다중 줄 주석문은 /*과 */ 사이에 있는 임의의 문자열을 말한다. 다음 프로그램을 보자.

프로그램 2.14

```
1  /*********************************************
2   *    이 프로그램은 다중 주석문 예제 입니다.    *
3   *********************************************/
4  #include <stdio.h>
5  int main(void)
6  {
7      printf("Hello ");
8      printf("World!");
9      return 0;
10 }
```

1행은 /*로 시작하고 있고, 3행은 */로 끝나고 있다. 따라서 프로그램의 1행부터 3행은 주석문이고, 컴파일러는 1행부터 3행을 무시한다. 결국 컴파일러는 프로그램 2.14를 프로그램 1.2와 똑같은 프로그램으로 본다. 다중 줄 주석문은 필요에 따라 다음과 같이 여러 가지 모양으로 활용된다.

```
/* 첫 번째 주석 예제 */

/*** 두 번째 주석 예제 ***/

/*
 * 세 번째
 * 주석 예제
 */

/ ****************************
  * 네 번째                  *
  * 주석 예제입니다.          *
  ****************************/
```

줄 단위 주석문은 //로 시작하고, 그 줄 끝까지가 주석문으로 처리된다. 예를 들어, 프로그램 2.15를 보자.

프로그램 2.15

```
1 // 줄 단위 주석 예제 프로그램
2 #include <stdio.h>
3 int main(void)
4 {
5    printf("%d * %d = %d \n", 1234, 45, 1234 * 45);     // 숫자 출력하기
6     return 0;
7 }
```

1행은 //로 시작하고 있으므로, 이 줄은 주석문으로 처리된다. 5행은 세미콜론(;) 다음에 있는 //부터 그 줄 마지막까지가 주석문이다.

연습문제

01 16진 상수에서 10부터 15까지를 표현하기 위해 A, B, C, D, E, F를 사용한다. 프로그램에서 이 문자를 대문자, 소문자, 또는 혼합해서 사용할 수 있는지 다음 프로그램을 사용하여 확인해 보아라. 모두 같은 값을 출력하는가?

```
#include <stdio.h>
int main(void)
{
    int a = 0xabc;
    int b = 0xABc;
    int c = 0XABC;
    printf("a = %d  b = %d  c = %d\n", a, b, c);
    return 0;
}
```

02 8진 상수의 각 자리는 0부터 7까지의 값만 가질 수 있고, 16진 상수의 각 자리는 0부터 9, 그리고 A부터 F까지의 값을 가질 수 있다. 만일 그 이외의 것을 명시하면 어떻게 되는지 다음 프로그램을 사용하여 확인해 보아라. 정상적으로 컴파일되는가? 아니면 오류 메시지를 쓰고 설명하여라.

```
#include <stdio.h>
int main(void)
{
    int a = 0x9G7;
    int b = 088;
    int c = 0123C;
    printf("a = %d  b = %d  c = %d\n", a, b, c);
    return 0;
}
```

03 컴퓨터가 모든 실수를 표현할 수 있는 것은 아니다. 컴퓨터가 다룰 수 있는 실수는 매우 제한적이다. 다음 프로그램에서 x와 y는 다른 값으로 초기화 되지만, 실행 결과는 같을 것이다.

```c
#include <stdio.h>
int main(void)
{
    double x = 123.45123451234512345;
    double y = 123.45123451234512300;
    printf("%.17f  %.17f\n", x, y);
    return 0;
}
```

두 변수의 출력이 다르게 되도록 하려면 y 값이 끝에서부터 몇 개가 0으로 끝나야 하는지 확인해 보아라.

04 실수형 변수에 그 실수형의 범위를 벗어나는 값을 배정하면 어떻게 되는지 알아보자. 다음 프로그램을 실행하고 범위 밖의 큰 값을 어떻게 다루는지 설명하여라.

참고 프로그램의 실행 결과는 사용하는 시스템에 따라 다를 수 있지만 표준을 따르고 있다면 `Inf`(또는 `Infinity`)나 `-Inf`(또는 `-Infinity`)가 출력될 것이다.

```c
#include <stdio.h>
int main(void)
{
    float one = 1.0, zero = 0.0, r1, r2;

    r1 = one / zero;
    r2 = -one / zero;

    printf("1 / 0 = %f\n", r1);
    printf("-1 / 0 = %f\n", r2);
    return 0;
}
```

05 C에서 무한대 값을 산술 수식에서 사용할 수 있고, 그 수식은 수학 시간에 다루는 것과 같은 방식으로 다루어진다. 다음 프로그램을 실행하여 무한대 값이 산술 연산에서 어떻게 다루어지는지 설명하여라.

참고 NaN은 Not a Number이고, 이는 수가 아님을 나타낸다. NaN의 값이 수식에서 사용되면 그 결과는 무조건 NaN이다.

```
#include <stdio.h>
int main(void)
{
    float one = 1.0, zero = 0.0, r1, r2;

    r1 = one / zero;
    r2 = -one / zero;

    printf("무한대 * 무한대 = %f\n", r1 * r1);
    printf("무한대 * - 무한대 = %f\n", r1 * r2);
    printf("무한대 * 0 = %f\n", r1 * zero);
    printf("- 무한대 * 0 = %f\n", r2 * zero);
    printf("1 / 무한대 = %f\n", one / r1);
    printf("1 / - 무한대 = %f\n", one / r2);
    printf("무한대 / 무한대 = %f\n", r1 / r1);
    printf("무한대 / - 무한대 = %f\n", r1 / r2);
    printf("무한대 - 무한대 = %f\n", r1 - r1);
    printf("무한대 + 1 = %f\n", r1 + one);
    return 0;
}
```

06 char 형 변수는 작은 정수를 다룰 때 사용될 수 있다. 만일 char 형이 다룰 수 있는 값보다 큰 값이 char 형 변수에 배정되면 어떻게 되겠는가? 다음 프로그램은 컴파일할 때 경고 메시지가 출력되겠지만 실행될 것이다. 그 결과를 보고 설명해 보아라.

```
#include <stdio.h>
int main(void)
{
    char c1 = 256, c2 = 257;
    printf("c1 = %d\nc2 = %d\n", c1, c2);
    return 0;
}
```

07 다음 프로그램을 실행해 보고 출력 결과를 써라.

```
#include <stdio.h>
int main(void)
{
    unsigned char  a = 200, b = 100, d;
    signed char c = -50;
    d = a + b + c;
    printf("%d\n", d);
    return 0;
}
```

unsigned char의 값의 범위는 0 ~ 255이기 때문에 a + b의 결과인 300을 저장하지 못하고 최대로 저장할 수 있는 값인 255가 저장되고 거기에서 50을 빼면 205가 될 것 같다. 만일 출력 결과가 205가 아니라면 그 이유를 생각해 보고 설명하여라.

08 숫자 문자 상수는 일반적인 숫자와 다르다. 즉 문자 상수인 '5'는 정수 상수인 5와는 완전히 다른 것이다. 다음 프로그램을 실행해 보고 그 결과에 관해 설명해 보아라.

```
#include <stdio.h>
int main(void)
{
    printf("'0' = %d,  0 = %d\n", '0', 0);
    printf("'1' = %d,  1 = %d\n", '1', 1);
    printf("'2' = %d,  2 = %d\n", '2', 2);
    printf("'3' = %d,  3 = %d\n", '3', 3);
    printf("'4' = %d,  4 = %d\n", '4', 4);
    printf("'5' = %d,  5 = %d\n", '5', 5);
    printf("'6' = %d,  6 = %d\n", '6', 6);
    printf("'7' = %d,  7 = %d\n", '7', 7);
    printf("'8' = %d,  8 = %d\n", '8', 8);
    printf("'9' = %d,  9 = %d\n", '9', 9);
    return 0;
}
```

09 다음 중 변수명으로 사용할 수 없는 것을 고르고 그 이유를 설명하여라.

```
3id       __yes     o_no_o_no    main        star*it
1_i_am    printf    me_to-2      xYshouldI   int
Float     _         __           z\$         __Bool
```

다음과 같은 형식의 프로그램을 작성하여 답을 확인하여라. 만일 변수명으로 적합하지 않다면 컴파일할 때 오류 메시지가 출력될 것이다.

```
#include <stdio.h>
int main(void){
    int  3id;
    return 0;
}
```

10 컴파일러는 프로그램을 단지 문자의 연속으로 보기 때문에, 컴파일러에게 프로그램의 들여쓰기는 중요하지 않다. 하지만 들여쓰기를 잘하여 프로그램의 윤곽을 좋게 하는 것은 프로그램의 가독성을 높이기 때문에 좋은 프로그래밍 기법이다. 다음 프로그램을 보자.

```
int main(void
) {float qx,
zz,
tt;printf("숫자 3개 입력 : "
); scanf
(  "%f%f   %f", &qx, &zz
,&tt);printf("평균 = %f",
(qx+tt+zz)/3.0); return
0
;}
```

이 코드는 읽기는 어려워도 컴파일되고 실행된다. 이 프로그램이 올바르게 수행되는지 확인해 보아라. 이제 공백과 주석을 사용하여 읽기 쉽고 문서화가 잘된 프로그램으로 다시 작성해 보아라.

힌트 <stdio.h>를 포함시키고, qx, zz, tt를 변수의 용도를 나타내는 단어로 수정하여라.

11 연산자 주위의 공백은 코드를 보기 좋게 할 뿐만 아니라 수식의 의미를 잘 전달하는 기능도 한다. 예를 들어 a+++b와 같은 수식을 보면 초보 프로그래머가 아니더라도 혼동된다. 즉 a+++b가 a++ + b 인지 또는 a + ++b인지 혼동될 수 있다. 다음 프로그램을 사용하여 실제로 어떻게 수행되는지 확인해 보아라.

```
#include <stdio.h>
int main(void){
    int a, b;
    a = b = 0;
    printf("a+++b = %d\n", a+++b);
    a = b = 0;
    printf("a+ ++b = %d\n", a+ ++b);
    a = b = 0;
    printf("a++ +b = %d\n", a++ +b);
    return 0;
}
```

12 다음 프로그램의 결과를 먼저 적어보고, 프로그램을 수행한 후 답을 비교해 보아라.

```
#include <stdio.h>
int main(void)
{
    int a, b = 0, c = 0;
    a = ++b + ++c;
    printf("%d %d %d\n", a, b, c);
    a = b++ + c++;
    printf("%d %d %d\n", a, b, c);
    a = ++b + c++;
    printf("%d %d %d\n", a, b, c);
    a = b-- + --c;
    printf("%d %d %d\n", a, b, c);
    return 0;
}
```

13 ++a + a++와 a += ++a 같은 수식의 값은 시스템 종속적이다. 시스템 종속적이라는 의미는 컴퓨터마다 다르게 동작할 수 있다는 것이다. 그 이유는 앞의 수식에서 증가 연산자 ++의 부작용이 다른 시점에서 일어날 수 있기 때문이다. 따라서 프로그램에서 이러한 수식은 사용하지 않는 것이 좋다. a를 0으로 초기화한 후에 ++a + a++가 어떤 값을 갖는지 프로그램을 작성하여 실행해 보아라.

14 다음 문장에서 괄호를 부분적으로 또는 모두 제거할 경우, 어떻게 될지 설명하여라.

```
x = (y = 2) + (z = 3);
```

15 먼저 다음 표의 빈 곳을 채워라. 그다음 프로그램을 작성하여 답을 확인해 보아라. 그리고 표의 마지막 행의 수식이 왜 오류인지를 설명하여라. 이 오류는 컴파일할 때 발생하겠는가 아니면 실행 중에 발행하겠는가?

선언 및 초기화		
int a = 2, b = -3, c = 5, d = -7, e = 11;		
수식	동일한 수식	결과값
a / b/ c	(a / b) / c	0
7 + c * -- d / e	7 + ((c * (--d)) / e)	
2 * a % - b + c + 1		
39 / - ++ e - + 29 % c		
a += b += c += 1 + 2		
7 - +++ a% (3 + b)		error

16 다음 코드를 보자.

```
int a = 1, b = 2, c = 3;
a += b += c += 7;
```

이 문장을 완전한 괄호로 표현된 동일한 문장으로 기술해 보아라. a, b, c 변수의 값은 어떻게 되겠는가? 생각하는 답을 먼저 적고, 프로그램을 작성한 후 확인해 보아라.

17 다음 프로그램은 26마일 385야드인 마라톤 거리를 킬로미터로 변환하는 프로그램이다. 실행해 보아라.

```
#include <stdio.h>
int main(void)
{
    int miles, yards;
    float kilometers;
    miles = 26;
    yards = 385;
    kilometers = 1.609 * (miles + yards / 1760.0);
    printf("\n마라톤의 거리는 %f km 입니다.\n\n", kilometers);
    return 0;
}
```

이 프로그램에서 1760.0을 1760으로 수정하고, 컴파일한 후 실행해 보아라. 결과가 이전 것과 같은가? 다르다면 그 이유를 설명하여라.

18 먼저 다음 코드의 출력을 생각하여 적어보고, 프로그램을 실행한 후 그 결과를 설명해 보아라. 참고로, 문자 상수는 `int` 형이다.

```
#include <stdio.h>
int main(void)
{
    char c = 'A';
    printf("sizeof(c) = %u\n", sizeof(c));
    printf("sizeof('A') = %u\n", sizeof('A'));
    printf("sizeof(c + c) = %u\n", sizeof(c + c));
    printf("sizeof(c = 'A') = %u\n", sizeof(c = 'A'));
    return 0;
}
```

19 섭씨온도를 입력받아 화씨온도로 변환하는 프로그램을 작성해 보자. 섭씨온도를 화씨온도로 변환하는 수식은 다음과 같다.

```
F = 9 / 5 * C + 32
```

이 수식을 바탕으로 해서 다음과 같은 프로그램을 작성하였다.

```
#include <stdio.h>
int main(void)
{
    float C;

    printf("섭씨온도를 입력하세요 : ");
    scanf("%f", &C);
    printf("%.2f C = %.2f F\n", C, 9 / 5 * C + 32);
    return 0;
}
```

이 프로그램을 실행하고 32를 입력했을 때 89.60이 나오는가? 만일 64.00이 나온다면 프로그램 수정이 필요하다. 무엇이 잘못됐는지 설명하고, 수정한 후의 결과를 써라.

20 다음 프로그램을 보고 자신이 생각하는 출력값을 적어보고 실제 실행한 후 그 값을 비교해 보아라.

```
#include <stdio.h>
int main(void)
{
    int a = 5, b = 10;
    printf("%f\n", a / b);
    return 0;
}
```

생각한 값과 실제 실행 결과가 같은가? 선언문은 그대로 두고 결과값이 0.5가 나오도록 수정하여라.

21 어떤 컴파일러는 중첩 주석문을 허용하기도 한다. 다음을 컴파일했을 때 어떤 일이 일어나는지를 실험해 보아라.

```
/* 주석문 안에 /* 중첩 주석문 */ 실험 */
```

3

CHAPTER

선택문

CHAPTER

3 선택문

C 프로그램은 main() 함수의 첫 번째 문장부터 시작하여 순차적으로 실행된다. 각 문장은 바로 앞 문장의 실행이 완전히 종료한 다음 실행되고, 이러한 방식으로 프로그램이 진행되다가 main() 함수의 return 문이나 마지막 문장을 실행한 후 프로그램은 종료된다. 프로그램의 문장들이 실행되는 것을 "제어가 흐른다"라고 하기도 한다. 또한, 프로그램의 문장들이 처음부터 차례대로 실행되는 것을 제어의 순차적 흐름이라고 한다. 그러나 만일 제어가 순차적으로만 흐른다면 유용한 일을 할 수 없다. 어떤 경우에는 문장을 선택적으로 실행해야 하고, 어떤 경우에는 문장을 반복 실행해야 하는 경우가 있다. C는 순차적인 제어의 흐름을 변경할 수 있게 하도록 선택문과 반복문을 제공한다. 선택문으로는 if, if-else, switch 문이 있고 반복문으로는 while, for, do-while 문이 있다. 이외에 다른 곳으로 제어를 분기하는 break, continue, goto 문도 제공한다.

제어의 흐름을 변경하는 선택문, 반복문, 분기문 등에서는 조건을 다루는 연산자를 사용한다. 조건을 다루는 연산자로는 두 수식의 값을 비교하는 관계 연산자, 두 수식의 값이 같은지를 검사하는 등가 연산자, 그리고 수식의 논리적 값을 보는 논리 연산자가 있다. 이러한 연산자로 구성된 수식의 결과는 참 또는 거짓이다. 이장에서는 관계, 등가, 논리 연산자와 선택문에 관해 설명하고, 다음 장에서는 반복문에 관해 설명한다.

3.1 관계, 등가, 논리 연산자

일반적으로 선택문이나 반복문에는 관계 수식, 등가 수식, 또는 논리 수식이 사용된다. 이러한 연산자들로 구성된 수식의 값은 참 또는 거짓이다. C는 0 이외의 값을 모두 참으로 다루지만, 관계, 등가, 논리 수식의 결과가 참일 때에는 1의 값을 갖는다. 다음 표는 이들 연산자를 정리해 놓은 것이다.

<table>
<tr><th colspan="3">관계, 등가 및 논리 연산자</th></tr>
<tr><td rowspan="4">관계 연산자</td><td>작다</td><td><</td></tr>
<tr><td>크다</td><td>></td></tr>
<tr><td>작거나 같다</td><td><=</td></tr>
<tr><td>크거나 같다</td><td>>=</td></tr>
<tr><td rowspan="2">등가 연산자</td><td>같다</td><td>==</td></tr>
<tr><td>같지 않다</td><td>!=</td></tr>
<tr><td rowspan="3">논리 연산자</td><td>(단항)부정</td><td>!</td></tr>
<tr><td>논리곱</td><td>&&</td></tr>
<tr><td>논리합</td><td>||</td></tr>
</table>

관계, 등가, 논리 연산자의 우선순위는 모두 산술 연산자의 우선순위보다 낮고, 관계, 등가, 논리 연산자 순으로 우선순위가 높다. 또한 이들은 모두 **좌에서 우로**의 결합방향을 갖는다. 단, 논리 연산자 중 논리 부정 연산자는 단항 연산자와 같은 우선순위를 갖고 **우에서 좌로**의 결합방향을 갖는다.

관계 연산자는 모두 이항 연산자이다. 수학에서 작거나 같다와 크거나 같다 연산자로 각각 ≤와 ≥를 사용하지만, C에서는 <=와 >=를 사용한다. 관계 수식은 다음과 같은 값을 갖는다.

a - b	a < b	a > b	a <= b	a >= b
양수	0	1	0	1
영	0	0	1	1
음수	1	0	1	0

이 표는 수식 a와 b의 값에 따라 관계 수식의 값이 어떻게 되는지를 보여주고 있다. 예를 들어, a - b의 값이 양수라면 a가 b보다 더 큰 값을 갖는다는 것을 의미한다. 이 경우 a < b는 거짓이기 때문에 0 값을 갖고, a >= b는 참이기 때문에 1의 값을 갖는다.

등가 연산자 ==와 !=는 두 수식의 값이 같은지 또는 다른지를 검사하는 연산자이다.

등가 수식의 값은 다음 표와 같다.

a - b	a == b	a != b
0	1	0
양수나 음수	0	1

등가 수식은 선택문, 반복문의 조건 수식으로 많이 사용되는데 간혹 실수하는 것이 등가 연산자 == 대신 배정 연산자인 =를 사용하는 것이다. 즉, 수식 a == b와 a = b는 형태는 비슷하지만, 근본적으로 다른 수식이기 때문에 사용에 주의해야 한다.

논리 연산자에는 단항 연산자인 !와 이항 연산자인 &&와 ||가 있다. 논리 부정인 ! 수식은 다음과 같은 값을 갖는다.

a	!a
0	1
양수나 음수	0

&&와 ||는 각각 논리곱(AND)과 논리합(OR) 연산자이다. &&와 || 수식은 다음 표와 같은 값을 갖는다.

a	b	a && b	a || b
0	0	0	0
0	양수나 음수	0	1
양수나 음수	0	0	1
양수나 음수	양수나 음수	1	1

&&와 || 수식을 사용할 때 주의할 점이 있다. C에서는 &&와 || 수식이 평가될 때 전체 수식의 값이 참이나 거짓으로 결정되면 더 이상 그 수식은 평가되지 않는다. 이것을 단축 평가(short circuit evaluation)라고 한다. 즉, && 수식은 첫 번째 피연산자의 값이 거짓이면, 두 번째 피연산자의 값에 상관없이 전체 수식의 값은 거짓이 되기 때문에 두 번째 피연산자는 평가되지 않는다. 또한, || 수식은 첫 번째 피연산자의 값이 참이면, 두 번째 피연산자의 값에 상관없이 전체 수식의 값은 참이 되기 때문에 두 번

째 피연산자는 평가되지 않는다. 프로그램 3.1은 단축 평가의 예제이다.

프로그램 3.1

```
1  #include <stdio.h>
2  int main(void){
3      int i = 4, j = 5;
4  
5      (i == 4) || (j = 10);
6      printf("|| 단축 평가 : j = %d\n", j);
7      (i == 3) && (j = 6);
8      printf("&& 단축 평가 : j = %d\n", j);
9      return 0;
10 }
```

3행에서 i와 j는 각각 4와 5로 초기화되었다. 5행에서 || 수식이 평가될 때, 첫 번째 피연산자인 i == 4가 참이기 때문에 || 수식의 값은 두 번째 피연산자의 값과는 상관없이 이미 참이다. 따라서 두 번째 피연산자인 j = 10은 평가(수행)되지 않는다. 결국 6행에서 j의 값을 출력하면 초기값인 5가 출력될 것이다. 7행의 && 수식도 마찬가지로 동작한다. 즉, 첫 번째 피연산자인 i == 3이 거짓이기 때문에 두 번째 피연산자의 값과는 상관없이 && 수식의 값은 거짓이 되어 두 번째 피연산자인 j = 6은 평가(수행)되지 않는다. 따라서 8행에서 j의 값을 출력하면 5가 나올 것이다. C의 이러한 성질은 프로그램에서 유용하게 사용된다. 프로그램 3.1의 수행 결과는 다음과 같다.

```
|| 단축 평가 : j = 5
&& 단축 평가 : j = 5
```

3.2 if와 if-else

if 문과 if-else 문은 문장을 선택적으로 실행할 수 있게 한다. if 문의 구문은 다음과 같다.

```
if (수식)
    문장
```

이 if 문은 다음과 같은 의미이다.

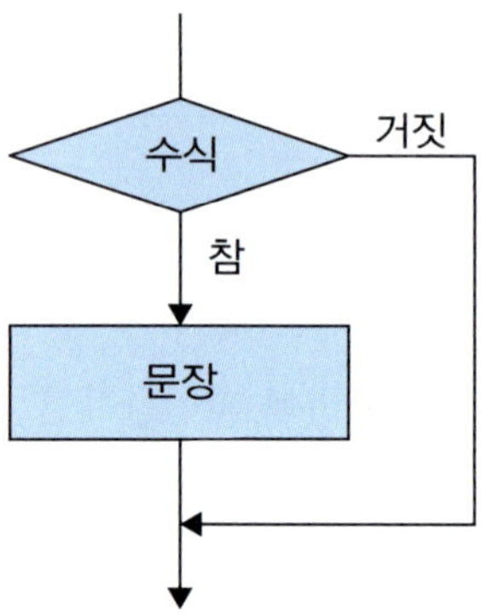

즉, if 다음에 있는 괄호 안의 **수식**이 참이면, if 다음의 **문장**이 실행되고, 거짓이면 문장은 실행되지 않는다. 다음 예제 코드를 보자.

```
if (grade < 60)
    printf("불합격입니다.\n");
```

if 다음의 grade < 60은 관계 수식으로 grade가 60보다 작은지 알아보는 수식이다. grade가 60보다 작다면 참의 값을 갖고, 아니면 거짓 값을 갖는다. 따라서 이 if 문은 grade가 60점 미만일 때만 "불합격입니다."를 출력하게 된다. 다음 코드를 보자.

```
if (grade < 60)
    printf("불합격입니다.\n");
    printf("%d점 입니다.\n", grade);
```

이 코드는 **if**의 수식의 조건이 참일 때 두 문장이 실행될 것처럼 보이지만, **if**의 수식 다음의 한 문장만 실행된다. 컴파일러에게 들여쓰기는 의미가 없다. 따라서 다음과 같이 작성해도 같은 의미이다.

```
if (grade < 60)
printf("불합격입니다.\n");
printf("%d점 입니다.\n", grade);
```

들여쓰기가 컴파일러에게는 별 의미가 없지만, 다음과 같이 들여쓰기를 하면 프로그램의 가독성이 더 높아지므로 들여쓰기를 잘하는 것이 좋다.

```
if (grade < 60)
    printf("불합격입니다.\n");
printf("%d점 입니다.\n", grade);
```

복합문

앞의 **if** 문 예제에서 불합격자 수를 알기 위해 **grade**가 60점 미만일 때 **count** 값도 하나 증가시켜야 한다면, 다음과 같이 작성하면 된다.

```
if (grade < 60)
    printf("불합격입니다.\n");
if (grade < 60)
    count++;
printf("%d점 입니다.\n", grade);
```

이런 방식으로 작성하면, 조건에 따라 많은 문장을 실행해야 하는 경우 매우 비효율적이다. 이러한 곳에 복합문이 사용된다. 복합문(compound statement)은 중괄호 **{}**로 묶인 선언문과 문장이다. 복합문의 주된 기능은 여러 문장을 한 문장으로 취급되도록 그룹화하는 것이다. 즉, C는 복합문을 한 문장으로 취급하기 때문에 문법적으로 한 문장을 사용할 수 있는 자리에 복합문을 사용할 수 있다. 특히 선택문이나 반복문에서 조건이 맞을 때 여러 문장을 실행하는 경우가 보통인데, 이때 복합문을 사용한다. 복합문은 블록(block)이라고도 한다. 앞의 코드를 복합문을 사용하는 것으로 수정하면 다음과 같다.

```
if (grade < 60)
{
    printf("불합격입니다.\n");
    count++;
}
printf("%d점 입니다.\n", grade);
```

if 문의 문장 자리에 두 개의 문장으로 구성된 복합문이 있다. 따라서 **grade**가 60점 미만일 경우, **"불합격입니다."**를 출력하고 **count**를 하나 증가시키는 것을 모두 수행한다. 그다음 점수를 출력한다.

if-else 문

if-else 문은 **if** 문과 밀접한 관련이 있다. 일반적인 형식은 다음과 같다.

```
if (수식)
    문장1
else
    문장2
```

이 **if-else** 문은 다음과 같이 실행된다.

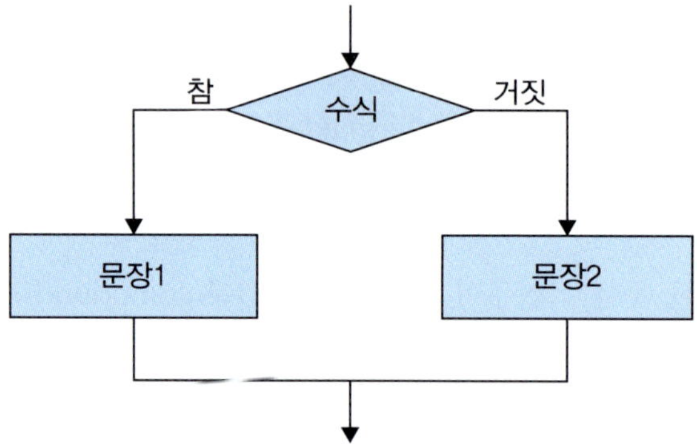

즉, **if** 다음의 **수식**이 참이면 **문장1**이 실행되고 **문장2**는 실행되지 않고, **수식**이 거짓이면 **문장1**은 건너뛰고 **문장2**가 실행된다. 다음 코드를 보자.

```
if (grade < 60)
    printf("불합격입니다.\n");
else
    printf("합격입니다.\n");
```

이 코드는 grade가 60보다 작으면 "불합격입니다."를 출력하고, 그렇지 않으면 "합격입니다."를 출력한다. 프로그램 3.2는 if-else의 예제이다.

프로그램 3.2

```
1  #include <stdio.h>
2  int main(void){
3      int n, m;
4  
5      printf("n/m 프로그램\n");
6      printf("n과 m을 입력하세요 : ");
7      scanf("%d%d", &n, &m);
8      if (m == 0)
9          printf("m이 0입니다. 나누기를 할 수 없습니다.\n");
10     else
11         printf("%d/%d : 몫은 %d이고 나머지는 %d입니다.\n",
12             n, m, n / m, n % m);
13     return 0;
14 }
```

나누기에서 제수는 0이 아니어야 한다. 따라서 나누기 연산을 할 때는 제수가 0인지 확인하는 것이 좋다. 프로그램 3.2는 8행에서 입력된 제수(m)가 0인지 확인하여, 0이면 나누기 연산을 하지 않고, 0이 아니면 나누기 결과를 출력한다. 다음은 프로그램의 실행 결과이다.

```
$ prog_3_2
n/m 프로그램
n과 m을 입력하세요 : 11 0
m이 0입니다. 나누기를 할 수 없습니다.
$ prog_3_2
```

```
n/m 프로그램
n과 m을 입력하세요 : 11 2
11/2 : 몫은 5이고 나머지는 1입니다.
```

중첩 if, if-else 문

if와 **if-else** 문은 프로그램에서 한 문장으로 취급된다. 예를 들어 다음 코드를 보자.

```
if (0 <= grade && grade <= 100)
    if (grade < 60)
        printf("불합격입니다.\n");
```

이 코드는 첫 번째 **if** 문의 문장으로 **if** 문이 사용된 경우이다. 첫 번째 **if** 문에 의해서 **grade**가 0과 100 사이인 경우에만 **grade**가 60점보다 작은 경우 **"불합격입니다."**를 출력한다. 앞의 코드에서 60점 이상인 경우 **"합격입니다."**도 출력하고 싶다면 다음과 같이 하면 된다.

```
if (0 <= grade && grade <= 100)
    if (grade < 60)
        printf("불합격입니다.\n");
    else
        printf("합격입니다.\n");
```

이 코드는 첫 번째 **if** 문의 문장으로 **if-else** 문을 사용한 것이다. 첫 번째 코드에서 **grade**가 0과 100 사이가 아닐 때 **"잘못된 점수입니다."**를 출력하기 위해 다음과 같이 작성했다고 하자.

```
if (0 <= grade && grade <= 100)
    if (grade < 60)
        printf("불합격입니다.\n");
else
    printf("잘못된 점수입니다.\n");
```

이 코드는 잘된 것 같지만 우리가 원하는 대로 동작하지 않는다. **else**는 앞에 있는 **if** 중 **else** 절을 가질 수 있는 가장 가까운 **if**와 연결된다. 따라서 이 코드의 **else**는 두 번째 **if**와 연관 된다. 이 코드의 **else**가 첫 번째 **if**와 연관되는 것처럼 보이는 이유는 들여쓰기 때문이다. 다시 강조하지만, 들여쓰기는 코드를 보기 좋게 하려고 하는 것이지 C 구문과는 상관없다. 그렇다고 들여쓰기가 필요 없다는 말은 아니다. 코드를 보기 좋고 이해하기 좋게 하기 위해서는 들여쓰기가 아주 중요하다. 다만 위의 코드는 잘못된 들여쓰기임을 말하는 것이다. **grade**가 잘못된 점수를 가질 때 **"잘못된 점수입니다."**를 출력하기 위해서는 다음과 같이 하면 된다.

```
if (0 <= grade && grade <= 100)
{
    if (grade < 60)
        printf("불합격입니다.\n");
}
else
    printf("잘못된 점수입니다.\n");
```

이 코드에서 두 번째 **if**는 복합문 안에 있으므로 복합문 밖의 **else**와는 연결될 수 없다. 따라서 **else**는 첫 번째 **if**와 연결된다. 프로그램 3.3은 중첩 **if-else** 문에 관한 예제이다.

프로그램 3.3

```
#include <stdio.h>
int main(void){
    unsigned year;

    printf("연도를 입력 하세요 : ");
    scanf("%u", &year);
    if (year % 4)
        printf("%4u년은 평년입니다.\n", year);
    else
        if (year % 100)
            printf("%4u년은 윤년입니다.\n", year);
        else
```

```
            if (year % 400)
                printf("%4u년은 평년입니다.\n", year);
            else
                printf("%4u년은 윤년입니다.\n", year);
    return 0;
}
```

프로그램 3.3은 입력된 연도가 윤년인지를 계산하는 프로그램이다. 윤년은 4로 나누어지고, 100으로 나누어지지 않고, 400으로 나누어지는 해이다. 따라서 주어진 해가 4로 나누어지지 않으면 평년이고, 4로 나누어지는 것 중 100으로 나누어지지 않으면 윤년이고, 100으로 나누어지는 것 중 400으로도 나누어지면 윤년이고 아니면 평년이다. 프로그램 3.3은 연도가 4, 100, 400으로 나누어지는지를 알아보기 위해 `%` 연산자를 사용하고 있다. `%` 수식은 나누어떨어지면 그 결과가 0(거짓)이고, 아니면 0 이외의 값(참)을 갖는다. `if` 문의 수식에 관계, 등가, 논리 수식만 쓸 수 있는 것이 아니라, 프로그램 3.3과 같이 일반적인 수식이 올 수도 있다. 실행 결과는 다음과 같다.

```
$ isleapyear
연도를 입력 하세요 : 2024
2024년은 윤년입니다.
$ isleapyear
연도를 입력 하세요 : 2000
2000년은 윤년입니다.
$ isleapyear
연도를 입력 하세요 : 1900
1900년은 평년입니다.
```

3.3 조건부 연산자

`if-else`와 유사하게 조건에 의해 수식을 선택하는 조건부 연산자가 있다. 조건부 연산자 `? :`는 삼항 연산자로 3개의 수식을 피연산자로 갖는다. 일반적인 형태는 다음과

같다.

```
수식1 ? 수식2 : 수식3
```

이 조건부 연산 수식은 **수식1**을 평가하여 **수식1**이 참이면 **수식2**를 평가(실행)하고, 아니면 **수식3**을 평가한다. 이 수식의 값은 **수식1**의 값이 0이 아니면(참) **수식2**의 값이고, 0이면(거짓) **수식3**의 값이다. 예를 들어, 다음 코드를 보자.

```
x = (y < z) ? y : z;
```

조건부 연산 수식 `(y < z) ? y : z`의 값은 `y`가 `z`보다 작을 때 `y`, 아니면 `z`이다. 이 값은 `x`에 저장된다. 결국 `x`에는 `y`와 `z` 중 작은 값이 배정된다. 조건부 연산 수식은 `if` 문으로 바꿀 수도 있다. 즉, 위의 코드를 `if` 문으로 바꾸면 다음과 같다.

```
if (y < z)
    x = y;
else
    x = z;
```

조건부 연산자의 우선순위는 배정 연산자보다 높고 논리 연산자보다 낮다. 또한, **우에서 좌로**의 결합방향을 갖는다. 프로그램 3.4는 프로그램 3.3을 조건부 연산자를 사용하는 것으로 수정한 것이다.

프로그램 3.4

```
#include <stdio.h>
int main(void)
{
    unsigned year;
    _Bool isleap;              // 0: 평년, 1 : 윤년

    printf("년도를 입력 하세요 : ");
    scanf("%u", &year);

   isleap = (year % 4) ? 0 : (year % 100) ? 1 : (year % 400) ? 0 : 1;

```

```
12     if (isleap)
13         printf("%4u년은 윤년입니다.\n", year);
14     else
15         printf("%4u년은 평년입니다.\n", year);
16     return 0;
17 }
```

5행에서 선언한 **isleap** 변수는 주어진 연도가 윤년인지, 아니면 평년인지의 결과를 저장하는 변수이다. 그 결과는 참이나 거짓이기 때문에 **isleap**을 **_Bool** 형으로 선언하였다. 주어진 연도가 윤년이면 **isleap**은 1의 값을, 평년이면 0의 값을 가지게 될 것이다. 윤년은 10행에서 조건부 연산자를 세 개 중첩 사용하여 계산하고 있다. 조건부 연산자는 우에서 좌로의 결합방향이 적용되기 때문에 10행의 조건부 연산 수식을 괄호로 묶으면 다음과 같다.

```
(year % 4) ? 0 : ((year % 100) ? 1 : ((year % 400) ? 0 : 1))
```

이 조건부 연산 수식은 먼저 **year**를 4로 나눈다. 그 결과가 0이 아니면(참), 즉, 4로 나누어떨어지지 않으면 평년(0) 이다. 4로 나누어떨어지면(거짓) 윤년인지를 다음 조건부 연산 수식으로 다시 확인한다.

```
(year % 100) ? 1 : ((year % 400) ? 0 : 1)
```

year가 100으로 나누어떨어지지 않으면 윤년(1)이고, 나누어떨어지면 다시 400으로 나누어지는 지를 다음 수식으로 확인한다.

```
(year % 400) ? 0 : 1
```

마지막으로 **year**가 400으로 나누어지지 않으면 평년(0)이고, 나누어지면 윤년(1)이다. 이렇게 중첩으로 사용된 조건부 연산 수식은 어렵게 보이지만 잘 사용하면 긴 **if** 문을 짧게 만들 수 있어서 효율적이다. 하지만 프로그램을 명확하게 작성하는 것이 좋으므로 너무 복잡한 형태의 조건부 연산 수식을 사용하는 것보다는 프로그램이 명확해지도록 작성하는 것이 좋다. 프로그램 3.4의 실행 결과는 프로그램 3.3과 같다.

3.4 switch

switch 문은 다중 조건문이다. switch 문의 일반적인 구문은 다음과 같다.

```
switch (정수수식) {
case 정수상수수식1 :
   문장들1
case 정수상수수식2 :
   문장들2
. . .
case 정수상수수식n :
   문장들n
default :     // 옵션
   문장들n+1
}
```

switch 문의 괄호에는 정수 수식이 와야 하고, case 다음에는 정수 상수 수식이 와야 한다. default는 있어도 되고 없어도 된다. switch 문은 다음과 같이 수행된다.

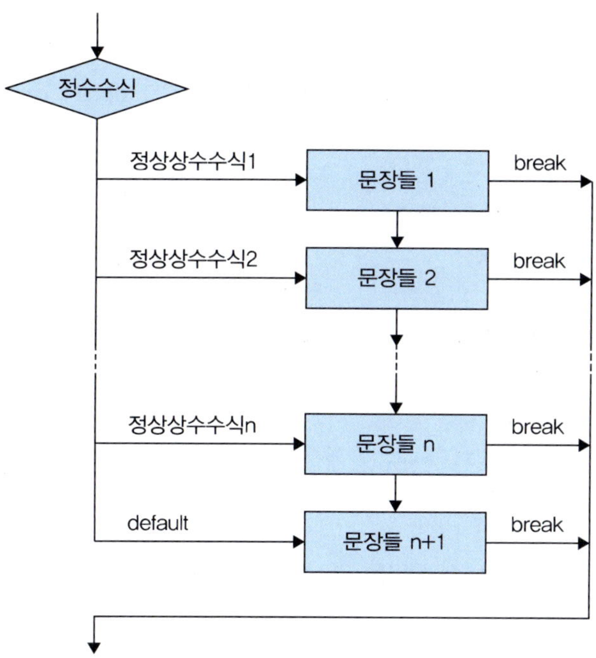

제어는 **정수수식**의 값과 같은 **정수상수수식**의 값을 가지는 case로 분기된다. 만일 그러한 case가 없다면 default로 분기되고, default가 생략됐다면 switch 문은 종료된다. 각 case로 분기한 후에는 그 case의 **문장들**부터 시작해서 뒤따르는 case의 문장들을 실행한다. **문장들**을 수행하는 도중 break을 만나면 switch 문은 종료된다. 프로그램 3.5는 switch 문의 예제 프로그램이다.

프로그램 3.5

```
#include <stdio.h>
int main(void){
    float opd1, opd2;
    char op;

    printf("계산기 프로그램\n");
    printf("연산자를 입력하세요(+, -, *. /) : ");
    scanf("%c", &op);

    printf("%c의 두 피연산자를 입력하세요 : ", op);
    scanf("%f%f", &opd1, &opd2);

    switch(op) {
    case '+' :
        printf("%.2f + %.2f = %.2f\n", opd1, opd2, opd1 + opd2);
        break;
    case '-' :
        printf("%.2f - %.2f = %.2f\n", opd1, opd2, opd1 - opd2);
        break;
    case '*' :
        printf("%.2f * %.2f = %.2f\n", opd1, opd2, opd1 * opd2);
        break;
    case '/' :
        printf("%.2f / %.2f = %.2f\n", opd1, opd2, opd1 / opd2);
        break;
    default :
        printf("잘못된 연산자입니다.\n");
    }

```

```
    return 0;
}
```

프로그램 3.5의 실행 결과는 다음과 같다.

```
계산기 프로그램
연산자를 입력하세요(+, -, *. /) : +
+의 두 피연산자를 입력하세요 : 7 3
7.00 + 3.00 = 10.00
```

프로그램 3.5에서 switch 문의 몸체에 있는 break을 다 삭제했을 때의 실행 결과는 다음과 같다.

```
계산기 프로그램
연산자를 입력하세요(+, -, *. /) : +
+의 두 피연산자를 입력하세요 : 7 3
7.00 + 3.00 = 10.00
7.00 - 3.00 = 4.00
7.00 * 3.00 = 21.00
7.00 / 3.00 = 2.33
잘못된 연산자입니다.
```

결과에서 볼 수 있듯이, break이 없다면 뒤따르는 모든 case의 문장이 실행된다. switch 문에서 break은 매우 중요한 역할을 하므로 적절한 곳에 꼭 사용해야 한다.

연습문제

01 다음 수식을 논리 부정 연산자를 사용하지 않는 동일한 논리 수식으로 다시 써보아라.

```
!(a > b)
!(a <= b && c <= d)
!(a + 1 == b + 1)
!(a < 1 || b < 2 && c < 3)
```

02 다음 프로그램의 출력 결과를 예상해 보고, 실행한 후 결과와 비교해 보아라.

```
#include <stdio.h>
int main(void)
{
    char c = 'A';         // 'A' = 65
    int i = 5, j = 10;
    printf("%d %d %d\n", !c, !!c, !!!c);
    printf("%d %d %d\n", - ! i, ! - i, ! - i - ! j);
    printf("%d %d %d\n", - ! i, ! - i, ! - i - ! j);
    printf("%d %d %d\n", ! (6 * j + i - c), ! i-5, ! j - 10);
    return 0;
}
```

03 다음 프로그램의 실행 결과를 예상해 보고, 실행한 후에 결과를 설명하여라.

```
#include <stdio.h>
int main(void)
{
    int a = 0,  b = 0,  x;

    x = 0 && (a = b = 777);
    printf("%d %d %d\n", a, b, x);
    x = 777 || (a = ++b);
    printf("%d %d %d\n", a, b, x);
    return 0;
}
```

04 정수를 입력받아, 짝수인지 홀수인지 판단하는 프로그램을 작성하여라. 단, `if-else`를 사용해야 한다.

05 두 개의 정수를 입력받아, 둘 중 큰 수를 출력하는 프로그램을 작성하여라. 단, `if-else`를 사용해야 한다.

06 다음과 같이 `printf()` 문장이 세 개 있다고 하자.

```
printf("cat\n");
printf("dog\n");
printf("fox\n");
```

(a) 위의 세 `printf()` 문장 앞 또는 뒤에 `if`나 `if-else`를 적절히 삽입하여 `i` 값에 따라 화면에 다음과 같이 출력되도록 하여라.

i	출력
1	cat
2	dog
3	fox

(b) 위의 세 `printf()` 문장 앞 또는 뒤에 `if`나 `if-else`를 적절히 삽입하여 `i` 값에 따라 화면에 다음과 같이 출력되도록 하여라.

i	출력
1	dog
2	cat fox
3	cat

(c) 위의 세 `printf()` 문장 앞 또는 뒤에 `if`나 `if-else`를 적절히 삽입하여 `i` 값에 따라 화면에 다음과 같이 출력되도록 하여라.

i	출력
1	cat dog
2	cat dog
3	dog fox

(d) (a)부터 (c)까지 작성한 코드가 올바른지 확인할 수 있는 프로그램을 작성하여라. 프로그램은 `i` 값을 입력받아 앞에서 작성한 코드를 실행하게 해야 한다.

07 성적을 입력받아, 90~100점이면 A, 80~89점이면 B, 70~79점이면 C, 69점 이하면 F를 출력하는 프로그램을 작성하여라. 단, `if-else` 문을 사용해야 한다.

08 변수의 값이 어떤 범위에 있는지 확인해야 할 때가 많이 있다. 다음 프로그램은 `i`의 값이 3과 5 사이인지 확인하는 것이다.

```
#include <stdio.h>
int main(void)
{
    int i = 4;

    if (3 < i < 5)
        printf("3 < %d < 5 : 참\n", i);
    else
        printf("3 < %d < 5 : 거짓\n", i);

    return 0;
}
```

(a) 프로그램을 실행한 후 원하는 결과가 출력되는지 확인해 보아라.

(b) `i`의 값을 1로 수정한 후 실행해 보아라. 올바른 결과가 나오는가?

(c) i의 값을 10으로 수정한 후 실행해 보아라. 올바른 결과가 나오는가?

(d) 3 < i < 5의 값은 i가 어떤 값을 갖더라도 항상 1(참)일 것이다. 그 이유를 설명해 보아라.

힌트 < 연산자 결합방향을 적용하여 괄호를 사용한 형태로 수식을 다시 써보아라.

(e) 3 < i < 5를 어떻게 수정해야 올바른 결과가 나오겠는가?

힌트 && 연산자를 같이 사용해야 한다.

09 다음 프로그램의 예상 결과를 적어보아라.

```
#include <stdio.h>
int main(void)
{
    float x = 1e+33, y = 1.0, z;

    z = x + y;
    if (x < z)
        printf("%e < %e + %e : 참\n", x, x, y);
    else
        printf("%e < %e + %e : 거짓\n", x, x, y);

    return 0;
}
```

(a) x와 y는 모두 양수이기 때문에 x에 y를 더한 값은 x보다 커야 한다. 프로그램을 실행해 보고 그 결과가 참인지 확인하여라.

(b) y가 1e+25와 같은 큰 수를 가지면 어떻게 되겠는가? 프로그램을 수정한 후 실행하고 결과를 확인해 보아라.

(c) y가 어떤 값을 가져야 x < z의 값이 참이 되겠는가? 프로그램에서 실수의 연산은 정확하지 않음을 다시 한번 명심해야 한다.

10 정수를 입력받아, 짝수인지 홀수인지 판단하는 프로그램을 작성하여라. 단, 조건부 연산자를 사용해야 한다.

11 두 개의 정수를 입력받아, 둘 중 큰 수를 출력하는 프로그램을 작성하여라. 단, 조건부 연산자를 사용해야 한다.

12 정수를 입력받아, 18세 이상이면 "성인", 아니면 "미성년"을 출력하는 프로그램을 작성하여라. 단, 조건부 연산자를 사용해야 한다.

13 수학 연산 min(x, y)는 다음과 같은 조건부 연산 수식으로 표현할 수 있다.

```
(x < y) ? x : y
```

이와 유사한 방법으로 조건부 연산 수식만을 사용하여 다음 수학 연산을 기술해 보아라.

```
min(x, y, z)
max(x, y, z, w)
```

14 성적을 입력받아, 90~100점이면 A, 80~89점이면 B, 70~79점이면 C, 69점 이하면 F를 출력하는 프로그램을 작성하여라. 단, switch 문을 사용해야 한다.

15 입력받은 정수가 1이면 "일요일", 2면 "월요일", 3이면 "화요일", 등으로 출력하는 프로그램을 작성하여라. 단, switch 문을 사용해야 한다.

16 입력받은 정수가 3, 4, 5면 "봄", 6, 7, 8이면 "여름", 9, 10, 11이면 "가을", 12, 1, 2면 "겨울"을 출력하는 프로그램을 작성하여라. 단, switch 문을 사용해야 한다.

4

CHAPTER

반복문

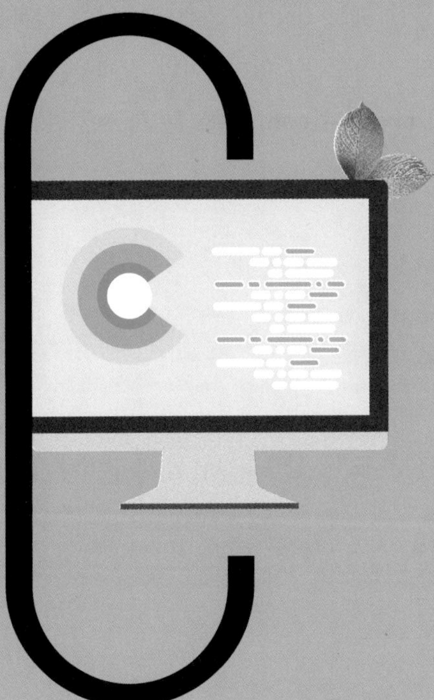

CHAPTER

4 반복문

3장에서 선택적으로 문장을 실행하는 선택문에 관해 설명하였다. 프로그램을 작성하다 보면 문제 해결을 위해 같은 작업을 여러 번 반복해야 하는 경우도 자주 발생한다. 이럴 때 반복문을 사용한다. C는 반복문으로 while, for, do-while 문을 제공한다. 이들은 각각 반복하는 방법에 차이가 있으므로, 주어진 문제를 해결하기에 가장 적합한 것을 사용하면 된다. 물론 어떤 경우에 어떤 것을 반드시 사용해야 한다는 규칙은 없으므로, 본인에게 편한 것을 선택하면 된다. 3장에서 switch 문을 설명하면서 break 문의 사용법에 관해 설명했다. 반복문을 사용할 때도 break 문을 사용하여 반복문을 빠져나갈 수 있다. 반복문에서는 continue도 사용할 수 있다. 이번 장에서는 while, for, do-while 등의 반복문과 반복문에서의 break과 continue 문 사용에 관해 설명한다.

4.1 while

자연수 n의 계승(factorial)은 n보다 작거나 같은 모든 양수를 다 곱한 값이다. n의 계승은 n!로 표현하고 다음과 같이 정의된다.

$$n! = \begin{cases} 1, & \text{if } n = 0 \\ \prod_{i=1}^{n} i, & \text{if } n > 0 \end{cases}$$

예를 들어, 5!는 5*4*3*2*1이다. 이 값을 프로그램으로 구해보자. 프로그램 4.1은 지금까지 배운 내용으로 5!를 구하는 프로그램이다.

프로그램 4.1

```c
#include <stdio.h>
int main(void){
    unsigned f;

    f = 5 * 4 * 3 * 2 * 1;
    printf("5! = %u\n", f);
    return 0;
}
```

프로그램 4.1의 실행 결과는 다음과 같다.

```
5! = 120
```

계승 프로그램은 n이 5 정도면 프로그램 4.1에서와 같이 큰 어려움 없이 작성할 수 있지만, n이 10이 넘어가면 모든 수를 나열하는 데 성가실 것이다. 컴퓨터는 계산도 잘 하지만, 지루한 반복 작업도 불평 없이 잘 수행한다. 반복 작업을 위해 C는 `while`, `for`, `do-while` 문이라는 반복문을 제공한다. 먼저 `while`을 보자. `while` 문의 일반적인 형식은 다음과 같다.

```
while (수식)
    문장
```

`while` 문은 다음과 같이 수행된다.

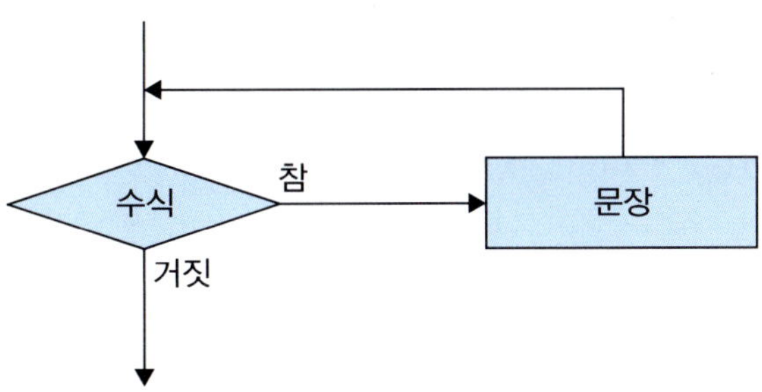

즉, **while**의 수식이 참일 경우 문장을 반복 수행한다. 따라서 **while**의 문장은 0번 이상 수행된다. 프로그램 4.2는 **while** 문의 예이다.

프로그램 4.2

```
1  #include <stdio.h>
2  int main(void)
3  {
4      int i;
5      i = 1;
6      while (i < 3)
7      {
8          printf("i = %d\n", i);
9          i++;
10     }
11     printf("while 문 종료\n");
12     return 0;
13 }
```

6행에서 **while** 문의 수식은 **i < 3**이다. 즉, **while** 문은 **i**가 3보다 작다면 **while**의 문장을 실행할 것이다. **while** 문의 문장으로는 두 개의 문장으로 구성된 7행에서 10행까지의 복합문이 사용되었다. 8행에 있는 첫 번째 문장은 **i** 값을 출력하는 **printf()** 문장이고, 9행에 있는 두 번째 문장은 **i** 값을 하나 증가시키는 것이다. 제어는 다음과 같이 흐를 것이다. 아래 표의 각 문장 옆의 숫자는 제어가 흐르는 순서를 나타낸다.

코드	1번째 while 반복	2번째 while 반복	3번째 while 반복
`i = 1;`	0 (i : 1)		
`while (i < 3)`	1 (i < 3 : 참)	4 (i < 3 : 참)	7 (i < 3 : 거짓)
`{`			
`printf("i = %d\n", i);`	2 (i 값 출력)	5 (i 값 출력)	
`i++;`	3 (i : 2)	6 (i : 3)	
`}`			
`printf("while 문 종료\n");`			8 (출력)

프로그램 4.2는 i가 3보다 작을 경우, while 문을 돌면서 i 값을 출력하는 것이다. 단순한 프로그램이지만, while 문의 사용 방법을 잘 보여주고 있다. while 문을 사용할 때는 프로그램 4.2와 같이 다음과 같은 것을 염두에 둬야 한다. 먼저, while 문을 언제 종료할 것인지 결정해야 한다. 프로그램 4.2에서는 i < 3이 거짓일 때, 즉, i가 3 이상이 되면 종료한다. 두 번째로, 앞에서 정한 종료 조건이 while 문을 수행하면서 언젠가는 도달할 수 있도록 해야 한다. 프로그램 4.2에서는 while 문 앞에서 i를 1로 초기화했고, while 문의 문장에서 i++를 사용하여 반복할 때마다 i를 1씩 증가시켜 언젠가는 i가 3이 되도록 하였다. 여기서 사용된 i와 같이 반복의 종료 여부를 결정하는 변수를 제어 변수라고도 한다. 프로그램 4.2의 출력 결과는 다음과 같다.

```
i = 1
i = 2
while 문 종료
```

프로그램 4.2를 약간 수정하면 계승을 계산하는 프로그램으로 만들 수 있다. 프로그램 4.3은 프로그램 4.1을 while 문으로 수정한 것이다.

프로그램 4.3

```c
#include <stdio.h>
int main(void)
{
    unsigned f;
    int i;
    i = f = 1;
    while (i <= 5)
    {
        f *= i;
        i++;
    }
    printf("5! = %u\n", f);
    return 0;
}
```

7행의 `while`은 `i`가 5보다 작거나 같으면 문장을 실행한다. 즉, `i`가 5보다 크면 `while` 문은 종료될 것이다. 9행에서 `i` 값을 `f`에 곱하여 계승 값을 만들고 있고, 10행에서 `i`를 1 증가시켜 다음에 곱해질 값을 만들고 있다. 또한 10행으로 인해 `i`가 언젠가는 5보다 커지게 될 것이다.

다른 예제로 피보나치수열 프로그램을 보자. 피보나치 값은 앞의 두 피보나치 값을 더해서 새로운 피보나치 값을 생성한다. 피보나치수열은 다음과 같이 정의된다.

$$f_i = \begin{cases} 0, & \text{if } i = 0 \\ 1, & \text{if } i = 1 \\ f_{i-1} + f_{i-2}, & \text{if } i > 1 \end{cases}$$

만일, 피보나치 값 중에서 100보다 큰 수 중 가장 작은 피보나치 값을 찾고 싶다면, 프로그램 4.4와 같이 작성하면 된다.

프로그램 4.4

```
1  #include <stdio.h>
2  int main(void)
3  {
4      int f0 = 0, f1 = 1, f2;
5  
6      f2 = f0 + f1;
7      while (f2 <= 100)
8      {
9          f0 = f1;
10         f1 = f2;
11         f2 = f0 + f1;
12     }
13 
14     printf("100보다 큰 피보나치수열 중 가장 작은 값은 %d 입니다.\n", f2);
15     return 0;
16 }
```

7행의 `while` 문은 `f2 <= 100`을 조건 수식으로 가지고 있다. 따라서 `while` 문은 `f2`가 100 이하이면 `while`의 문장을 반복 수행하고, `f2`가 100보다 크면 `while` 문을 벗어난

다. `f2`가 100 이하일 경우, 9행에서 11행이 실행된다. 이 세 문장은 `f0`에 `f1`의 이전 값을, `f1`에 `f2`의 이전 값을, `f2`에는 `f0`와 `f1`을 더하여 새로운 피보나치 값을 만들어서 저장한다. `f2`는 6행에서 1로 초기화되어 있고, 반복이 진행됨에 따라 11행에 의해 `f2`는 계속 증가하므로 언젠가는 100보다 커지는 시점에 도달할 것이다. 그 순간 `while` 문은 종료되고, 이때 `f2`는 100보다 큰 피보나치 값을 가지고 있을 것이다. 프로그램 4.4의 실행 결과는 다음과 같다.

```
100보다 큰 피보나치 수열 중 가장 작은 값은 144 입니다.
```

while 문을 사용할 때의 주의 사항

`while` 문을 사용할 때 주의해야 하는 것을 몇 가지 살펴보자. 첫째, `while` 문을 사용할 때는 무한 루프에 빠지지 않게 해야 한다. 물론 모든 무한 루프가 잘못된 것은 아니다. 예를 들어, 서버 프로그램은 의도적으로 무한 루프를 사용하기도 한다. 하지만 잘못된 코딩으로 무한 루프에 빠지면 안 된다. 예를 들어, 프로그램 4.5를 보자.

프로그램 4.5

```
#include <stdio.h>
int main(void)
{
    long long f;
    int n;

    printf("계승을 구할 수를 입력 하세요 : ");
    scanf("%d", &n);
    printf("%d! = ", n);
    f = n;
    while (--n)
        f *= n;
    printf("%lld\n", f);
    return 0;
}
```

프로그램 4.5는 프로그램 4.3을 수정하여 정수 n을 입력받아 $n!$을 계산하는 프로그램이다. 11행의 while 문은 n이 0에 도달하면 종료하고, 종료 조건에 도달하기 전까지 f에 n을 1씩 감소시키면서 곱하는 것이다. 결국 while 문이 종료될 때, f에는 n * (n - 1) * . . . * 1이 저장된다. 이렇게 보면 큰 문제가 없는 프로그램 같지만, 사실은 좋은 프로그램은 아니다. 프로그램을 실행 후 양수가 아닌 값을 입력하면 무한 루프에 빠지기 때문이다. 이것은 계승을 구하는 프로그램이므로 양수만이 입력될 거라는 선입관을 가지고 프로그램을 작성했기 때문이다. 프로그램을 작성할 때는 사용자가 어떤 값도 입력할 수 있음을 고려해야 한다. 따라서 11행의 while 문 수식을 (--n > 0)로 수정하는 것이 좋다. 참고로, 여기서 말하는 무한 루프는 논리적 무한 루프이다. 사실이 while 문은 0 이하의 값이 입력돼도 언젠가는 종료될 것이다. 하지만 우리가 원하는 결과를 얻지는 못할 것이다.

다음으로 while 문에 공백 문장을 사용할 때 주의해야 한다. 어떤 경우에는 while 문의 문장이 필요 없을 수가 있는데, 이럴 때 공백 문장을 사용한다. 다음은 while 문에서 공백 문장을 쓰는 전형적인 예이다.

```
while  ((c = getchar()) == ' ')
    ;                                  // 공백 문장
```

getchar()는 한 문자를 입력받아 전달하는 함수이다. 따라서 이 while 문은 입력된 문자가 공백 문자이면, 아무런 일도 하지 않고 다시 다음 문자를 읽어서 확인하는 것을 입력 문자가 공백 문자가 아닐 때까지 반복하는 것이다. 즉, 이 while 문은 입력되는 문자 중 공백 문자를 무시하기 위한 것이다. 다음과 같이 공백 문장을 while 문의 조건과 같은 줄에 써도 된다.

```
while  ((c = getchar()) == ' ') ;
```

그러나 세미콜론을 다음 줄에 쓰면 공백 문장임이 명확히 드러나기 때문에 더 좋다.

마지막으로 실수 수식을 while 문의 조건으로 쓸 때 주의해야 한다. 다음 코드를 보자.

```
float x = 0.0, sum = 0.0;
while (x != 9.9){
    sum += x;
    x += 0.1;
}
```

이 while 문은 x를 0.0에서 시작하여 9.9가 될 때까지 0.1씩 증가시키면서 sum에 더하는 것이다. x가 0.0으로 초기화되어 있고 x에 0.1을 계속 더하기 때문에 언젠가는 9.9가 될 것이고, x가 9.9가 되는 순간 while 문에서 벗어날 것으로 생각하기 쉽다. 하지만 이것을 수행하면 무한 루프에 빠진다. 그 이유는 컴퓨터가 모든 실수를 표현할 수 없어 발생하는 수치 오류로 0.0에 0.1을 99번 더하면 정확히 9.9가 되지 않기 때문이다. 따라서 실수에 대한 등가 검사는 문제를 일으킬 수 있다. 이러한 코드는 다음과 같이 수정하는 것이 좋다.

```
float x = 0.0, sum = 0.0;
while (x < 9.9){
    sum += x;
    x += 0.1;
}
```

수정된 while 문의 수식은 등가 수식 대신 관계 수식을 사용하여 실수 계산 오류를 피하고 있다.

서버 프로그램과 같은 특수한 프로그램은 종료하지 않고 계속 일정한 일을 해야 하는 경우가 있다. 종료하지 않는 프로그램은 종료하지 않는 while 문으로 만든다. 이렇게 종료하지 않는 while 문을 무한 루프라고 한다. 무한 루프를 만드는 가장 쉬운 방법은 다음과 같이 while 문의 수식을 1로 하는 것이다.

```
while (1)
{
    . . .
}
```

이렇게 하면 while 문의 수식이 항상 참(1)이므로 while 문은 종료하지 않고 주어진 문장을 계속 반복 실행할 것이다.

4.2 for

for 문도 while 문과 마찬가지로 문장을 반복적으로 실행하는 데 사용된다. for 문의 구조는 다음과 같다.

```
for (수식1; 수식2; 수식3)
    문장
```

for 문는 다음과 같이 실행된다.

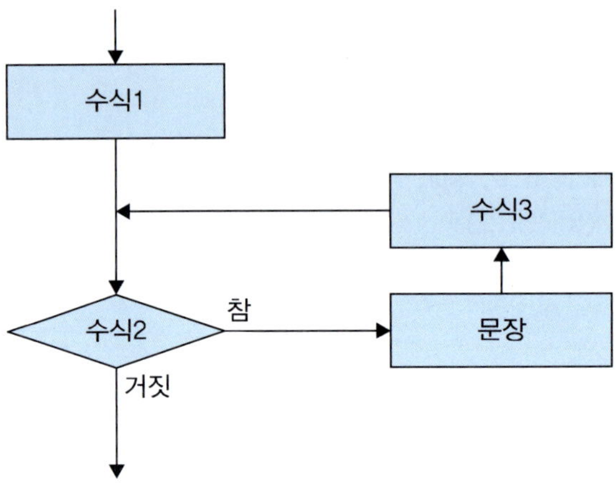

for 문은 먼저 **수식1**을 평가한다. 그다음 **수식2**가 참이면 **문장**을 실행하고 **수식3**을 평가한다. 그리고, 다시 **수식2**를 평가하여 참이면 똑같은 일을 반복한다. 만일 **수식2**가 거짓이면 for 문을 벗어난다. for 문의 사용 예를 보자.

```
for (i = f = 1; i <= n; i++)
    f *= i;
```

이 for 문은 제일 먼저 i = f = 1 수식을 수행한 다음, i <= n 수식이 참이면 f *= i와 i++를 수행한다. 그다음 i <= n 수식을 확인하여 참이면 다시 f *= i와 i++를 수행한다. 이러한 과정을 i <= n 수식이 거짓이 될 때까지 반복해서 수행한다. 결국 f에는 1부터 n까지 곱한 결과가 저장된다. 만일 n이 1보다 작다면, i = f = 1을 실행한 후 i <= n의 결과가 거짓이기 때문에 f *= i; 문장은 실행하지 않고 for 문은 끝날

것이다.

for 문의 **수식1**, **수식2**, **수식3**은 임의의 수식이 될 수 있다. 하지만 예제에서와 같이 보통 **수식1**에는 for 문의 초기화 수식을, **수식2**에는 for 문의 종료 조건 수식을, **수식3**에는 **수식2**의 조건 수식에 사용된 제어 변수를 변화시키는 수식을 사용하여 언젠가는 for 문이 종료하도록 한다.

for 문의 수식은 생략할 수 있다. 하지만 각 수식을 구분하는 세미콜론(;)은 생략할 수 없다. 예를 들어, 앞의 계승을 구하는 for 문을 다음과 같이 **수식1**을 생략하여 작성할 수도 있다.

```
i = f = 1;
for ( ; i <= n; i++)
    f *= i;
```

이 코드에서 **수식3**을 생략하여 다음과 같이 작성할 수도 있다.

```
i = f = 1;
for ( ; i <= n; )
    f *= i++;
```

그런데, **수식2**를 생략할 때는 주의해야 한다. **수식2**가 없는 for 문은 종료 조건이 항상 참임을 의미하여 무한 루프를 돌게 된다. 예를 들어, 다음 for 문은 계속해서 곱하기만 할 것이다.

```
i = f = 1;
for ( ; ; )
    f *= i++;
```

프로그램 4.6은 for 문을 사용하여 계승을 구하는 프로그램이다.

프로그램 4.6

```c
1  #include <stdio.h>
2  int main(void){
3      long long f;
4      int n, i;
5  
6      printf("계승을 구할 수를 입력하세요 : ");
7      scanf("%d", &n);
8      if (n >= 0){
9          for (f = i = 1; i <= n; i++)
10             f *= i;
11         printf("%d! = %lld\n", n, f);
12     }
13     else
14         printf("음수를 입력했습니다.\n");
15 
16     return 0;
17 }
```

음수의 계승은 구할 수 없으므로, 8행에서 입력된 값이 0 이상인지 확인하고 있다. 0 이상이라면 9행에서 for 문을 사용하여 계승을 계산한다. 이 for 문은 f에 1부터 시작하여 n까지의 값을 곱하여 n의 계승을 구하는 것이다. 프로그램 4.6의 실행 결과는 다음과 같다.

```
$ factorial2
계승을 구할 수를 입력하세요 : 5
5! = 120
$ factorial2
계승을 구할 수를 입력하세요 : 0
0! = 1
$ factorial2
계승을 구할 수를 입력하세요 : -19
음수를 입력했습니다.
```

for 문을 위한 변수 선언

for 문을 사용하다 보면 for 문에서만 사용되는 변수가 있다. 프로그램 4.6에서 변수 i는 for 문에서만 사용되는 변수다. 하지만 i는 프로그램 앞부분에 선언되어 있으므로 for 문밖에서도 사용할 수 있다. 만일 i를 다른 용도로 사용하고 있었다면 문제가 발생할 수도 있다. 이러한 오류를 줄이기 위해서 for 문에서만 사용할 수 있는 변수를 만들 수 있다. 이러한 변수는 for 문의 첫 번째 수식에서 선언하여 만든다. 예를 들어, 다음 for 문을 보자.

```
for (int i = 0; i <= n; ++i)
   f *= i;
```

이 코드에서 i는 for 문의 첫 번째 수식에서 선언되어 있다. 이렇게 선언된 i는 for 문에서만 사용할 수 있고 다른 곳에서는 사용할 수 없다. 프로그램 4.7을 보자.

프로그램 4.7

```
#include <stdio.h>
int main(void){
    double y;
    int n, i = 0;       // n이 음수면 i는 1, 아니면 0

    printf("2^n 프로그램\n");
    printf("n : ");
    scanf("%d", &n);
    if (n < 0){
        i = 1;          // n이 음수이면 참
        n = -1 * n;
    }

    y = 1.0;
    for (int i = 1; i <= n; i++)
        y *= 2;
    if (i)              // 참이면 n이 음수였음
        y = 1.0 / y;
    printf("2^%d = %f\n", i ? -n : n, y);
```

```
20
21      return 0;
22  }
```

프로그램 4.7은 `i`를 두 군데에서 선언하고 있다. 4행에서 선언된 `i`는 입력된 `n`의 값이 음수인지를 기억하기 위한 것이고, 15행 `for` 문에서 선언된 `i`는 `for` 문의 제어 변수이다. `for` 문밖의 10행과 17행의 `i`는 `for` 문에서 선언된 `i`가 아니라 4행에서 선언된 `i`이므로, `for` 문에서 `i` 값을 변경하더라도 영향을 받지 않는다. 프로그램 4.7의 실행 결과는 다음과 같다.

```
$ power
2^n 프로그램
n : 3
2^3 = 8.000000
$ power
2^n 프로그램
n : -3
2^-3 = 0.125000
```

만일 15행 `for` 문에서 선언문을 제거하면(즉, `int i`를 `i`로 함), 15행 `for` 문의 `i`는 4행에서 선언한 `i`이다. 이때 `for` 문을 실행하면 입력값 `n`의 부호를 기억하기 위해 `i`에 저장한 값을 잃어버리게 된다. 즉, `for` 문을 종료했을 때 `i`의 값은 무조건 양수이므로 17행의 `if` 문의 수식은 항상 참이 되어 18행이 실행될 것이다. 예를 들어 3을 입력했어도 `2^-3 = 0.125000`이라고 출력될 것이다.

콤마 연산자

콤마 연산자는 C의 연산자 중에서 우선순위가 가장 낮다. 콤마 연산자는 피연산자로 수식을 갖는 이항 연산자이다. 이 연산자는 **좌에서 우로**의 결합방향을 갖는다. 콤마 연산자는 다음과 같이 사용한다.

```
수식1, 수식2
```

이 수식을 실행하면, 수식1이 먼저 평가되고 그다음 수식2가 평가된다. 다음 예를 보자.

```
a = b, b = 1
```

이 수식이 실행되면 a에는 b의 예전 값이 저장되고, b에는 1이 저장될 것이다. 콤마 연산자는 보통 for 문의 첫 번째 수식에서 여러 변수를 초기화할 때 사용한다. 예를 들어, 프로그램 4.6의 9행 for 문의 첫 번째 수식을 보면, f와 i를 모두 1로 초기화하기 때문에 한 문장으로 두 변수를 초기화할 수 있었다. 그런데 이 for 문은 f를 1로, i를 2로 초기화해도 된다. 이렇게 다른 값으로 f와 i를 초기화할 때는 다음 코드와 같이 콤마 연산자를 사용하여 for 문의 첫 번째 수식에서 두 변수를 모두 초기화할 수 있다.

```
for (f = 1, i = 2; i <= n; i++)
    f *= i;
```

콤마 연산자는 하나의 수식이 필요한 곳이면 어디에도 사용될 수 있으므로 위의 for 문을 다음과 같이 작성해도 된다.

```
for (f = 1, i = 2; i <= n;  f *= i, i++)
    ;
```

하지만 콤마 연산자를 남용하면 프로그램의 이해도가 떨어질 수 있으므로 필요 없는 콤마 연산자는 사용하지 않는 것이 좋다.

4.3 do-while

do-while 문은 while 문의 변형된 형태이다. while 문은 루프의 상단에서 종료 조건을 검사하는 반면, do-while 문은 루프의 하단에서 검사한다. do-while 문의 일반적인 구조는 다음과 같다.

```
do
    문장
while (수식) ;
```

do-while은 다음과 같이 실행된다.

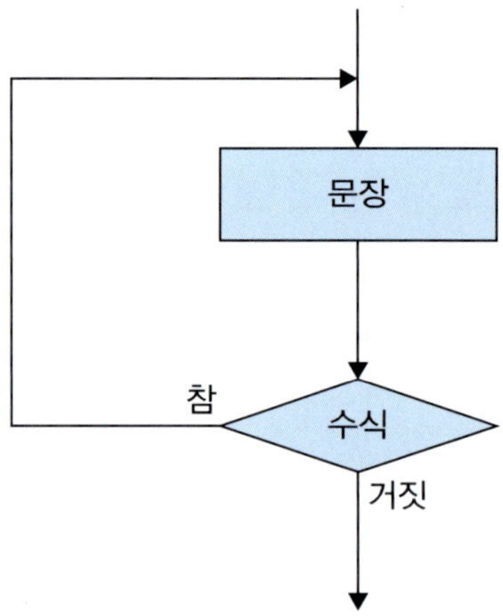

즉, **문장**을 먼저 실행하고, **수식**이 참이면 **문장**을 반복 실행하다가, 수식이 거짓이 되면 루프를 벗어난다. while은 조건 수식의 결과에 따라 while의 문장을 한 번도 실행하지 않을 수 있지만, do-while은 문장을 한 번 이상 실행한다. 예를 들어, 계승을 구하는 프로그램인 프로그램 4.6은 음수가 입력되면 그냥 종료했지만, 프로그램 4.8과 같이 do-while을 사용하여 음수가 입력되었을 때 다시 입력을 요구하도록 만들 수 있다.

프로그램 4.8

```c
#include <stdio.h>
int main(void){
    long long f;
    int n, i;

    do {
        printf("계승을 구할 수를 입력하세요 : ");
        scanf("%d", &n);
        if (n < 0)
```

```
10            printf("\n음수를 입력했습니다. 양수를 입력하세요.\n");
11        } while (n < 0);
12
13        for (f = i = 1; i <= n; i++)
14            f *= i;
15        printf("%d! = %lld\n", n, f);
16
17        return 0;
18    }
```

6행의 do-while은 먼저 8행에서 n 값을 입력받는다. 만일 n이 음수이면, 11행의 do-while 수식 n < 0은 참이 되므로 다시 루프를 돌아 새로운 값을 입력받게 된다. n이 양수이면, 11행의 수식은 거짓이 되어 루프를 벗어날 것이다. 프로그램 4.8의 실행 결과는 다음과 같다.

```
계승을 구할 수를 입력하세요 : -10

음수를 입력했습니다. 양수를 입력하세요.
계승을 구할 수를 입력하세요 : -3

음수를 입력했습니다. 양수를 입력하세요.
계승을 구할 수를 입력하세요 : 5
5! = 120
```

while, for, do-while 문의 선택

반복문이 필요할 때 while, for, do-while 중 어떤 것을 선택해야 한다는 절대적인 규칙은 없다. 이들은 서로 교환해서 사용이 가능하므로 좀 더 익숙한 것을 사용하면 된다. 하지만 반복의 형태가 어떤 조건을 만족할 때까지 계속 실행해야 할 때에는 while, 정해진 횟수만큼 반복 실행할 때에는 for, 반드시 한 번은 실행해야 할 때에는 do-while을 사용하는 것이 좋다. 예를 들어, 프로그램 4.4는 피보나치 값 중 100보다 큰 수 중에서 가장 작은 피보나치 값을 찾는 것인데, 이렇게 일정한 횟수가 정해지지 않고 어떤 조건을 만족할 때까지 계속 반복 실행하는 곳에는 while 문이 좋고, 프로그램 4.6과 같이 정해진 횟수만큼의 반복 수행이 필요할 곳에는 for 문이 더 적합하다. 또한 프로그램 4.8에서와 같이 한 번 이상의 반복이 필요한 곳에서는 do-while 문이 좋다. 하지만 do-while은 while로 변환이 가능하고 반복 조건 수식이 마지막 부분에 있어서 코드의 가독성이 떨어지기 때문에 do-while의 독특한 특성에도 불구하고 사용 빈도는 매우 낮다.

4.4 break과 continue

C에는 무조건 분기문(unconditional branch)으로 break, continue, goto, return 등이 있다. 프로그램 실행 중 이러한 분기문을 만나면 프로그램의 다른 부분으로 무조건 제어가 옮겨가 실행된다. 무조건 분기문 중 return은 main() 함수의 마지막 문장으로 지금까지 많이 사용하였다. return 문은 함수와 관련이 있으므로 여기서는 설명을 하지 않고 함수를 다룰 때 설명할 것이다. goto 문은 제어를 다른 곳으로 옮기는 것으로 프로그램의 가독성을 떨어뜨리고 구조적 프로그래밍에 악영향을 주기 때문에 가능하면 사용하지 않는 것이 좋으므로 여기에서 설명하지 않을 것이다. break 문은 switch 문에서 사용했지만, 여기서 continue 문과 함께 다시 살펴볼 것이다.

break

break은 for, while, do-while 문과 같은 반복문의 문장이나 switch 문의 몸체에서만 사용할 수 있다. break 문은 제어를 현재 break이 속해있는 구조물에서 빠져나가게 한다. 즉 반복문의 문장을 실행하는 도중 break 문을 만나면, 그 반복문의 종료 조건과는 상관없이 그 반복문을 빠져나간다. 또한 앞 장에서 본 것처럼 switch 문의 몸체에서 break을 만나면, switch 문을 빠져나간다. 예를 들어, 다음 프로그램을 보자.

프로그램 4.9

```
#include <stdio.h>
int main(void){
    long long f;
```

```
4       int n, i;
5
6       while (1){
7           printf("계승을 구할 수를 입력하세요 : ");
8           scanf("%d", &n);
9           if (n >= 0)
10              break;
11          printf("음수를 입력했습니다. 양수를 입력하세요.\n");
12      }
13
14      // while 문에 있는 break를 만나면 제어는 여기로 넘어옴
15      for (f = i = 1; i <= n; i++)
16          f *= i;
17      printf("%d! = %lld\n", n, f);
18
19      return 0;
20  }
```

프로그램 4.9는 프로그램 4.8의 do-while을 while과 break으로 대치한 것이다. 6행 while 문의 수식이 1로 되어 있으므로 이 while 문의 문장은 무한 반복 수행될 것이다. 즉, 8행에서 입력받은 n의 값이 음수이면, 11행을 실행하고 다시 입력을 요구하게 된다. 그러나 입력된 n의 값이 음수가 아니라면 10행의 break 문이 실행되어 while 문을 빠져나가게 된다. 이와 같이 break은 반복문에서 특정 조건을 만족하여 반복문을 빠져나가야 할 때 사용된다. for와 do-while에서의 break도 이와 같은 방식으로 동작한다. 프로그램 4.9의 실행 결과는 다음과 같다.

```
계승을 구할 수를 입력 하세요 : -10
음수를 입력했습니다. 양수를 입력하세요.
계승을 구할 수를 입력 하세요 : -3
음수를 입력했습니다. 양수를 입력하세요.
계승을 구할 수를 입력 하세요 : 10
10! = 3628800
```

continue

다음으로 continue를 살펴보자. continue 문은 for, while, do-while에서만 사용할 수 있다. 반복문의 문장을 실행하는 중 continue 문을 만나면 continue 다음 문장부터 마지막 문장까지는 건너뛴다. 먼저 while 문에서의 continue 예제를 보자. 프로그램 4.10은 프로그램 4.9를 continue를 사용하는 것을 수정한 것이다.

프로그램 4.10

```
1  #include <stdio.h>
2  int main(void){
3      long long f;
4      int n, i;
5      _Bool done;
6
7      done = 1;
8      while (done){
9          printf("계승을 구할 수를 입력하세요 : ");
10         scanf("%d", &n);
11         if (n < 0){
12             printf("음수를 입력했습니다. 양수를 입력하세요.\n");
13             continue;
14         }
15
16         for (f = i = 1; i <= n; i++)
17             f *= i;
18         printf("%d! = %lld\n", n, f);
19         done = 0;
20
21         // continue를 만나면 제어는 여기로 넘어옴
22     }
23     return 0;
24 }
```

8행의 while 문이 실행될 때 10행에서 n 값으로 0보다 크거나 같은 값이 입력되면, 16행의 for 문에서 n!을 계산하고 19행에서 done에 0을 배정하여 while 문을 벗어난다. 그러나 10행에서 음수가 입력되면, 12행에서 메시지를 출력하고 13행의 continue

가 실행된다. continue가 실행되면, 16행에서 19행까지 건너뛰고 8행의 while 문의 조건 수식을 평가하게 된다. 즉, while 문의 조건을 검사하는 부분부터 시작하여 다시 새로운 루프를 실행하게 된다. 이러한 식으로 실행되기 때문에, continue는 조건을 만족하지 않으면 그 이후 절차는 무시하고 다시 새롭게 작업을 해야 할 때 유용하다. 프로그램 4.10의 실행 결과는 프로그램 4.9의 실행 결과와 같다. do-while에서도 continue를 만나면 while과 같이 조건을 검사하는 부분으로 제어가 넘어간다.

for 문에서의 continue를 보자. for 문에서도 continue를 만나면 제어가 루프 몸체의 마지막 문장 뒤로 넘어간다. 결국 continue 다음에 실행되는 것은 for 문의 수식3이다. 그다음 수식2를 실행하고 조건을 만족하면 다시 문장을 반복 실행한다. 프로그램 4.11은 0부터 n 사이의 짝수를 더하는 프로그램을 for와 continue를 사용한 것으로 작성한 것이다.

프로그램 4.11

```c
#include <stdio.h>
int main(void){
    int n, i, sum;

    printf("n을 입력하세요 : ");
    scanf("%d", &n);

    for (sum = i = 0; i <= n; i++){
        if (i % 2)
            continue;
        sum += i;
        // continue를 만나면 제어는 여기로 넘어옴
    }

    printf("%d까지 짝수의 합 = %d\n", n, sum);

    return 0;
}
```

8행의 for 문이 실행될 때, 9행의 if 문에서 i가 2로 나누어떨어지지 않으면(i가 홀수이면) 10행의 continue가 실행된다. continue를 만나면 제어는 for 문 몸체의 마지막 문장 뒤로 넘어가기 때문에 11행은 실행되지 않고 다음에 실행되는 것은 for 문의 수식3인 i++이다. 결국 sum에는 홀수 i는 더해지지 않고, 짝수 i만 더해지게 된다. 프로그램 4.11의 실행 결과는 다음과 같다.

```
n을 입력하세요 : 10
10까지 짝수의 합 = 30
```

연습문제

01 양수 n을 입력받아 1부터 n까지 출력하는 프로그램을 작성하여라. 단, 음수가 입력되면 입력을 다시 요구해야 하고, `while` 문을 사용해야 한다.

02 양수 n을 입력받아 1부터 n까지 합을 구하는 프로그램을 작성하여라. 단, 음수가 입력되면 입력을 다시 요구해야 하고, `while` 문을 사용해야 한다.

03 양수 n을 입력받아 1부터 n 사이의 짝수와 홀수 합을 구하는 프로그램을 작성하여라. 단, 음수가 입력되면 입력을 다시 요구해야 하고, `while` 문을 하나만 사용해야 한다.

04 양수 n을 입력받아 `while` 문을 사용하여 1부터 n까지 차례대로 더하는 도중 합이 30 이상이 되면, 그 값을 출력하고 종료하는 프로그램을 작성하여라. 단, n까지의 합이 30을 넘지 않으면 n까지의 합을 출력하면 된다.

05 사용자가 입력하는 정수를 모두 더하는 프로그램을 작성하여라. 단, `while` 문을 사용해야 하고, 음수가 입력되면 지금까지 더한 값을 출력한 후 프로그램을 종료하도록 하여라.

06 사용자가 입력한 정수의 자릿수를 출력하는 프로그램을 작성하여라. 즉, 1234가 입력되면 4를 출력하고, 543210이 입력되면 5를 출력해야 한다. 단, `while` 문을 사용하여 프로그래밍해야 한다.

07 입력받은 정수 n이 양수이면 n에서 2 * n까지의 정수의 합을 구하고, n이 음수이면 2 * n에서 n까지의 정수의 합을 구하는 프로그램을 작성하여라. 단, `while` 문을 사용해야 한다.

08 다음 프로그램은 while의 수식이 1이기 때문에 무한 루프를 만들어 프로그램은 종료하지 않고 "무한 루프"를 계속해서 출력할 것이다.

```
#include <stdio.h>
int main(void)
{
    while (1)
        printf("무한 루프\n");
    return 0;
}
```

이러한 프로그램을 종료하려면 프로그램에 인터럽트 신호를 보내면 된다. 대부분의 운영체제에서 인터럽트는 control-c(ctrl와 c를 동시에 누름)를 입력하면 생성할 수 있다. 프로그램을 실행한 후 control-c를 입력해 보아라. 프로그램이 종료되는가?

09 putchar() 함수는 문자를 화면에 출력하고 출력한 문자의 ASCII 코드 값을 리턴한다. 다음 프로그램은 어떤 값을 출력하겠는가? 먼저 적어보고, 프로그램을 작성하여 확인해 보아라.

```
#include <stdio.h>
int main(void)
{
    for (putchar('1'); putchar('2'); putchar('3'))
        putchar('4');
    return 0;
}
```

10 양수 n을 입력받아 1부터 n 사이에 있는 3의 배수를 출력하는 프로그램을 작성하여라. 단, 음수가 입력되면 입력을 다시 요구해야 하고, for 문을 사용해야 한다.

11 다음 프로그램은 무작위로 생성한 값이 홀수이면 "홀수"를 짝수이면 "짝수"를 출력하는 프로그램이다.

```
#include <stdio.h>
#include <stdlib.h>
int main(void)
{
```

```
5      int i, num;
6
7      for (i = 0; i < 10; i++){
8          num =  rand() % 2;
9          if (num = 1)
10             printf("홀수\n");
11         else
12             printf("짝수\n");
13     }
14     return 0;
15 }
```

rand() 함수는 무작위로 수를 생성하는 함수이기 때문에 생성되는 수의 짝수와 홀수 비율은 비슷해야 할 것이다. 만일 한쪽 수만 나온다면 프로그램에 문제가 있는 것이다. 실행 결과 그렇게 나왔다면 프로그램의 잘못된 부분을 수정하여라.

참고 2행은 8행의 rand() 함수를 위해 추가되었다.

12 for 문을 사용하여 특정 월의 달력을 출력하는 프로그램을 작성하여라. 단 그 월의 최대 일수와 그 월 1일의 요일은 입력받도록 하여라. 요일은 숫자로 입력받는 데, 0은 일요일, 1은 월요일, 순으로 하여라. 실행 화면이 다음과 같게 하여라.

```
최대 일 수를 입력 하세요 : 30
1일의 요일을 입력 하세요(0:일요일, 1:월요일, . . .) : 2
Su  Mo  Tu  We  Th  Fr  Sa
         1   2   3   4   5
 6   7   8   9  10  11  12
13  14  15  16  17  18  19
20  21  22  23  24  25  26
27  28  29  30
```

13 연습문제 12을 수정하여 월의 최대 일수를 입력받지 말고, 연도와 월이 입력되면 그 월의 1일의 요일과 최대 일수를 계산한 다음 달력을 출력하도록 하여라. 즉, 2026년 2월이 입력되면 2026년 2월 1일이 무슨 요일인지 알아내고, 그 해가 윤년인지를 확인하여 최대 일수가 28일인지 29일인지를 알아내야 한다. 요일을 구할 때에 1년 1일을 월요일로 하여서 계산하면 된다. 단, 배열을 사용하면 안 되고, 실행 화면은 다음과 같이 하여라.

```
년도를 입력 하세요 : 2026
월을 입력 하세요 : 2
    2026년 2월
Su  Mo  Tu  We  Th  Fr  Sa
 1   2   3   4   5   6   7
 8   9  10  11  12  13  14
15  16  17  18  19  20  21
22  23  24  25  26  27  28
```

14 다음 프로그램은 for 루프에서 break과 continue 문이 어떻게 동작하는지를 볼 수 있는 예제이다. 어떤 내용이 출력되겠는가?

```c
#include <stdio.h>
int main(void)
{
    int i = 1;
    for (putchar('1'); putchar('2'); putchar('3')) {
        if (++i == 5)
            break;
        putchar('4');
        continue;
        putchar('5');
    }
    return 0;
}
```

15 연습문제 14 프로그램의 for 문을 while 문으로 수정하여라. 단, 출력 결과가 같아야 한다.

16 부울 함수의 진리표는 변수들의 모든 가능한 값과 각 경우에 대한 부울 함수의 값으로 구성된 표이다. 다음 부울 함수에 대한 진리표를 각각 작성하여라.

(a) `b1 || b2 || b3 || b4`

(b) `b1 && b2 && b3 && b4`

(c) `!(!b1 || b2) && (!b3 || b4)`

단, for 문을 사용해야 하며, 참과 거짓을 각각 T와 F로 표현하고 다음과 같은 형식으로 출력하여라.

```
b1  b2  b3  b4    b1 || b2 || b3 || b4
---------------------------------------
 F   F   F   F               F
 F   F   F   T               T
               . . .
```

17 양수 n을 입력받아 n부터 1까지 역으로 출력하는 프로그램을 작성하여라. 단, 음수가 입력되면 입력을 다시 요구해야 하고, do-while 문을 사용해야 한다.

18 사용자가 입력하는 정수의 평균을 구하는 프로그램을 작성하여라. 단, 0이 입력되면 루프를 종료하고 그전까지 입력된 정수의 평균을 출력해야 한다. do-while 문을 사용해서 프로그램을 작성해야 한다.

19 양수 n을 입력받아 n!를 계산하는 프로그램을 작성하여라. 단, do-while 문을 사용해야 한다.

20 while 문을 사용하여 100보다 큰 수중 가장 작은 피보나치 값을 찾는 프로그램 4.4를 do-while 문을 사용하는 것으로 수정하여라.

5

CHAPTER

함수

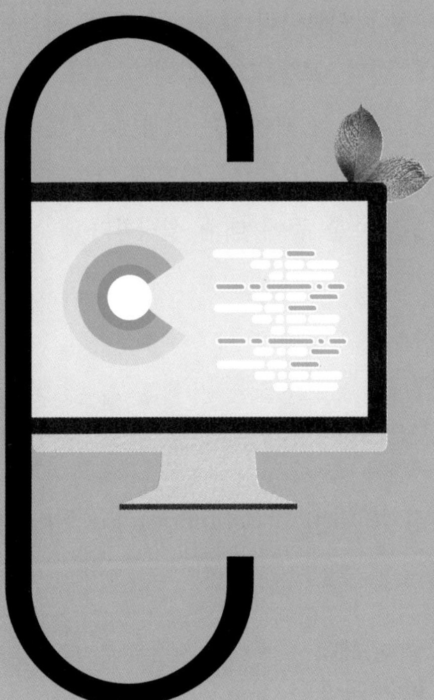

CHAPTER

5 함수

큰 문제를 효과적으로 해결하는 한 가지 방법은 주어진 문제를 쉽게 다룰 수 있는 작은 문제들로 분리하여 해결하는 것이다. C는 큰 프로그램을 여러 개의 작은 단위로 나누어 프로그래밍할 수 있게 하는 함수를 제공한다. 우리는 이미 예제 프로그램을 통해 `main()`, `printf()`, `scanf()` 등과 같은 함수를 많이 사용하였다. 경험으로 알 수 있듯이 `main()` 함수는 직접 작성해야 하고, `printf()`나 `scanf()`와 같은 함수는 누군가 이미 작성한 함수이다. `main()`과 같이 사용자가 직접 작성해야 하는 함수를 사용자 함수라고 하고, C 시스템이 제공하는 함수를 라이브러리 함수라고 한다. 참고로 어떤 경우에 함수를 프로시저(procedure)라고도 한다. 보통 리턴 값이 있으면 함수라고 하고, 리턴 값이 없으면 프로시저라고 한다. 하지만 이 책에서는 이 둘을 구분하지 않고 함수라고만 할 것이다. 이 장에서는 함수에 대한 기본적인 설명과 함수를 만드는 방법과 사용 방법, 유효범위 규칙, 그리고 재귀 호출 등에 대해 설명한다.

5.1 함수 정의

함수가 수행할 일을 기술하는 코드를 함수 정의(function definition)라고 한다. 함수 정의의 일반적인 형식은 다음과 같다.

```
자료형 함수이름(매개변수목록)        // 함수 헤더
{                                    // 함수 몸체
    선언문
    문장
}
```

첫 번째 여는 중괄호의 앞부분을 함수 정의의 헤더라고 하고, 중괄호 사이에 있는 것을 함수 정의의 몸체라고 한다. 함수 헤더(function header)에서 **함수이름**은 함수를 구별하는 이름이고, **자료형**은 함수가 생성하여 리턴하는 값의 형으로 함수의 형이라고도 한다. **매개변수목록**은 함수의 입력값을 의미하는데, **매개변수목록**은 콤마로 분리된 선언문 형태의 매개변수(parameter)로 구성된다. 함수 몸체(function body)의 **선언문** 및 **문장**은 함수가 호출됐을 때 실행하는 코드로 필요에 따라 생략될 수 있다. 먼저 예제 프로그램을 통해 살펴보자.

프로그램 5.1

```
#include <stdio.h>
int main(void)
{
    printf("재미있는 함수\n");
    return 0;
}
```

프로그램 5.1은 앞에서 많이 봤던 프로그램이지만 함수 관점에서 다시 살펴보자. 함수 정의의 일반적인 형식을 참조하면 프로그램 5.1에는 하나의 함수가 정의되어 있음을 알 수 있다. 함수 헤드를 보면 **함수이름**은 `main`이고, 함수의 형은 `int`이며, **매개변수목록**은 `void`이다. 함수 몸체에는 **선언문**은 없고 두 개의 **문장**이 있다. 이 `main()` 함수 정의에서 함수 이름인 `main`을 `print_it`으로 대치하면 함수 5.1과 같이 된다.

함수 5.1

```
int print_it(void)
{
    printf("재미있는 함수\n");
    return 0;
}
```

프로그램 5.1의 `main()`과 함수 5.1의 `print_it()`은 함수 이름은 다르지만 호출되면 똑같은 일을 한다. 하지만 큰 차이가 있는데, `main()` 함수는 프로그램을 실행하면 자동으로 가장 먼저 호출되어 실행되는 함수지만, `print_it()`은 프로그램에서 호출돼야 실행된다. 따라서 main은 키워드는 아니지만 C에서 아주 특별한 식별자이고, 프로그램은 반드시 main() 함수를 가지고 있어야 한다.

함수가 정의되면 필요할 때마다 호출하여 사용할 수 있다. 예를 들어, 앞에서 보았던 많은 프로그램이 출력과 입력을 위해 printf()나 scanf() 함수를 호출하여 사용했다. 사용자가 만든 함수도 필요할 때 호출하면 된다. 함수를 호출할 때는 **함수이름**과 괄호 안에 적절한 수식 목록을 명시해야 한다. 이 괄호 안에 명시되는 수식을 인자(argument)라고 한다. 괄호 안에 적절한 수식 목록을 명시해야 한다고 했는데, 이는 함수 정의의 **매개변수목록**에 명시된 매개변수의 개수와 같은 수의 인자를 명시해야 하고, 각 인자의 형은 대응되는 매개변수의 형과 일치해야 한다는 의미이다. 일반적인 함수 호출 문장은 다음과 같다.

```
변수 = 함수이름(인자목록);
```

이렇게 호출하면 **인자목록**의 값들이 함수의 **매개변수목록**의 변수들로 일대일로 전달된다. 함수는 이렇게 전달받은 값을 이용하여 일을 한다. 호출된 함수는 return 문을 만날 때까지 실행되고, return 문에 명시된 값이 함수를 호출한 곳으로 전달되어 **변수**에 배정된다. 함수 정의에서 함수의 형은 return 문에 의해 리턴되는 값의 형을 의미한다. 따라서 **변수**의 형은 함수의 형과 같아야 한다.

함수 정의에서 **매개변수목록**이 void이면 매개변수가 없다는 것을 의미한다. **매개변수목록**이 void인 함수의 호출은 다음과 같이 **인자목록** 없이 한다.

```
변수 = 함수이름();
```

또는 함수의 형이 void라면 이는 그 함수가 리턴하는 값이 없음을 의미한다. 함수의 형이 void인 함수는 다음과 같이 호출한다.

```
함수이름(인자목록);
```

물론 함수의 형이 void가 아니더라도 이러한 식으로 함수를 호출할 수 있다. 하지만 함수가 리턴하는 값을 사용하지 못할 것이다. 마지막으로 **매개변수목록**이 void이고, 함수의 형이 void이거나 함수의 값을 사용하지 않을 경우는 다음과 같이 호출한다.

```
함수이름();
```

프로그램 5.1을 print_it() 함수를 사용하는 것으로 수정하면 프로그램 5.2와 같다.

프로그램 5.2

```
1  #include <stdio.h>
2  int print_it(void)
3  {
4      printf("재미있는 함수\n");
5      return 0;
6  }
7  int main(void)
8  {
9      print_it();
10     return 0;
11 }
```

2행을 보면, print_it() 함수는 **매개변수목록**이 void이므로, 9행에서 print_it()을 호출할 때 인자 없이 호출하고 있다. 또한 5행을 보면, print_it() 함수는 무조건 0을 리턴하는데, 이 값은 중요하지 않고 사용하지 않을 것이기 때문에 9행의 print_it() 함수 호출 문장에 배정 연산자를 사용하지 않고 있다. 프로그램 5.2의 print_it() 함수는 프로그램 5.1의 main() 함수와 비교 설명하기 위해 함수 형을 int로 하였다. 하지만 print_it() 함수가 리턴하는 값은 별 의미가 없는 것이므로, print_it() 함수를 아무런 값도 리턴하지 않는 함수로 만들어도 된다. 프로그램 5.3은 print_it()의 함수의 형을 void로 만든 것이다.

프로그램 5.3

```
#include <stdio.h>
void print_it(void)
{
    printf("재미있는 함수\n");
    return;
}
int main(void)
```

```
8 {
9     print_it();
10    return 0;
11 }
```

2행의 `print_it()` 함수 헤더를 보면, 함수의 형이 `void`이므로 `print_it()` 함수는 리턴하는 값이 없다. 리턴 값이 없는 함수는 5행에서와 같이 `return` 문 다음에 아무런 값도 명시하지 않아야 한다. `print_it()` 함수의 형은 `void`로 만들었지만, `main()` 함수의 형은 `int` 대신 다른 형이나 `void`로 바꿀 수 없다. `main()` 함수의 형은 이미 `int`로 한다고 약속되어 있으므로 이를 수정하면 경고 오류가 발생할 것이다. 함수는 필요에 따라 여러 번 호출될 수 있다. 예를 들어, **"재미있는 함수"**를 3번 출력하고 싶다면 `main()`에서 `print_it()` 함수를 다음과 같이 세 번 호출하면 된다.

```
print_it();
print_it();
print_it();
```

매개변수가 있는 함수

이제 매개변수가 있는 함수의 예를 보자. 함수 5.2는 거듭제곱(n^m)을 계산하는 `power()` 함수의 정의이다.

함수 5.2

```
long long power(int n, int m)
{
    int i;
    long long pow = 1;
    for (i = 0; i < m;  ++i)
        pow *= n;
    return pow;
}
```

함수의 헤더를 먼저 보자. **함수이름**은 power로 이 이름을 보고 거듭제곱을 계산하는 함수임을 알 수 있다. 물론 power 대신 func, func01, doSomething과 같은 다른 식별자를 사용해도 된다. 하지만, 함수가 하는 일을 잘 표현하는 단어를 선택하는 것이 좋다. 매개변수는 두 개 있고, 모두 int 형이다. 두 매개변수의 형이 같다고 다음과 같이 하면 안 된다.

```
long long power(int n, m)
```

매개변수마다 형을 명시해야 한다. 매개변수는 함수를 수행하기 위해 외부로부터 입력받는 값이다. power() 함수는 n^m을 구하는 함수이므로 n과 m의 값을 외부로부터 받아야 한다. 이에 power() 함수는 두 개의 매개변수를 가지고 있다. power 앞에 있는 long long은 power() 함수의 형이다. 함수의 형은 함수가 자신을 호출한 곳으로 보내는 값의 형이다. power() 함수의 몸체를 보면 n^m의 결과를 pow 변수가 가지고 있으므로, pow의 최종값을 호출한 곳으로 전달해야 한다. 따라서, pow의 형인 long long 형을 power() 함수의 형으로 명시하고 있다.

함수 몸체에는 함수가 수행해야 하는 코드를 넣으면 된다. 함수가 수행할 코드는 지금까지 main() 함수를 작성한 것과 똑같은 방식으로 작성하면 된다. 즉, 거듭제곱은 함수 5.2와 같이 for 문을 사용하여 계산할 수 있다. 마지막으로, 함수의 실행이 끝나는 부분에 return 문을 넣어야 한다. return 문은 함수를 종료하고, return 뒤에 명시된 수식의 값을 호출한 곳으로 전달하는 기능을 수행한다. 함수 5.2에서 거듭제곱의 결과는 for 문이 끝나면 pow 변수가 가지고 있으므로 return 다음에 pow를 명시하여 호출한 곳으로 pow 값을 전달하고 있다.

이렇게 정의된 power() 함수를 호출할 때는 두 개의 정수를 인자로 하여서 호출하면 된다. 예를 들어, 다음과 같이 power() 함수를 호출할 수 있다.

```
power(a, b);
```

이 문장은 a와 b를 인자로 하여 power() 함수를 호출하는 것이다. 이렇게 호출하면 함수의 인자 a는 power() 함수의 첫 번째 매개변수(n)를 초기화하는 값으로 사용되고, b는 두 번째 매개변수(m)를 초기화하는 값으로 사용된다. 즉, n에는 a의 값, m에는

b의 값이 배정되어 power() 함수가 실행된다. 실행이 다 끝나면, power() 함수는 계산 결과인 pow를 호출한 곳으로 전달하고 실행을 종료한다. 그런데 이 문장은 power(a, b)를 호출할 때 배정 연산자를 사용하여 리턴 값을 저장하지 않았으므로, power()의 리턴 값은 잃어버리게 된다. 결국, 이러한 호출은 컴퓨터 자원만 사용할 뿐 아무런 유용한 일을 하지 않는 것이 된다. 다음 호출을 보자.

```
x = power(a, b);
```

이 문장은 power() 함수를 호출하고, power()가 리턴하는 a의 b 승 값을 x에 배정한다. 이렇게 하면 power() 함수 호출의 결과 값을 x가 가지게 되므로, a의 b 승 값이 필요할 때 x를 사용하면 된다. 이러한 식으로 함수의 결과 값을 유지할 수 있다. 마지막으로 다음 호출을 보자.

```
printf("%d^%d = %lld\n", a, b, power(a, b));
```

이 문장은 printf() 함수의 네 번째 인자로 power() 함수 호출을 사용하고 있다. printf() 함수를 이렇게 호출하면, 먼저 power() 함수를 호출하여 리턴 값을 받아 네 번째 인자의 값을 결정한 다음 printf() 함수를 호출하게 된다. 따라서 화면에는 a의 b 승의 값이 출력될 것이다. 참고로, power() 함수의 형이 long long이므로 power() 함수의 값을 출력하기 위한 변환명세로 %lld를 사용하고 있다.

지금까지 print_it() 함수와 power() 함수를 설명했는데, 이를 통해 함수를 정의 및 호출하는 방법을 배울 수 있었을 것이다. 함수 정의 방법을 순서별로 간략히 정리하면 다음과 같다.

1) 함수의 기능 정의
2) 함수 헤더 만들기
    2-1) 함수 이름 선택
    2-2) 함수 매개변수 목록 결정
    2-3) 함수 형 결정
3) 함수 몸체 작성
    3-1) 함수의 기능을 수행하는 코드 작성
    3-2) return 문 작성

5.2 함수 정의 예제

이제 예제를 통해 함수를 정의하는 방법을 살펴보자. 이미 작성된 프로그램에서 필요한 부분을 함수로 만드는 것이 이해하기 쉽기 때문에, 여기서는 프로그램 4.6(계승 프로그램)에서 계승을 구하는 부분을 함수로 만들 것이다.

함수를 정의하는 첫 번째 단계는 함수의 기능을 정의하는 것이다. 예를 들어, 계승 함수는 계승을 계산하는 것 외에 사용자로부터 계승을 구할 정수를 입력받고 출력하는 작업을 포함할 수도 있고 안 할 수도 있을 것이다. 프로그램 4.6에 이를 표시하면, 입력, 계산, 출력까지 모두를 포함하는 계승 함수는 다음 그림의 1) 번 네모 부분인 6행에서 14행을 함수로 만들면 되고, 순수하게 계승만을 계산하는 계승 함수는 그림에서 2) 번 네모 부분인 9행과 10행을 함수로 만들면 된다. 함수를 사용하는 목적 중 하나는 코드의 재사용성을 높이는 것이다. 함수는 가능하면 최소한의 기능을 수행하도록 만드는 것이 좋은데, 여러 가지 일을 하는 함수를 만들게 되면 함수의 재사용 가능성이 떨어지기 때문이다. 따라서 여기서는 계승만을 계산하는 2) 번 네모 부분을 계승 함수의 기능으로 정의한다.

```
    1  #include <stdio.h>
    2  int main(void){
    3      long long f;
    4      int n, i;
    5
1)  6      printf("계승을 구할 수를 입력하세요 : ");
    7      scanf("%d", &n);
    8      if (n >= 0){
    9          for (f = i = 1; i <= n; i++)          2)
   10              f *= i;
   11          printf("%d! = %lld\n", n, f);
   12      }
   13      else
   14          printf("음수를 입력했습니다.\n");
   15
   16      return 0;
   17  }
```

두 번째 단계는 함수 헤더를 만드는 것이다. 함수 헤더에는 **함수이름**, **매개변수목록**, 함수의 형의 정보가 있다. 먼저 **함수이름**은 변수 이름을 만들 때와 같이 함수의 기능을 잘 설명할 수 있는 것으로 선택해야 한다. 함수를 한 단어로 설명할 수 없다면 여러 단어를 밑줄 문자(_)로 연결하여 만들거나 단어의 시작을 대문자로 시작하게 하면 된다. 지금 만들고자 하는 함수는 계승을 구하는 함수이므로 factorial이라고 하면 적당할 것이다.

매개변수목록은 함수가 하는 일에 의해 결정된다. 가장 쉽게 필요한 매개변수를 찾아내는 방법은 함수가 사용하는 변수 중 함수 밖에서 초깃값을 가져와야 하는 변수를 찾는 것이다. 예를 들어, 앞의 코드 그림에서 2) 번 네모 부분의 코드는 f, i, n 변수를 사용하고 있다. 이 중 f와 i는 for 문에서 1로 초기화되는 반면, n의 값은 2) 번 네모 앞에서 사용자로부터 입력받는 값이다. 즉, int 형인 변수 n만 계승 함수 외부에서 가져오는 값으로 초기화되는 변수이므로, **매개변수목록**은 (int n)으로 하면 된다.

함수의 형은 함수가 리턴해야 하는 값의 형으로 결정된다. 계승 함수는 계산한 계승 결과를 리턴해야 한다. 2) 번 네모 코드에서 for 문이 종료되면 계승 결과는 f가 가지게 된다. 따라서 계승 계산이 끝나면 f를 리턴해야 하고, f의 형은 long long이므로 계승 함수의 형은 long long이 된다. 이제, 완성된 계승 함수의 헤더는 다음과 같다.

```
long long factorial(int n)
```

함수 정의의 마지막 단계는 함수 몸체를 작성하는 것이다. 먼저, 함수의 기능을 코딩해야 하는데, 이것은 main() 함수를 작성하는 것과 같은 방식으로 작성하면 된다. 즉, factorial()은 계승을 구하는 기능을 수행하는 것이므로, 2) 번 네모에 있는 코드를 넣으면 될 것이다. 마지막으로, return 문을 넣으면 된다. factorial() 함수는 계산 결과를 f가 가지고 있으므로, return 다음에 f를 명시하면 될 것이다. 변수를 선언할 때는 매개변수를 제외한 변수만을 선언해야 한다. 즉, 2) 번 네모 코드에서 사용하고 있는 변수로는 f, i, n이 있는데, n은 매개변수이므로 선언하면 안 되고, f와 i만을 선언해야 한다. 최종적인 계승 함수의 몸체는 다음과 같다.

```
long long f;
int   i;
```

```
for (f = i = 1; i <= n;  i++)
   f *= i;
return f;
```

factorial() 함수의 완전한 정의는 함수 5.3과 같다.

함수 5.3

```
long long factorial(int n)
{
    long long f;
    int i;
    for (f = i = 1; i <= n;  i++)
        f *= i;
    return f;
}
```

이제 프로그램 4.6을 factorial() 함수를 사용하는 것으로 수정해 보자. factorial() 함수 정의는 프로그램 4.6의 main() 앞에 두면 된다. 대형 프로그램을 작성할 때는 관련된 함수들을 묶어 서로 다른 파일에 저장하지만, 소형 프로그램에서는 한 파일에 모든 함수의 정의를 다 넣는 것이 일반적이다. 그다음 프로그램 4.6의 main() 함수에서 계승을 구하는 for 문을 factorial() 함수 호출 문장으로 대치해야 한다. 프로그램 4.6은 사용자의 입력값인 n에 대한 계승을 구하는 것이므로, factorial() 함수를 호출할 때 인자로 n을 지정하면 된다. 또한, 프로그램 4.6에서 f가 최종 결과 값을 가지고 있으므로, factorial() 함수의 리턴 값을 f에 배정하면 된다. 수정된 프로그램은 프로그램 5.4와 같다.

프로그램 5.4

```
#include <stdio.h>
long long factorial(int n)
{
    long long f;
    int i;
    for (f = i = 1; i <= n;  i++)
        f *= i;
```

```
8      return f;
9  }
10 int main(void)
11 {
12     long long f;
13     int n;          // main() 함수에서는 i 변수를 사용하지 않으므로 삭제
14
15     printf("계승을 구할 수를 입력하세요 : ");
16     scanf("%d", &n);
17     if (n >= 0){
18         f = factorial(n);   // factorial(n) 함수의 리턴값을 f에 저장
19         printf("%d! = %lld\n", n, f);
20     }
21     else
22         printf("음수를 입력했습니다.\n");
23
24     return 0;
25 }
```

프로그램 5.4와 같이 여러 개의 함수로 구성된 프로그램은 함수 정의를 프로그램 파일에 모두 나열하면 된다. C에서는 함수 안에 다른 함수를 정의할 수 없다. 즉, **main()** 함수 내에 **factorial()** 함수 정의를 두면 안된다. 프로그램 5.4의 **main()** 함수는 더 이상 **i** 변수를 사용하지 않기 때문에 13행 선언문에서 **i** 변수의 선언을 삭제하였다. 실행 결과는 프로그램 4.6과 같다.

함수 원형

프로그램을 실행 파일로 만들 때 함수 호출을 만나면 컴파일러는 함수 헤더의 모양과 함수 호출 모양을 비교하여 이 호출이 올바른지 검사한다. 만일 명시된 인자의 개수가 매개변수 개수보다 작거나 크다면 오류 메시지를 출력하여 프로그래머에게 호출이 잘못되었음을 알려준다. 만일, 매개변수의 형과 인자의 형이 다르면 적절히 형 변환도 시도한다. 또한, 함수의 리턴 값을 변수에 배정한다면, 함수의 형과 변수의 형이 다를 경우 리턴 값의 형을 변수의 형으로 변환해 준다. 이러한 기능은 프로그램의 오류를 많이 줄여주므로 매우 유용하다. 컴파일러가 이러한 일을 하려면 함수는 사용되기 전(호

출되기 전)에 미리 그 모양이 알려져야 한다. 함수의 매개변수의 형과 개수, 그리고 함수의 형에 관한 정보는 함수 헤더를 보면 알 수 있다. 따라서 함수 호출 문장 전에 호출되는 함수가 정의되어 있어야 한다. 예를 들어, 프로그램 5.4에서 **factorial()** 함수 호출 문장은 18행에 있고 **factorial()** 함수의 정의는 2행에 있으므로, 컴파일러는 18행에서 **factorial()** 함수 호출 문장을 만났을 때 이 호출을 위해 **int** 형의 인자 하나를 명시해야 하고 함수의 형은 **long long**이라는 것을 알고 있다. 컴파일러는 이러한 알려진 정보를 바탕으로 **factorial()** 함수 호출 문장이 올바른지를 판단한다. 함수의 정보와 일치하지 않는다면, 형 변환과 같이 직접 수정할 수 있는 것은 직접 수정하고, 아니면 오류 메시지를 출력하여 호출이 잘못되었음을 알려준다.

main() 함수는 프로그램을 실행하면 제일 먼저 호출되는 함수이고, 보통 프로그램 종료도 **main()** 함수에서 일어난다. 다른 함수는 **main()** 함수로부터 시작하여 호출된다. 또한 **main()** 함수를 보면 프로그램의 전체적인 구조를 파악할 수 있다. 이러한 이유로 여러 개의 함수로 구성된 프로그램을 작성할 때 **main()** 함수 정의를 다른 함수의 정의보다 앞에 두거나 아니면 제일 뒤에 두어 빨리 **main()** 함수를 찾을 수 있게 하는 게 보통이다. 보통 **main()** 함수의 정의를 다른 함수들 정의 사이에 두지는 않는다. 프로그램에서 **main()** 함수의 정의를 제일 앞에 둘지 아니면 제일 뒤에 둘지는 프로그래머의 취향에 따라 결정되겠지만, 프로그램의 제일 앞부분에 **main()** 함수를 정의하는 것이 보통이다. **main()** 함수의 정의를 다른 모든 함수의 정의보다 앞에 두면, 컴파일러는 **main()** 함수에서 호출하는 함수의 모양을 알 수 없으므로 함수 호출에 문제가 발생한다. 이러한 문제를 해결하기 위해 함수 원형(function prototype)을 사용한다. 함수 원형은 함수 헤더와 비슷한 구조로 되어 있어, 컴파일러에게 함수 모양에 대한 정보를 알려주는 기능을 한다. 함수 원형의 일반적인 형식은 다음과 같다.

```
자료형 함수이름(매개변수형목록);
```

이 형식은 함수 헤더와 비슷하지만, 두 군데가 다르다. 하나는 함수 이름 뒤에 **매개변수목록**이 아니라 **매개변수형목록**이 오는 것이고, 다른 하나는 괄호 뒤에 세미콜론이 온다는 것이다. 함수 원형은 함수 헤더와 같이 컴파일러에게 함수로 전달되어야 하는 인자의 수와 각각의 형, 그리고 함수의 형을 알려준다. 함수 원형에서 **매개변수형목록**이란 콤마로 분리된 자료형의 목록이지만, 함수 헤더에서와 같이 식별자를 추가해도 된다. 하지만, 함수 원형에 명시된 식별자는 아무런 의미가 없는 것이다. 예를 들어, 다음 세 개의 함수 원형은 모두 같은 것이다.

```
long long factorial(int);
long long factorial(int n);
long long factorial(int x);
```

함수 원형은 보통 **main()** 함수 정의 바로 앞에 둔다. 이렇게 하면, **main()**보다 뒤에 정의된 함수도 **main()**에서 올바르게 호출할 수 있다. 프로그램 5.5는 프로그램 5.4를 함수 원형을 사용하는 것으로 수정한 것이다. 프로그램 5.5의 실행 결과는 프로그램 5.4와 같다.

프로그램 5.5

```
#include <stdio.h>

long long factorial(int);          // factorial()의 함수 원형

int main(void)
{
    long long f;
    int n;

    printf("계승을 구할 수를 입력하세요 : ");
    scanf("%d", &n);
    if (n >= 0){
        f = factorial(n);          // factorial() 함수 호출
        printf("%d! = %lld\n", n, f);
    }
    else
        printf("음수를 입력했습니다.\n");

    return 0;
}

long long factorial(int n)        // factorial() 함수 정의
{
```

```
    long long f;
    int   i;
    for (f = i = 1; i <= n;  i++)
        f *= i;
    return f;
}
```

5.3 return과 exit()

return은 함수를 종료할 때 사용하고, exit() 함수는 프로그램을 종료할 때 사용한다. return은 이미 많이 접해봤지만, 좀 더 살펴보자. 이미 설명한 것과 같이, return 문의 가장 기본적인 기능은 함수를 종료하고 제어를 호출한 곳으로 넘기는 것이다. 즉, 함수가 실행되다가 return 문을 만나면 그 함수는 종료되고, 제어는 그 함수를 호출한 곳으로 넘어가 함수 호출 다음부터 실행된다. return 문은 함수가 리턴 값이 있느냐 또는 없느냐에 따라 수식을 가질 수도 있고 갖지 않을 수도 있다. 여기서 함수가 리턴 값이 있다는 것은 함수 헤더에서 함수의 형이 명시된 함수를 의미하고, 리턴 값이 없다는 것은 함수의 형으로 void가 명시된 함수를 의미한다. 수식이 있는 return 문은 그 수식의 값을 호출한 곳으로 전달한다. 예를 들어, return 문은 다음과 같이 사용할 수 있다.

```
return;
return ++a;
return (a * b);
```

함수는 여러 개의 return 문을 가질 수도 있다. 예를 들어, 계승을 구하는 함수 5.3의 factorial()은 음수를 인자로 해서 호출하면 잘못된 값을 리턴한다. 즉, 음수에 대한 계승은 정의되지 않음에도 불구하고, 인자로 음수를 지정하면 1을 리턴할 것이다. 또한, 계승의 결괏값을 가지게 되는 f 변수의 형은 long long 형인데, long long 형은 대략 9.22×10^{18}까지만 표현할 수 있으므로 이보다 더 큰 계승 결과는 저장할 수 있다. 즉, 20!까지는 정확한 값을 가질 수 있지만, 21!부터는 정확한 값을 저장할 수 없다.

이러한 것을 고려하여 factorial() 함수를 정의할 필요가 있다. return은 계산 결과를 리턴하기 위해 사용될 뿐만 아니라 함수의 상태를 알려주기 위해서도 사용된다. 즉, 함수가 주어진 기능을 수행하지 못할 때, 약속된 값을 리턴하여 어떤 문제가 발생했는지를 알려준다. 예를 들어, factorial() 함수의 경우, 음수가 전달됐을 때는 −1을 리턴하고, 20보다 큰 수가 전달됐을 때는 −2을 리턴하는 방식이다. 물론, 이때에는 실제 계산 결괏값으로는 나오지 않을 값을 선택해야 한다. 이를 반영하여 함수 5.3을 여러 개의 return 문을 가지는 함수 5.4로 수정할 수 있다.

함수 5.4

```
1  long long factorial(int n)
2  {
3      long long f;
4      int i;
5      if (n < 0)
6          return -1;
7      else if (n > 20)
8          return -2;
9      for (f = i = 1; i <= n;  i++)
10         f *= i;
11     return f;
12 }
```

함수 5.4에는 return 문이 세 개 있다. 6행의 return은 음수가 전달됐음을 알리기 위해, 8행의 return은 큰 값이 전달됐음을 알리기 위해, 11행의 return은 결괏값을 전달하기 위해 사용되고 있다. 이제 프로그램 5.4를 함수 5.4을 사용하는 것으로 수정하면 프로그램 5.6과 같다.

프로그램 5.6

```
#include <stdio.h>
long long factorial(int n)
{
    long long f;
    int i;
```

```
6      if (n < 0)
7          return -1;
8      else if (n > 20)
9          return -2;
10     for (f = i = 1; i <= n;  i++)
11         f *= i;
12     return f;
13 }
14 int main(void)
15 {
16     long long f;
17     int n;
18 
19     printf("계승을 구할 수를 입력하세요 : ");
20     scanf("%d", &n);
21     f = factorial(n);
22     if (f == -1)
23         printf("음수를 입력했습니다.\n");
24     else if (f == -2)
25         printf("0과 20 사이의 수를 입력하세요.\n");
26     else
27         printf("%d! = %lld\n", n, f);
28 
29     return 0;
30 }
```

프로그램 5.6은 **factorial()** 함수를 호출한 다음, **factorial()** 함수가 리턴한 값을 확인하는 코드가 포함되어 있다. 22행에서 리턴 값이 −1이면 음수를 인자로 호출하여 계산이 수행되지 않았음을 알 수 있고, 24행에서 리턴 값이 −2이면 20보다 큰 수를 인자로 호출하여 계산을 못했음을 알 수 있다. 프로그램 5.6의 실행 결과는 다음과 같다.

```
$ program5.6
계승을 구할 수를 입력하세요 : -1
음수를 입력했습니다.
```

```
$ program5.6
계승을 구할 수를 입력하세요 : 30
0과 20 사이의 수를 입력하세요.
$ program5.6
계승을 구할 수를 입력하세요 : 20
20! = 2432902008176640000
```

함수가 리턴한 값은 사용할 수도 있고 안 할 수도 있다. 예를 들어, **printf()** 함수는 **int** 형 값을 리턴하지만, 보통 그 값은 사용하지 않는다. 왜냐하면, 그 값을 사용하지 않아도 화면에 우리가 원하는 문자열이 출력되기 때문이다. 이와는 달리 함수 5.4가 리턴한 값은 반드시 사용해야 한다. 만일 그 값을 사용하지 않는다면, 함수 5.4의 호출은 무의미한 것이 된다. 함수의 형이 **void**인 함수는 **return** 문을 가지지 않아도 된다. 이 경우 함수의 마지막 문장이 실행되면 함수가 종료된다.

프로그램은 **main()** 함수의 마지막 문장을 실행하거나 **main()**에서 **return** 문을 실행하면 종료된다. 하지만 어떤 경우에는 **main()** 함수 이외의 함수를 실행하는 중에 프로그램을 종료할 필요도 있을 수 있다. 이런 경우 **exit()** 함수를 사용한다. **exit()** 함수는 어떤 함수에서 호출되든지 프로그램을 종료시킨다. 프로그램 5.7의 **factorial()** 함수는 계승을 구하지 못하는 값이 전달됐을 때 **exit()** 함수를 사용하여 프로그램을 종료하도록 수정한 것이다.

프로그램 5.7

```c
#include <stdio.h>
#include <stdlib.h>                   // exit() 함수 사용을 위해 삽입
long long factorial(int n)
{
    long long f;
    int i;
    if ((n < 0) || (n > 20))
    {
        printf("0과 20 사이의 수를 입력하세요.\n");
        exit(-1);
    }
```

```
12      for (f = i = 1; i <= n;  i++)
13          f *= i;
14      return f;
15  }
16  int main(void)
17  {
18      long long f;
19      int n;
20
21      printf("계승을 구할 수를 입력하세요 : ");
22      scanf("%d", &n);
23      f = factorial(n);
24      printf("%d! = %lld\n", n, f);
25
26      return 0;
27  }
```

2행에서 `<stdlib.h>`를 `include`하고 있는데, 이것은 `exit()` 함수를 사용하기 위한 것이다. C는 다양한 라이브러리 함수를 제공하고 있다. 라이브러리 함수는 프로그램에서 많이 사용하는 기능을 미리 함수로 만들어서 제공하는 함수의 집합이다. 라이브러리 함수를 사용하기 위해서는 그 함수의 원형을 가지고 있는 헤더 파일(`*.h`)을 `include` 해야 한다. 1행의 `<stdio.h>`에는 `printf()`, `scanf()` 등과 같은 입출력 함수의 원형이 선언되어 있는데, 프로그램에서 이들 함수를 사용하기 위해 `<stdio.h>`를 `include` 한 것이다. 7행에서 입력된 값이 음수인지 또는 20보다 큰지를 확인하고 있다. 만일 그렇다면, 9행에서 오류 메시지를 출력하고, 10행에서 `exit()` 함수를 호출한다. `exit()` 함수가 호출되면 프로그램은 그 시점에서 종료되기 때문에 `main()` 함수의 `factorial()` 함수 호출 다음에 있는 24행의 `printf()` 문장은 실행되지 않을 것이다. 프로그램 5.7의 실행 결과는 다음과 같다.

```
$ program5.7
계승을 구할 수를 입력하세요 : -10
0과 20 사이의 수를 입력하세요.
```

```
$ program5.7
계승을 구할 수를 입력하세요 : 20
0과 20 사이의 수를 입력하세요.
$ program5.7
계승을 구할 수를 입력하세요 : 10
10! = 3628800
```

5.4 값에 의한 함수 호출

함수는 매개변수를 통해 값을 전달받는다. 즉 함수를 호출할 때 인자를 명시하면 그 값이 함수의 매개변수로 복사되어 전달된다. C에서 인자가 함수로 전달될 때 특히 중요한 것은 모든 인자가 "값에 의한 호출(call by value)"로 전달된다는 것이다. 값에 의한 호출이란 함수를 호출할 때 인자로 명시된 변수나 수식은 그 자체가 전달되는 것이 아니라 그 값만 전달된다는 것이다. 함수 호출에 명시된 인자는 함수의 매개변수를 초기화하는 데만 사용되고, 호출된 함수의 실행에 의해서는 전혀 영향을 받지 않는다. 다른 말로 하면 매개변수의 값이 변하더라도 인자의 값은 변하지 않는다. 예를 들어, 프로그램 5.8을 보자.

프로그램 5.8

```c
#include <stdio.h>
int compute_sum(int);
int main(void)
{
    int n = 3, sum;
    printf("함수 호출 전 : n = %d\n", n);
    sum = compute_sum(n);
    printf("함수 호출 후 : n = %d\n", n);
    printf("합 = %d\n", sum);
    return 0;
}
```

```
12 // 1부터 n까지 더하는 함수
13 int compute_sum(int n)
14 {
15     int sum = 0;
16     for ( ; n > 0; --n)     // n의 값이 변함
17         sum += n;
18     return sum;
19 }
```

7행에서 compute_sum() 함수를 호출할 때 인자로 n이 명시되었다. 13행에 정의된 compute_sum() 함수는 매개변수 n을 통해 값을 입력받아, 16행의 for 문을 사용하여 n 값을 하나씩 줄이면서 그 합을 구한다. 18행에서 sum을 리턴할 때, n의 값은 0이다. 하지만 main() 함수에서 함수 호출 후에 8행에서 n 값을 출력하면 0이 아니라 함수 호출 전의 값인 3이 출력된다. 그 이유는 함수의 인자는 값에 의한 호출로 전달되기 때문에 비록 n이 compute_sum() 함수에 전달되어 그 함수 내에서 변경된다고 해도 호출한 환경(main() 함수)의 n에는 영향을 주지 않는다. main()의 n과 compute_sum()의 n은 같아 보이지만 main() 함수의 n은 compute_sum() 함수의 매개변수 n을 초기화하는 데 사용될 뿐 이 둘은 전혀 관계가 없다. 프로그램 5.8의 함수들이 사용하는 변수들을 그림으로 그리면 다음과 같이 표현할 수 있다.

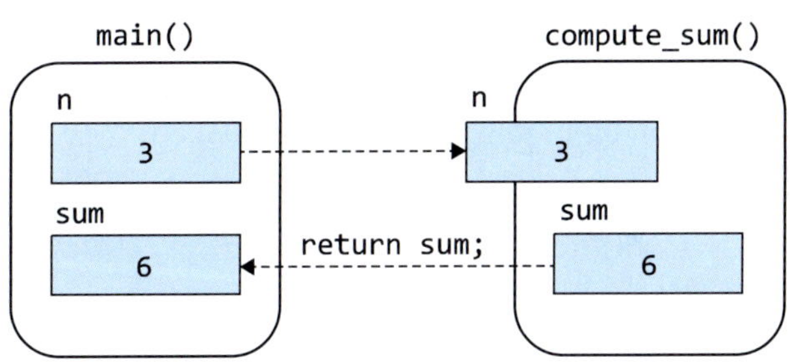

그림에서 보는 것처럼 main()의 n과 sum은 compute_sum()의 n과 sum과는 완전히 다른 메모리에 할당된다. 그림에서 compute_sum() 함수 경계선에 걸쳐 표시한 변수 n은 함수의 매개변수를 나타낸다. compute_sum()이 호출되면 먼저 main()의 n 값이 매개변수 n으로 복사되고 함수 몸체가 실행된다. 그 실행 결과인 sum은 return 문에 의해서 main()에 전달되고, 결국 sum에 배정된다. 그림에서 알 수 있는 것처럼 식별

자 이름이 같다고 같은 메모리 공간을 사용하는 것은 아니다. 따라서 프로그램 5.8의 compute_sum() 함수는 함수 5.5와 같이 작성해도 똑같은 것이다.

함수 5.5

```
// 1부터 x까지 더하는 함수
int compute_sum(int x)
{
    int s = 0;
    for ( ; x > 0; --x)
        s += x;
    return s;
}
```

결국 프로그램 5.8의 실행 결과는 다음과 같다.

```
함수 호출 전 : n = 3
함수 호출 후 : n = 3
합 = 6
```

함수의 인자를 전달하는 방법으로 "값에 의한 호출" 이외에 "참조에 의한 호출(call by reference)"도 있다. 이것은 함수 호출에 명시된 인자 자체를 호출된 함수로 전달하는 방식이다. 이렇게 하면 호출된 함수에서 그 값이 변하면 호출한 함수에서도 영향을 받게 된다. C는 값에 의한 호출만을 제공하지만, 앞으로 배울 포인터를 사용하여 "참조에 의한 호출" 효과를 낼 수 있다. 이에 관해서는 포인터를 다루면서 설명할 것이다.

5.5 지역 변수와 전역 변수

변수는 선언된 위치에 따라 지역 변수와 전역 변수로 나누어진다. 지금까지 본 예제 프로그램의 모든 변수는 함수 안에 선언되었다. 이렇게 함수 안에 선언된 변수를 지역 변수라고 한다. 반면 함수 밖에 선언된 변수를 전역 변수라고 한다. 지역 변수와 전역 변수를 더 자세히 살펴보기 전에 먼저 유효범위 규칙에 대해서 살펴보자.

유효범위 규칙(scope rule)은 식별자가 사용될 수 있는 범위에 관한 규칙이다. 기본적으로 식별자의 유효범위는 식별자가 선언된 곳부터 시작하여 식별자가 선언된 블록의 마지막까지다. 즉, 식별자가 선언된 블록 밖의 영역에서는 그 식별자를 이용할 수 없다. 다음 예제 코드를 보자.

```
{   // 블록 A
    int a = 2, b = 4;
    printf("A: a = %d, b = %d\n", a, b);
    {  // 블록 B
        int a;
        a = 5;
        b++;
        printf("B: a = %d, b = %d\n", a, b);
    }
    printf("A: a = %d, b = %d\n", a, b);
}
```

블록 A의 a와 b의 유효범위

블록 B의 a의 유효범위

이 코드는 블록 A가 블록 B를 포함하고 있는 구조이다. 블록은 필요에 따라 다양하게 중첩될 수 있다. 블록 A에는 a와 b가 선언되어 있고, 블록 B에는 a가 선언되어 있다. 앞의 코드에 각 변수의 유효범위를 표시한 것과 같이 변수의 유효범위는 자신이 선언된 곳부터 시작하여 자신이 선언된 블록의 마지막 부분까지이다. 변수들은 자신의 유효범위에서만 사용될 수 있다. 다만 이름이 같은 변수의 유효범위가 겹친다면, 가장 안쪽 블록에서 선언된 변수만 사용될 수 있다. 예를 들어, 기본적으로 블록 B에서도 블록 A에서 선언된 a와 b 변수를 사용할 수 있다. 하지만 블록 B에 a라는 같은 이름의 변수가 선언되어 있으므로 블록 B에서 사용할 수 있는 변수는 블록 A의 b와 블록 B의 a만 사용할 수 있다. 즉, 블록 B에서 블록 A의 a는 블록 B의 a에 가려져서 사용할 수 없다. 따라서 이 코드의 출력은 다음과 같을 것이다.

```
A: a = 2, b = 4
```

```
B: a = 5, b = 5
A: a = 2, b = 5
```

출력 결과에서 알 수 있듯이 블록 B에서 a의 값을 변경시켜도 블록 A에는 영향을 주지 않는다는 것을 알 수 있다. 반면 블록 B에서 사용한 b는 블록 A의 b이기 때문에 블록 B에서 b의 값을 변경시키면 블록 A에도 영향을 준다.

이제 지역 변수(local variable)를 살펴보자. 지역 변수는 함수에서 선언된 변수로, 함수가 호출될 때만 사용이 가능하다. 또한 각 함수는 자신의 지역 변수만 사용할 수 있고, 다른 함수의 지역 변수는 사용할 수 없다. 이는 앞에서 말한 유효범위 규칙을 적용하면 쉽게 이해할 수 있다. 즉 함수도 하나의 블록이라고 생각하면 된다. 따라서 함수 내에서 선언된 지역 변수는 그 함수 내에서만 사용될 수 있다.

전역 변수(global variable)는 함수 밖에서 선언된 변수로, 외부 변수(external variable)라고도 한다. 전역 변수는 프로그램이 시작할 때부터 끝날 때까지 사용될 수 있다. 특히 모든 함수는 전역 변수를 사용할 수 있다. 즉 전역 변수는 모든 함수가 공통으로 사용할 수 있는 변수이다. 예를 들어, 프로그램 5.9를 보자.

프로그램 5.9

```
#include <stdio.h>
int a = 0, b = 0, c = 0;  // 전역 변수
int f(void);
int main(void)
{
    a = 1;
    b = 2;
    printf("a + b = %d\n", f());
    printf("a = %d, b = %d, c = %d\n", a, b, c);
    return 0;
}
int f(void)
{
    int   c;          // 지역 변수
```

```
15      c = a + b;
16      return c;
17  }
```

2행에서 선언된 a, b, c는 함수 밖에 선언되어 있으므로 전역 변수다. 따라서 main()과 f() 함수는 모두 a, b, c를 사용할 수 있다. 예를 들어, main() 함수의 6행과 7행은 전역 변수 a와 b에 각각 1과 2를 배정하고 있다. 결국 f()가 호출되는 시점에서 전역 변수 a와 b는 각각 1과 2의 값을 갖게 된다. f() 함수에서 사용하는 a와 b도 전역 변수 a와 b다. 따라서 15행에서 c에는 3이 배정된다. 그런데, f()의 c는 전역 변수의 c가 아니고 f()에서 선언된 지역 변수이므로, 15행에 의해 전역 변수 c의 값은 변하지 않는다. 즉, 원래는 f()에서 전역 변수 a, b, c를 다 사용할 수 있지만, f()에서 전역 변수 c와 같은 이름의 지역 변수 c를 선언하고 있으므로, f()에서의 c는 지역 변수인 c다. 따라서 f()에서는 전역 변수 c의 값을 변경할 수 없다. 결국 프로그램 5.9의 실행 결과는 다음과 같을 것이다.

```
a + b = 3
a = 1, b = 2, c = 0
```

전역 변수를 사용하면 함수 간에 데이터 교환을 아주 쉽게 할 수 있다. 지금까지 배운 것에 의하면, 함수를 호출한 곳으로 계산된 값을 전달할 때 return 문을 사용하여 데이터 하나만 보낼 수 있다. 하지만 호출한 곳으로 여러 개의 값을 보내야 하는 경우가 있는데, 이럴 때 전역 변수를 사용할 수 있다. 프로그램 5.10은 이에 관한 예제이다.

프로그램 5.10

```c
#include <stdio.h>
int quo, rem;    // 전역 변수
int divide(int, int);
int main(void)
{
    int a = 10, b = 3;
    if (divide(a, b))
```

```
8           printf("0으로 나눌 수 없습니다.\n");
9       else
10          printf("%d/%d : 몫은 %d이고 나머지는 %d입니다.\n", a, b, quo, rem;
11      return 0;
12  }
13  int divide(int dividend, int divisor)
14  {
15      if (!divisor)
16          return -1;
17      quo = dividend / divisor;
18      rem = dividend % divisor;
19      return 0;
20  }
```

13행에 정의된 **divide()** 함수는 세 개의 값을 생성하고 있다. 두 개의 데이터는 나누기의 결과인 몫과 나머지이고, 다른 하나는 함수의 오류 코드이다. 지금까지 배운 방법을 사용해서는 세 개의 값을 호출한 곳으로 보낼 수 없다. 이와 같은 상황에서 전역 변수를 활용할 수 있다. 즉, 이 프로그램은 17행과 18행에서 몫과 나머지를 전역 변수 **quo**와 **rem**을 통해 전달하여 **main()** 함수에서 사용할 수 있게 하고 있고, 오류 코드는 16행과 19행에서 **return** 문을 통해 전달하고 있다. 프로그램 5.10의 실행 결과는 다음과 같다.

```
10 / 3 : 몫은 3이고 나머지는 1입니다.
```

전역 변수를 통한 함수 간의 정보 교환은 매우 단순하고 쉽다. 하지만, 전역 변수는 다른 모든 함수에서 접근이 가능하므로 원하지 않는 부작용이 발생할 수 있고, 프로그램의 모듈성을 방해한다. 따라서 전역 변수를 최소한으로 사용하는 것이 좋다. 포인터를 다룰 때 설명하겠지만, 함수가 여러 개의 값을 호출한 곳으로 전달해야 할 경우에는 포인터를 사용하는 것이 일반적이다.

5.6 재귀 함수

어떤 함수가 직접이든 간접이든 자기 자신을 호출하면 그 함수를 재귀 함수(recursive function)라고 한다. 예를 들어, 프로그램 5.11을 보자.

프로그램 5.11

```
1 #include <stdio.h>
2 int main(void)
3 {
4     printf("Never ending...\n");
5     main();
6     return 0;
7 }
```

5행은 `main()` 함수를 호출하는 문장이다. 즉, `main()` 함수가 자기 자신을 호출하는 문장을 가지고 있으므로, 이 `main()` 함수를 재귀 함수라고 한다. 프로그램은 `main()` 함수의 마지막 문장이나 `return` 문을 실행하면 종료한다. 그런데, 이 `main()` 함수는 4행에서 `"Never ending..."`을 출력한 다음, 5행에서 자기 자신을 호출한다. 호출된 `main()` 함수도 같은 문장을 출력하고 다시 `main()` 함수를 호출한다. 이러한 식으로 6행의 `return` 문을 실행하기 전에 `main()` 함수를 호출하므로 프로그램은 끝나지 않고 계속해서 `"Never ending..."`이라는 문장을 화면에 출력할 것이다. 프로그램 5.11의 실행 결과는 다음과 같다.

```
Never ending...
Never ending...
Never ending...
Never ending...
Never ending...
Never ending...
          .
          .
          .
```

재귀 함수는 재귀적으로 정의되는 문제를 해결하기 위해 사용된다. 예를 들어, 계승 연산자 !는 다음과 같이 정의할 수 있다.

$$n! = \begin{cases} 1, & \text{if } n = 0 \\ n \times (n-1)!, & \text{if } n > 0 \end{cases}$$

이 정의는 $n!$를 $(n-1)!$를 사용하여 재귀적으로 정의하고 있다. 정의에 의하면 $n!$은 n이 0일 때 1이고, 0보다 클 때에는 $n \times (n-1)!$이다. 또 정의에 의해 $(n-1)!$은 $(n-1)$이 0일 때 1이고, 0보다 크면 $(n-1) \times (n-2)!$이 된다. 이러한 식으로 계속 전개하면 $n! = n \times (n-1) \times (n-2) \times \cdots \times 1$을 얻을 수 있다. 여기서 n이 0일 때 $n! = 1$이라는 초기 조건은 매우 중요한 역할을 한다. 즉, 이 초기 조건으로 인해 재귀가 멈추게 된다. 이러한 초기 조건이 없다면 재귀가 멈추지 않을 것이다. 재귀적으로 표현된 수식은 재귀 함수로 쉽게 프로그래밍할 수 있다. 예를 들어 다음 프로그램을 보자.

프로그램 5.12

```
1  #include <stdio.h>
2  int factorial_r(int n);
3  int main(void)
4  {
5      int n = 5;
6      printf("%2d! = %d\n", n, factorial_r(n));
7      return 0;
8  }
9  int factorial_r(int n)
10 {
11     if (n == 0)
12         return 1;
13     else
14         return (n * factorial_r(n - 1));
15 }
```

9행에 정의된 factorial_r() 함수는 14행에서 자기 자신을 호출하는 문장이 있으므로 재귀 함수이다. factorial_r() 함수는 11행에서 초기 조건을 처리하고 있는데, n이 0

일 경우 1을 리턴하고 종료한다. 만일 n이 0이 아니라면, 14행에서 n * factorial_r (n - 1)을 리턴한다. 함수를 따라가면, n이 1인 경우 1 * factorial_r(0)이 리턴되는데, factorail_r(0)의 값은 1이므로 결국 1 * 1인 1이 리턴된다. 조금 더 복잡한 예로 n이 5일 때를 가정해 보자. 이 경우 main()에서 factorial_r(5)를 호출하면 factorial_r() 함수는 다음과 같은 형식으로 재귀적으로 계속 호출된다.

```
factorial_r(5) : 5 * factorial_r(4)
factorial_r(4) : 4 * factorial_r(3)
factorial_r(3) : 3 * factorial_r(2)
factorial_r(2) : 2 * factorial_r(1)
factorial_r(1) : 1 * factorial_r(0)
factorial_r(0) : 1
```

콜론 왼쪽의 수식은 함수 호출을 나타내고, 콜론 오른쪽의 수식은 콜론 왼쪽과 같이 함수가 호출됐을 때 실행되는 return 문의 수식이다. 이 전개를 보면 함수 호출이 재귀적으로 일어나다가 n이 0이 될 때, 즉 factorial_r(0)이 호출되면 더 이상의 재귀 호출은 없고 그 값이 1이 되어 리턴됨을 알 수 있다. 그러면 제어는 factorial_r(1)로 넘어가고, factorial_r(1)도 1 * factorial_r(0)을 계산하여 그 값을 리턴하면서 종료한다. 이러한 식으로 재귀 호출된 함수들은 역으로 종료되면서 각 함수의 값을 결정하게 된다. 단계별 함수의 값은 다음과 같다.

```
factorial_r(5) : 5 * factorial_r(4) ⇒ 5 * 24 = 120

factorial_r(4) : 4 * factorial_r(3) ⇒ 4 * 6 = 24

factorial_r(3) : 3 * factorial_r(2) ⇒ 3 * 2 = 6

factorial_r(2) : 2 * factorial_r(1) ⇒ 2 * 1 = 2

factorial_r(1) : 1 * factorial_r(0) ⇒ 1 * 1 = 1

factorial_r(0) : 1
```

그림에서 제일 오른쪽에 있는 값이 콜론 왼쪽의 함수 호출의 값이다. 예를 들어 factorial_r(4)의 값은 수식 4 * factorial_r(3)의 값인 데 factorial_r(3)의 값이 6이므로 24이고, 이 값은 factorial_r(5)의 리턴 수식인 5 * factorial_r(4)를 계산하기 위해 사용된다. 결국 factorial_r(5)는 120이라는 값을 가지게 된다. 이러한 과정을 다음과 같이 기술할 수도 있다.

```
factorial_r(5) = 5 * factorial_r(4)
               = 5 * (4 * factorial_r(3))
               = 5 * (4 * (3 * factorial_r(2)))
               = 5 * (4 * (3 * (2 * factorial_r(1))))
               = 5 * (4 * (3 * (2 * (1 * factorial_r(0)))))
               = 5 * (4 * (3 * (2 * (1 * (1)))))
               = 120
```

재귀 함수는 복잡한 것 같지만 매우 유용한 프로그래밍 기법이다. 보통 재귀적으로 정의할 수 있는 수식은 재귀 함수로 프로그래밍하면 코딩이 쉬워지고 그 의미도 이해하기 쉽다. 하지만 재귀 함수는 많은 횟수의 함수 호출이 일어나기 때문에 비효율적일 수 있다. 즉 많은 함수 호출이 발생하기 때문에 메모리를 많이 사용하게 되고 실행 시간도 길어진다. 이러한 장단점을 잘 이해하고 프로그래밍해야 한다. 특히 어떤 경우에는 재귀 함수로 작성해서는 안 될 때도 있다. 예를 들어 피보나치수열은 다음과 같이 재귀적으로 정의된다.

$$f_i = \begin{cases} 0, & \text{if } i = 0 \\ 1, & \text{if } i = 1 \\ f_{i-1} + f_{i-2}, & \text{if } i > 1 \end{cases}$$

피보나치수열의 재귀적 정의를 프로그램에 바로 적용하면 함수 5.6과 같이 작성할 수 있다.

함수 5.6

```
int fibonacci_r(int n)
{
    if (n <= 1)
        return n;
    else
        return (fibonacci_r(n - 1) + fibonacci_r(n - 2));
}
```

`fibonacci_r()`은 외견상 별문제가 없어 보이지만 매우 비효율적인 함수이다. 그 이유는 이와 같이 코딩하면 같은 인자를 가진 함수 호출이 여러 번 반복해서 발생하기 때문이다. 예를 들어 `fibonacci_r(5)`를 호출하면 다음과 같은 함수 호출이 일어난다.

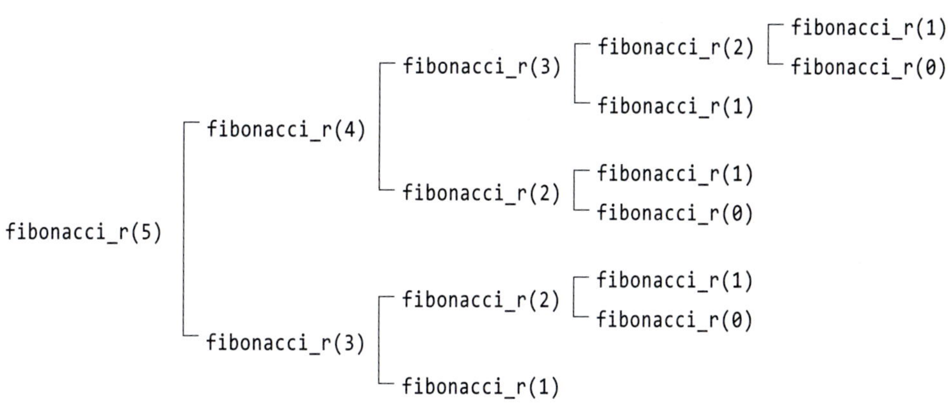

이 호출 도표에서 알 수 있듯이 fibonacci_r(5)와 fibonacci_r(4)는 한 번씩 호출되지만, fibonacci_r(3)은 두 번, fibonacci_r(2)는 세 번, fibonacci_r(1)은 다섯 번, fibonacci_r(0)은 세 번 호출된다. 다음 표는 피보나치수열 값과 그 값을 계산하기 위해 몇 번의 fibonacci_r() 함수 호출이 일어나는지를 보여주고 있다.

n 값	fibonacci_r(n)의 값	fibonacci_r() 함수가 호출되는 횟수
0	0	1
1	1	1
2	1	3
.....		
23	28,657	92,735
24	46,368	150,049
.....		
42	267,914,296	866,988,873
43	433,494,437	1,402,817,465

이 표에서 알 수 있는 것처럼 fibonacci_r()은 작은 n 값에 대해서도 과도하게 많은 함수 호출이 일어남을 알 수 있다. 이런 경우에는 재귀 호출을 사용해서는 안 된다. 모든 재귀 호출은 반복문을 사용하는 것으로 수정이 가능하다. 예를 들어, fibonacci_r()은 함수 5.7과 같이 for 문을 사용하는 것으로 수정할 수 있다.

프로그램 5.7

```
int fibonacci_i(int n)
{
    int i, tmp, fib = 1, fib_p = 0;
    if (n <= 1)
        return n;
    for (i = 2; i <= n; i++){
        tmp =  fib;
        fib += fib_p;
        fib_p = tmp;
    }
    return fib;
}
```

`fibonacci_i()`는 `fibonacci_r()`에 비해 한눈에 이해하기 어렵지만 매우 효율적이다. 하지만 프로그램을 작성할 때 효율성만 강조하게 되면 프로그래밍이 어려워지고 유지보수도 매우 어려워진다. 이러한 것들을 잘 염두하고 프로그램을 작성해야 한다.

연습문제

01 전통적인 C의 함수 정의는 표준 C23의 함수 정의와 다르다. 다음 프로그램은 전통적인 C를 기반으로 작성된 것이다. 실행되는지 확인해 보아라.

```
1  #include <stdio.h>
2  long long power(n, m)
3  int n, m;
4  {
5      int i;
6      long long pow = 1;
7      for (i = 0; i < m;  ++i)
8          pow *= n;
9      return pow;
10 }
11 main()
12 {
13     printf("%lld\n", power(2, 2));
14 }
```

3행을 보면 매개변수를 따로 선언하고 있고, 11행에서 main() 함수의 형도 지정하지 않고 있다. 하지만 아마 큰 문제 없이 컴파일되고 실행될 것이다. 컴파일러는 최신 표준과 충돌되지 않으면 예전 표준도 지원한다. 그러나 최신 표준에 맞게 프로그램을 작성하는 것이 좋다.

02 함수 5.2 power() 함수를 호출하여 다음과 같이 2, 3, 4, 5의 0부터 9승까지의 거듭제곱표를 만드는 프로그램을 작성하여라.

```
n      2^n      3^n      4^n      5^n
------------------------------------
0       1        1        1        1
1       2        3        4        5
2       4        9       16       25
            . . . .
```

03 함수 5.2 power() 함수를 호출하여 5^6과 5^4을 구하는 프로그램을 작성하여라. 먼저 power(5, 6)과 power(5, 4)로 호출하여 값을 출력하여라. 그다음 i에 5를 배정한 후 power(i, ++i)를 호출해서 값을 구하고, 다시 i에 5를 배정한 후 power(i, --i)를 호출하여 값을 출력하여라. 출력 결과가 앞의 결과와 같은지 확인해 보고, 다르다면 그 이유를 설명해 보아라. 사실 이 결과는 컴퓨터마다 다를 수 있다. 다만 함수의 인자로 증가나 감소 연산자를 사용하는 것은 좋지 않다는 것을 알아야 한다.

04 입력된 정수의 절댓값을 리턴하는 함수를 정의하여라. 단 함수 헤더는 다음과 같이 하여라.

```
int absolute(int n)
```

05 주어진 수가 소수인지 검사하는 함수를 정의하여라. 단 함수 헤더는 다음과 같이 하여라.

```
int is_prime(int n)
```

이 함수는 n이 소수이면 1을 리턴하고, 아니면 0을 리턴해야 한다.

힌트 반복문과 % 연산자를 사용하여라.

06 체질량지수(BMI)는 성인의 지방량을 추정하기 위한 것으로 다음과 같이 계산된다.

$$\text{BMI} = \frac{\text{체중(kg)}}{\text{신장(m)} \times \text{신장(m)}}$$

BMI의 값에 따라 체중 상태는 다음과 같이 설명된다.

BMI	체중 상태
18.5 이하	저체중
18.5 ~ 24.9	정상
25.0 ~ 29.9	과체중
30.0 이상	비만

BMI를 계산하는 함수를 작성하여라. 그리고 체중과 신장을 입력받고, BMI을 구하는 함수를 호출하여 그 값을 출력하고, 그 값에 따라 저체중, 정상, 과체중, 비만 등을 출력하는 프로그램을 작성하여라. 단, 다음 출력 예와 같이 신장은 cm 단위로 입력받고, BMI 지수는 소수점 2째 자리까지만 출력하여라.

```
$ BMI
몸무게 : 73
신장 : 173
당신의 BMI 지수 : 24.39
정상입니다.
```

07 a가 0이 아닐 때 2차 방정식 $ax^2+bx+c=0$의 해는 $\frac{1}{2a}(-b+\sqrt{b^2-4ac})$와 $\frac{1}{2a}(-b-\sqrt{b^2-4ac})$이다. a, b, c를 인자로 받아 2차 다항식의 해를 출력하는 함수를 작성하고, 이 함수를 사용하는 프로그램을 작성하여 올바르게 수행되는지 확인하여라. 단 판별식인 b^2-4ac가 양수일 때 두 실근을 갖고, 0일 때에는 중근, 음수일 때에는 두 허근을 갖는다는 것을 상기하여 프로그램을 작성하여라. 다음과 같이 출력되도록 하여라.

```
$ poly
a, b, c를 입력하세요 : 0 2 12
a는 0이 아니어야 합니다.
$ poly
a, b, c를 입력하세요 : 1 -4 4
1*x^2 + -4*x + 4
x = 2.00
$ poly
a, b, c를 입력하세요 : 1 6 7
1*x^2 + 6*x + 7
x1 = -4.414
x2 = -1.586
$ poly
a, b, c를 입력하세요 : 2 2 2
2*x^2 + 2*x + 2
x1 = -0.500 - 0.866i
x2 = -0.500 + 0.866i
```

08 다음 프로그램은 어떤 값들을 출력하겠는가? 먼저 답을 작성하고, 프로그램을 작성한 후에 답을 검사해 보아라.

```
#include <stdio.h>
```

```
int main(void)
{
    int a = 1, b = 2, c = 3;
    printf("%3d%3d%3d\n", a, b, c);
    {
        int     b = 4;
        int     c = 5;
        printf("%3d%3d%3d\n", a, b, c);
        a = b;
        {
            int c = 6;
            c = b;
            printf("%3d%3d%3d\n", a, b, c);
        }
        printf("%3d%3d%3d\n", a, b, c);
        {
            printf("%3d%3d%3d\n", a, b, c);
        }
        printf("%3d%3d%3d\n", a, b, c);
    }
    printf("%3d%3d%3d\n", a, b, c);
}
```

09 다음 프로그램은 z 값으로 어떤 값을 출력하겠는가? 답을 쓰고 그 이유를 설명하여라.

```
#include <stdio.h>
int z;
void f(int x)
{
    x = 2;
    z += x;
}
int main(void)
{
    z = 5;
    f(z);
    printf("z = %d\n", z);
    return 0;
}
```

10 다음 프로그램을 보자. 프로그램을 컴파일한 후 실행해 보아라. 컴파일되고 실행되는가? 컴파일이 안 된다면 이유를 설명하여라.

```
#include <stdio.h>
int main(void)
{
    printf("%3d%3d%3d\n", a, b, c);
    return 0;
}
int a = 1, b = 2, c = 3;
```

11 입력된 두 수에 대해 더하기, 곱하기, 빼기, 나누기를 계산하는 compute() 함수를 작성하여라. 단, main() 함수에서 compute() 함수를 호출한 다음, main() 함수에서 그 결과를 출력해야 한다.

힌트 전역변수를 사용하여라.

12 입력된 양수 n이 소수이면 1을 아니면 0을 리턴하는 is_prime_r() 함수를 재귀함수로 작성하여 다음 프로그램을 완성하여라. 예를 들어 is_prime_r()은 70997을 입력받으면 1을 리턴해야 한다.

```
#include <stdio.h>
int is_prime_r(int n, int a);
int main(void)
{
    int n = 70997;
    printf("%d : %s\n", n, is_prime_r(n, n-1) ? "소수" : "소수 아님");
    return 0;
}
int is_prime_r(int n, int a)
{
     . . .
```

13 1부터 n까지의 합을 구하는 sum() 함수를 재귀함수로 작성하여 다음 프로그램을 완성하여라. 단, n은 양수가 입력된다고 가정하여라.

```
#include <stdio.h>
int sum(int n);
int main(void)
```

```
{
    int n = 10;
    printf("1부터 %d까지의 합 : %d\n", n, sum(n));
    return 0;
}
int sum(int n)
{
    . . .
```

14 입력된 양수 n이 몇 자릿수인지를 리턴하는 digits() 함수를 재귀함수로 작성하여 다음 프로그램을 완성하여라. 예를 들어 digits()은 70997을 입력받으면 5를 리턴해야 한다.

```
#include <stdio.h>
int digits(int n);
int main(void)
{
    int n = 70997;
    printf("%d의 자리수 : %d\n", n, digits(n));
    return 0;
}
int digits(int n)
{
    . . .
```

15 입력된 양의 정수 n의 이진수를 출력하는 binary() 함수를 재귀함수로 작성하여 다음 프로그램을 완성하여라. 예를 들어 binary()는 14를 입력받으면 1110을 출력해야 한다.

```
#include <stdio.h>
void binary(int n);
int main(void)
{
    int n = 14;
    printf("%d : ", n);
    binary(n);
    printf("\n");
    return 0;
}
void binary(int n)
{
    . . .
```

6
CHAPTER
배열

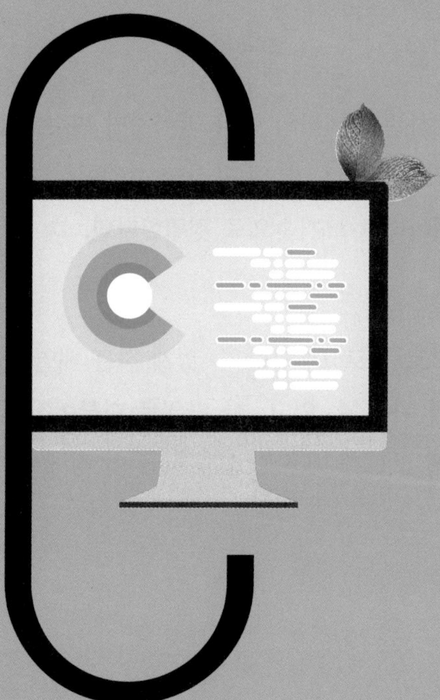

CHAPTER

6 배열

성적 처리 프로그램을 작성해야 한다고 생각해 보자. 한 반에 30명의 학생이 있고 성적 평균을 구하고 성적순으로 출력해야 한다고 하자. 성적 평균은 성적을 하나씩 읽으면서 성적의 합을 구한 다음 30으로 나누면 될 것이다. 이렇게 하면 성적을 읽어드릴 때 사용할 변수와 평균을 저장할 변수만 선언하면 된다. 그러나 성적을 성적순으로 출력하기 위해서는 모든 성적을 읽어드린 후에 성적을 서로 비교해야 한다. 자료를 저장할 변수는 다음과 같은 식으로 선언하면 될 것이다.

```
int grade0, grade1, grade2, grade3, . . ., grade29;
```

이런 식으로 선언할 수 있지만, 처리하고자 하는 데이터의 수가 많아지면 변수를 선언하는 것도 점점 어려워지고 데이터를 읽어드리는 코드만 해도 상당히 길어질 것이다. 또한 이러한 식으로 변수를 선언한 다음 데이터를 크기순으로 정렬한다면, 그 코드는 너무 복잡해지고 어려워진다.

C는 많은 동질의 데이터를 다룰 때 효율적으로 프로그래밍할 수 있게 하는 배열(array)을 제공한다. 배열은 같은 형의 많은 원소를 가질 수 있고, 한 단위로 다루어진다. 또한 배열의 원소는 인덱스로 표현되기 때문에 코드가 매우 단순해진다. 이 장에서는 배열의 사용법에 관해 설명한다.

6.1 1차원 배열

배열은 인덱스(index)가 첨가된 변수로 생각할 수 있다. 1차원 배열의 선언은 다음과 같이 한다.

```
자료형  배열이름[배열크기];
```

배열이름은 일반 변수처럼 적절한 식별자를 선택하면 되고, **배열크기**에는 원소의 수를 정수로 명시하면 된다. 이렇게 선언하면 메모리에 **배열크기**의 개수만큼의 변수가 생성된다. 예를 들어, 5명의 성적을 다루기 위한 배열은 다음과 같이 선언할 수 있다.

```
int  grade[5];
```

이렇게 선언하면 int 형 변수가 메모리에 연속적으로 5개 할당된다. 5개 원소는 다음 그림과 같이 각각 grade[0], grade[1], grade[2], grade[3], grade[4]로 참조된다.

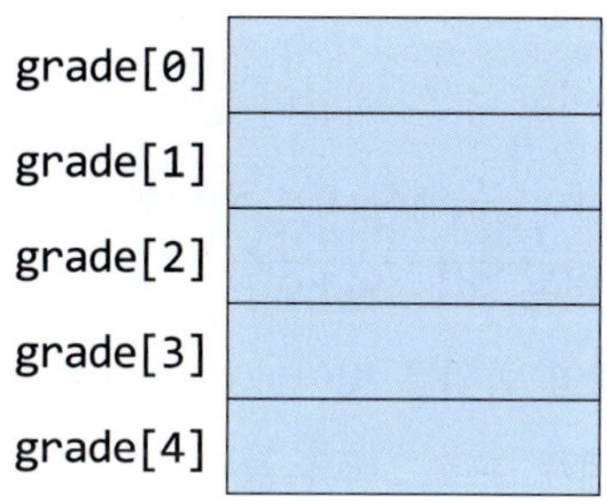

배열 이름 다음의 각괄호 안의 숫자를 인덱스라고 한다. 그림과 같이 C는 배열 원소의 인덱스를 0부터 부여한다. 인덱스로 정수 상수뿐만 아니라 정수 수식도 사용할 수 있다. 따라서 grade[1]뿐만 아니라 grade[1 + 2]나 grade[i] 또는 grade[i * 2 + 1]과 같이 원소에 접근할 수 있다. 물론 i는 정수형 변수이어야 한다. 다음은 배열 원소를 사용하는 문장이다.

```
grade[2] = 3;     // grade[2]에 3을 배정함
x = grade[i];     // grade[i]의 값을 x에 배정함
```

예제와 같이 배열 원소에 값을 배정하고 값을 사용하는 방법은 일반 변수와 같음을 알 수 있다.

배열의 모든 원소를 한 번에 다루어야 하는 경우가 많이 있다. 이럴 때 for 문이나 while 문 같은 반복문을 사용하여 배열을 다룬다. 예를 들어, 성적 평균은 먼저 grade 배열의 모든 원소의 합을 구해야 계산할 수 있다. 이때 for 문이나 while 문을 사용

하여 모든 원소의 합을 구한 후, 평균을 계산한다. 다음은 **for** 문을 사용하여 원소의 합과 평균을 계산하는 코드이다.

```
for (i = sum = 0; i < 5; i++)
    sum += grade[i];
average = sum / 5.0;
```

이 코드는 **for** 문에서 **i**의 값이 0부터 4까지의 값을 갖기 때문에 **grade[0]**부터 시작하여 **grade[4]**까지의 값을 **sum**에 더하게 된다. **for** 문이 종료되면 **sum**은 결국 **grade[0]**부터 **grade[4]**까지의 합을 가지게 되고, 그 값을 5.0으로 나누면 평균이 된다.

배열을 사용할 때 주의할 것은 배열의 인덱스가 배열크기를 넘어가지 않게 해야 한다는 것이다. 즉, 앞의 **for** 문에서 **i < 5** 대신 **i < 10**을 써도 컴파일 오류가 발생하지 않지만, **grade[5]**부터는 없는 원소이므로 실행 오류가 발생하거나 아니면 이상한 값을 참조하게 된다. 배열 범위를 벗어나지 않게 배열 원소를 참조하는 것은 프로그래머의 책임이다. 이제 예제 프로그램을 통해 배열의 사용법을 배워보자.

프로그램 6.1은 10개의 성적을 입력받아 평균을 구하고 성적을 성적순으로 정렬하는 프로그램이다.

프로그램 6.1

```
#include <stdio.h>
int main(void)
{
    int grade[10];
    int i, j, sum, tmp;
    float average;

    // 성적 입력
    for (i = 0; i < 10; i++) {
        printf("%d 번째 성적을 입력하세요 : ", i);
        scanf("%d", &grade[i]);
    }
```

```
13
14      // 평균 계산
15      for (i = sum = 0; i < 10; i++)
16          sum += grade[i];
17      average = sum / 10.0;
18      printf("성적 평균 : %f\n", average);
19
20      // 성적 정렬 : 버블 정렬
21      for (i = 0; i < 9; i++)
22          for (j = 9; j > i; j--)
23              if (grade[j - 1] > grade[j]){
24                  tmp = grade[j - 1];
25                  grade[j - 1] = grade[j];
26                  grade[j] = tmp;
27              }
28
29      // 성적순으로 출력
30      printf("성적순 : ");
31      for (i = 0; i < 10; i++)
32          printf("%d ", grade[i]);
33      printf("\n");
34
35      return 0;
36  }
```

4행은 크기가 10인 **int** 형의 **grade** 배열을 선언하고 있다. 이 선언문으로 인해 메모리에 **int** 형 크기의 공간이 10개 할당될 것이다. 9행의 **for** 문은 **grade** 배열에 성적을 입력받는 것이다. 11행을 보면, **grade** 배열의 원소인 **grade[i]**는 일반 변수와 똑같은 방법으로 다루어짐을 알 수 있다. 즉, 일반 변수가 사용되는 자리에 배열 원소를 쓸 수 있다. 9행의 **for** 문에서 **i**는 0부터 9까지의 값을 가지므로, 입력되는 성적은 **grade[0]**부터 **grade[9]**까지에 차례대로 들어가게 된다. 만일 성적으로 80, 90, 99, 77, 89, 60, 88, 94, 97을 입력했다면, **grade** 배열의 원소는 다음과 같은 값을 갖게 될 것이다.

grade[0]	80
grade[1]	90
grade[2]	99
grade[3]	77
grade[4]	89
grade[5]	60
grade[6]	88
grade[7]	83
grade[8]	94
grade[9]	97

15행의 **for** 문은 성적의 전체 합을 구하는 것이다. 입력 단계에서와 같이 **for** 문을 사용하여 **i**를 0부터 9까지 변화시켜 **grade[0]**부터 **grade[9]**까지 **sum**에 더한다. **for** 문이 종료되면 **sum**은 **grade** 배열의 전체 합을 가지게 된다. 21행의 **for** 문은 성적을 정렬하는 것이다. 정렬을 위해 여기서는 버블 정렬 방법을 사용하고 있다. 23행을 보면 **grade[j - 1]**과 같이 배열의 인덱스로 정수 수식을 사용하고 있다. **grade[j - 1]**은 **grade[j]** 바로 앞 원소를 의미한다. 만일 **j**의 값이 9라면 **grade[j - 1]**은 **grade[9]** 바로 앞 원소인 **grade[8]**이다.

성적을 정렬하기 위해 버블 정렬을 사용하고 있다고 했는데, 버블 정렬은 많은 정렬 방법 중 가장 단순한 정렬 방법이다. 버블 정렬의 기본 아이디어는 데이터를 정렬된 부분과 정렬되지 않은 부분으로 나눈 다음, 정렬되지 않은 부분의 제일 끝에서부터 시작하여 제일 앞까지 진행하면서 바로 앞 데이터와 비교하여 앞의 데이터가 더 크면 자리를 바꾸는 방법이다. 결국 정렬되지 않은 부분에 있는 제일 작은 데이터는 정렬되지 않는 부분의 제일 앞에 오게 될 것이다. 이 과정이 끝나면 정렬되지 않는 부분의 제일 앞의 데이터를 정렬된 부분의 마지막 원소로 만든다. 이러한 과정을 정렬되지 않는 부분의 데이터 개수가 1이 될 때까지 계속 진행한다. 일반적으로 버블 정렬은 효율적인 정렬 방법이 아니기 때문에 대량의 데이터를 정렬할 때는 버블 정렬을 사용하지 않지만, 적은 데이터를 정렬할 때는 유용하게 사용된다. 프로그램 6.1의 실행 결과는 다음과 같다.

```
0 번째 성적을 입력하세요 : 80
1 번째 성적을 입력하세요 : 90
2 번째 성적을 입력하세요 : 99
3 번째 성적을 입력하세요 : 77
4 번째 성적을 입력하세요 : 89
5 번째 성적을 입력하세요 : 60
6 번째 성적을 입력하세요 : 88
7 번째 성적을 입력하세요 : 83
8 번째 성적을 입력하세요 : 94
9 번째 성적을 입력하세요 : 97
성적 평균 : 85.699997
성적순 : 60 77 80 83 88 89 90 94 97 99
```

프로그램 6.1은 10개의 성적만을 다룰 수 있게 프로그래밍 되어 있지만 기본적인 구조는 성적의 개수와는 상관없이 사용할 수 있다. 즉, 30개의 성적을 다루어야 한다고 해도 프로그램의 구조는 변하지 않는다. 30개의 성적을 처리하고자 한다면, 프로그램 6.1에서 모든 10을 30으로 수정하고 9는 29로 수정하기만 하면 된다. 이러한 작업이 쉬운 것처럼 보이지만 프로그램이 길어지고 복잡해지면, 어떤 숫자가 이와 관련된 숫자인지 혼동되어 수정 작업이 만만치 않게 된다. 이러한 문제를 해결하기 위해 배열을 사용할 때는 기호 상수(symbolic constant)를 사용한다. 기호 상수는 `main()` 함수 전에 다음과 같은 형식으로 정의한다.

```
#define    N    10
```

이렇게 정의했을 때, N을 기호 상수라고 하고, 그 값은 상수 10이 된다. 기호 상수 N은 상수이므로 N에 다른 값을 배정할 수 없다. 프로그램 6.1을 기호 상수를 사용하는 것으로 수정하면 프로그램 6.2와 같다.

프로그램 6.2

```
#include <stdio.h>
#define   N   10
int main(void)
{
```

```
5       int grade[N];
6       int i, j, sum, tmp;
7       float average;
8
9       // 성적 입력
10      for (i = 0; i < N; i++) {
11          printf("%d 번째 성적을 입력하세요 : ", i);
12          scanf("%d", &grade[i]);
13      }
14
15      // 평균 계산
16      for (sum = 0, i = 0; i < N; i++)
17          sum += grade[i];
18      average = sum / (float)N;
19      printf("성적 평균 : %f\n", average);
20
21      // 성적 정렬 : 버블 정렬 사용
22      for (i = 0; i < N-1; i++)
23          for (j = N-1; j > i; j--)
24              if (grade[j - 1] > grade[j]){
25                  tmp = grade[j - 1];
26                  grade[j - 1] = grade[j];
27                  grade[j] = tmp;
28              }
29
30      // 성적순으로 출력
31      printf("성적순 : ");
32      for (i = 0; i < N; i++)
33          printf("%d ", grade[i]);
34      printf("\n");
35
36      return 0;
37  }
```

프로그램 6.2를 보면, 배열 원소를 다루는 for 문에서 숫자 상수 대신 기호 상수 N을 사용하고 있음을 알 수 있다. 프로그램 6.2는 프로그램 6.1과 똑같이 동작하지만, 만일 프로그램을 30개의 성적을 다루는 것으로 수정하고 싶다면, 기호 상수를 정의하는 2행에서 10을 30으로 다음과 같이 수정하기만 하면 된다.

```
#define    N    30
```

이와 같이 기호 상수를 사용하면 프로그램 수정이 수월해진다. 또한 숫자 상수는 그 의미를 이해하기 힘들 수 있는데, 기호 상수를 사용하면 그 의미를 쉽게 이해할 수 있게 되어 프로그램의 이해도를 높일 수 있다. 따라서 배열을 사용할 때는 기호 상수를 많이 사용하게 된다.

6.2 배열의 초기화

일반 변수와 같이 배열의 원소도 선언문에서 초기화할 수 있다. 선언문에서 배열 원소를 초기화하는 가장 단순한 방법은 중괄호 내에 값들을 나열하는 것이다. 다음 예제를 보자.

```
int grade[5] = {100, 90, 77, 100, 50};
```

이렇게 하면 **grade** 배열의 원소를 중괄호 안에 있는 값으로 차례대로 초기화한다. 즉, **grade[0]**은 **100**, **grade[1]**은 **90**, 등으로 초기화한다. 여기서 중괄호 내에 있는 값을 초기화자(initializer)라고 하고, 보통 그 개수는 배열 크기와 같다. 만일 초기화자의 개수가 배열 원소의 개수보다 작다면, 나머지 원소들은 0으로 초기화된다. 예를 들어, 다음 선언문을 보자.

```
int grade[5] = {100, 90, 77};
```

이 선언문은 초기화자의 개수가 **grade** 배열의 크기보다 작으므로, 초기화자가 할당되지 않는 원소인 **grade[3]**과 **grade[4]**는 0으로 초기화된다. 주의할 것은 배열을 초기화하지 않으면 배열 원소의 값은 0이 아니라 무작위 값을 갖는다는 것이다. 따라서 배열을 사용하기 전에 초기화하는 것이 좋다.

배열 선언문에서 초기화자를 명시할 경우, 배열 크기를 생략할 수 있다. 이 경우 배열

크기는 초기화자의 개수가 된다. 예를 들어, 다음과 같이 `grade`를 선언하면 초기화자 개수가 5이므로, `grade` 배열 크기는 5가 된다.

```
int grade[] = {100, 90, 77, 100, 50};
```

특정 원소의 초기화는 초기화 목록에서 각괄호([ ])내에 초기화하고자 하는 원소의 인덱스를 명시하여 표시한다. 예를 들어 `grade[2]`와 `grade[4]`를 각각 80과 90으로 초기화하고 싶다면 다음과 같이 하면 된다.

```
int grade[5] = { [2] = 80, [4] = 90 };
```

초기화자는 상수 수식이 아니어도 된다. 예를 들어, 다음 코드와 같이 초기화자로 일반적인 수식을 사용할 수 있다.

```
int value = 50;
int grade[] = {value, value * 2, value + 30};
```

참고로, 선언문에서 배열의 원소를 0이 아닌 같은 값으로 모두 초기화하는 단순한 방법은 없다. 그럴 때는 보통 `for` 문을 사용하여 초기화한다. 예를 들어, 배열의 모든 원소를 100으로 초기화하고 싶다면 다음과 같이 해야 한다.

```
for (i = 0; i < N; i++)
    grade[i] = 100;
```

프로그램 6.3은 배열의 초기화를 사용하여 피보나치수열 10개를 `fib`라는 배열에 저장하는 것이다.

프로그램 6.3

```
#include <stdio.h>
#define  N   10
int main(void)
{
    int fib[N] = {0, 1};
    int i;

```

```
8       // 피보나치수열 생성
9       for (i = 2; i < N; i++)
10          fib[i] = fib[i - 1] + fib[i - 2];
11
12      // 피보나치 출력
13      printf("피보나치 수 : ");
14      for (i = 0; i < N; i++)
15          printf("%d ", fib[i]);
16      printf("\n");
17
18      return 0;
19  }
```

피보나치수열은 0, 1로 시작하는 수열로, 각 항은 이전의 두 피보나치 수를 합하여 만들어진다. 피보나치수열을 만들기 위해 5행에서 `fib` 배열을 선언하면서 `fib[0]`과 `fib[1]`을 각각 `0`과 `1`로 초기화하고 있다. 9행의 `for` 문은 `fib[0]`과 `fib[1]`을 기반으로 하여 이미 계산된 앞의 두 피보나치 수를 더하여 새로운 피보나치 수를 만든다. 프로그램 6.3의 실행 결과는 다음과 같다.

```
피보나치 수 : 0 1 1 2 3 5 8 13 21 34
```

6.3 다차원 배열

C 언어는 배열의 배열을 포함하여 어떠한 형의 배열도 허용한다. 2차원 배열은 1차원 배열의 1차원 배열이고, 3차원 배열은 2차원 배열의 1차원 배열이다. 2차원 배열은 선언문에서 식별자 뒤에 두 개의 각괄호를 붙여 만든다. 이 개념은 더 높은 차원의 배열을 만들 때도 반복적으로 적용될 수 있다. 즉, 각괄호가 하나 더 붙을 때마다 차원이 하나씩 늘어나고, 결국 각괄호의 개수가 배열의 차원이 된다.

배열 선언	차원
`int a[100];`	1차원 배열
`int b[2][7];`	2차원 배열
`int c[5][3][2];`	3차원 배열

2차원 배열

앞의 표에서 **b**는 크기가 7인 **int** 형의 1차원 배열 원소를 2개 갖는 1차원 배열이라고 생각할 수 있다. 그림으로 그리면 다음과 같다.

b	[0]	[1]	[2]	[3]	[4]	[5]	[6]
b[0]							
b[1]							

즉, 그림에서와 같이 **b[0]**은 **int** 형 원소 하나를 의미하는 것이 아니라 크기가 7인 **int** 형의 1차원 배열을 의미하고, **b[1]**도 크기가 7인 **int** 형의 1차원 배열을 의미한다. 따라서 **b**의 전체 원소의 개수는 14개이다. **b[0]**이 의미하는 7개의 원소 중 하나를 지정하고 싶으면 **b[0]** 뒤에 각 괄호를 하나 더 붙여 지정할 수 있다. 예를 들어 **b[0]**의 0번째부터 시작하여 3번째 원소는 **b[0][3]**, 0번째부터 시작하여 **i**번째 원소는 **b[0][i]**로 표현한다. **b** 배열의 각 원소를 인덱스로 표현하면 다음 그림과 같다.

b	[0]	[1]	[2]	[3]	[4]	[5]	[6]
b[0]	b[0][0]	b[0][1]	b[0][2]	b[0][3]	b[0][4]	b[0][5]	b[0][6]
b[1]	b[1][0]	b[1][1]	b[1][2]	b[1][3]	b[1][4]	b[1][5]	b[1][6]

실제로 많은 데이터들이 2차원 배열로 표현된다. 예를 들어 한 반에 50명의 학생이 화학, 수학, 물리, 국어를 수강한다면 학생들의 성적은 다음과 같은 표로 나타낼 수 있다.

과목명 이름	화학	수학	물리	국어
학생 0	98	70	95	85
학생 1	88	80	83	90
. . .	. . .	. . .	. . .	. . .
학생 49	77	60	90	86

이러한 성적을 처리하는 프로그램은 네 과목 성적을 저장할 수 있는 공간(크기가 4인 **int** 형 1차원 배열)을 50개 할당(크기가 50인 1차원 배열)해야 한다. 따라서 이를 처리하기 위한 2차원 배열은 다음과 같이 선언하면 된다.

```
int  grades[50][4];
```

grades는 학생 **i**의 성적을 크기가 4인 **grades[i]**라는 1차원 배열에 저장한다고 생각할 수 있다. 예를 들어, 학생 **i**의 화학 성적은 **grades[i][0]**에, 수학 성적은 **grades[i][1]**, 등에 저장된다. 프로그램 6.4는 2차원 배열과 1차원 배열을 사용하여 **N** 명의 학생이 수강한 **M** 개의 과목 성적에 대해 학생별 성적 평균을 계산하는 프로그램이다.

프로그램 6.4

```
#include <stdio.h>
#define  N 3    // 학생 수
#define  M 4    // 과목 수
int main(void)
{
    int grades[N][M], student[N];
    int i, j;
    for (i = 0; i < N; ++i)
        for (j = 0; j < M; ++j){
            printf("학생 %1d 과목 %1d 성적 : ", i, j);
            scanf("%d", &grades[i][j]);
        }
    for (i = 0; i < N; ++i){
        student[i] = 0;
```

```
15          for (j = 0; j < M; ++j)
16              student[i] += grades[i][j];
17          printf("학생 %1d 평균 : %5.2f\n", i, (float)student[i] / M);
18      }
19      return 0;
20  }
```

2행과 3행은 기호 상수 N과 M을 정의하고 있다. N은 학생 수를 M은 과목 수를 위한 것이다. 6행에서는 2차원 배열인 grades과 1차원 배열인 student를 선언하고 있다. 2차원 배열은 보통 중첩 반복문으로 다룬다. 8행과 9행은 중첩 for 문을 사용하여 성적을 입력받고, 13행과 15행의 중첩 for 문은 학생 별 성적 합과 평균을 계산하기 위한 것이다. 프로그램 6.4의 실행 결과는 다음과 같다.

```
학생 0 과목 0 성적 : 98
학생 0 과목 1 성적 : 70
학생 0 과목 2 성적 : 95
학생 0 과목 3 성적 : 85
학생 1 과목 0 성적 : 88
학생 1 과목 1 성적 : 80
학생 1 과목 2 성적 : 83
학생 1 과목 3 성적 : 90
학생 2 과목 0 성적 : 77
학생 2 과목 1 성적 : 60
학생 2 과목 2 성적 : 90
학생 2 과목 3 성적 : 86
학생 0 평균 : 87.00
학생 1 평균 : 85.25
학생 2 평균 : 78.25
```

3차원 배열

프로그램 6.4는 N 명의 학생에 대한 M 개의 과목 성적을 다루는 프로그램이다. 이러한 데이터를 다룰 때는 2차원 배열이 적합하다. 그런데 만일 각 과목을 여러 학기에 걸쳐 수강한다면 2차원에서 한 차원 늘어난 3차원 배열에 저장하는 것이 편리하다. 즉, N

명의 학생의 K 학기 동안의 M 과목 성적을 처리하기 위한 배열은 다음과 같이 선언하면 된다.

```
int   grades_semesters[N][K][M];
```

3차원 배열을 다루는 방법은 2차원 배열을 다루는 방법과 같다. 다만 3차원 배열은 보통 3번 중첩된 반복문으로 다룬다. 다음은 평균을 구하는 성적 처리 프로그램으로 프로그램 6.4를 확장한 것이다.

프로그램 6.5

```
#include <stdio.h>
#define  N 3    // 학생 수
#define  M 4    // 과목 수
#define  K 2    // 학기 수
int main(void)
{
    int grades_semesters[N][K][M];
    float student[N][K] = {0.0};
    int i, j, k;
    float sum;
    for (i = 0; i < N; ++i)
        for (j = 0; j < K; ++j)
            for (k = 0; k < M; ++k){
                printf("학생 %1d 학기 %1d 과목 %1d 성적 : ", i, j, k);
                scanf("%d", &grades_semesters[i][j][k]);
            }
    for (i = 0; i < N; ++i){
        for (j = 0; j < K; ++j){
            for (k = 0; k < M; ++k)
                student[i][j] += grades_semesters[i][j][k];
            student[i][j] /= M;
            printf("학생 %1d %1d 학기 평균 : %5.2f\n",
                                        i, j, student[i][j]);
        }
        for (sum = 0.0, j = 0; j < K; ++j)
            sum += student[i][j];
```

```
27          printf("학생 %1d 평균 : %5.2f\n", i, sum/ K);
28      }
29      return 0;
30  }
```

7행에서 선언된 **grades_semesters**은 각괄호가 3개 붙어있으므로 3차원 배열이다. 3차원 배열인 **grades_semesters**를 다룰 때는 11, 12, 13행에서와 같이 3번 중첩된 **for** 문을 사용한다. 8행에서 선언된 **student** 배열은 2차원 배열로, 학생 별로 학기별 성적의 평균을 저장하기 위한 것이다. 4차원 이상의 고차원 배열도 이와 같은 방식으로 다룰 수 있다.

다차원 배열의 초기화

다차원 배열도 1차원 배열과 유사하게 초기화한다. 다음 예제를 보자.

```
int    b[2][3] = {1, 2, 3, 4, 5, 6};
```

이 선언문은 2차원 배열 **b**의 원소 **b[0][0]**, **b[0][1]**, **...**, **b[1][2]**를 각각 **1**, **2**, **...**, **6**으로 초기화한다. 다차원 배열을 이런 식으로 초기화하면 어떤 원소가 어느 값으로 초기화되는지 알아내기가 어려워진다. 즉, 2차원 배열인 **b**를 일차원 형태인 초기화자로 초기화했기 때문이다. 다차원 배열을 초기화할 때는 중첩 중괄호를 사용하여 초기화자를 다차원으로 표현하면 좋다. 예를 들어, 앞의 선언문은 다음과 같이 할 수 있다.

```
int    b[2][3] = {{1, 2, 3}, {4, 5, 6}};
```

초기화자 목록 안에 두 개의 중괄호는 **b** 배열의 최상위 차원의 원소를 위한 것으로 생각하면 된다. 예를 들어, **{1, 2, 3}**은 **b[0]**을 위한 것이고, **{4, 5, 6}**은 **b[1]**을 위한 것이다. 그리고 **{1, 2, 3}**은 각각 **b[0][0]**, **b[0][1]**, **b[0][2]**를 위한 것이고, **{4, 5, 6}**도 똑같이 적용된다. 3차원 배열도 중첩 중괄호를 사용하여 초기화할 수 있다.

```
int c[2][2][3] = {
        {{1, 1, 0}, {2, 0, 0}},
```

```
        {{3, 0, 0}, {4, 4, 0}}
    };
```

초기화자 목록에서 상위의 두 개의 내부 중괄호는 `c` 배열의 최상위 차원의 원소들을 위한 것이다. 예를 들어, `{{1, 1, 0}, {2, 0, 0}}`은 `c[0]`을 위한 것이고, `{{3, 0, 0}, {4, 4, 0}}`은 `c[1]`을 위한 것이다. 그 내부의 중괄호는 다음 차원의 배열 원소를 위한 것이다. 따라서 `{1, 1, 0}`은 `c[0][0]`을 위한 것이고, `{2, 0, 0}`은 `c[0][1]`을 위한 것이다. 나머지는 2차원 배열에서와 같다.

1차원 배열에서와 같이 다차원 배열에서도 중첩 중괄호를 사용하여 초기화하면 최상위 차원의 크기를 명시하지 않아도 된다. 예를 들어, 다음 선언을 보자.

```
int d[][2][3] = {
        {{1, 1, 0}, {2, 0, 0}},
        {{3, 0, 0}, {4, 4, 0}},
        {{5, 0, 5}, {6, 0, 0}}
    };
```

`d` 배열의 최상위 차원의 크기가 지정되지 않았지만, 초기화자 목록의 최상위 내부 중괄호 목록 개수가 세 개이므로 최상위 차원의 크기는 3이다. 따라서 다음과 같은 의미다.

```
int d[3][2][3] = {
        {{1, 1, 0}, {2, 0, 0}},
        {{3, 0, 0}, {4, 4, 0}},
        {{5, 0, 5}, {6, 0, 0}}
    };
```

1차원 배열에서와 같이 초기화자 개수가 배열의 원소 개수보다 작다면, 할당되지 않는 나머지 원소는 0으로 초기화된다. 따라서 앞의 선언문은 다음과 같이 해도 된다.

```
int d[3][2][3] = {{{1, 1}, {2}}, {{3}, {4, 4}}, {{5, 0, 5}, {6}}};
```

또한 다음과 같이 하면 `d`의 모든 원소는 0으로 초기화된다.

```
int d[3][2][3] = {0};
```

다차원 배열도 원소를 지정하여 초기화할 수 있다. 예를 들어, d[2][1][0]과 d[2][1][1]을 각각 9와 10으로 초기화하고 싶다면 다음과 같이 하면 된다.

```
int d[3][2][3] = { [2][1][0] = 9, [2][1][1] = 10 };
```

6.4 배열과 함수

배열을 다루는 코드는 반복문이 사용되고 코드도 길어지기 때문에 프로그램을 이해하기가 어려워진다. 프로그램의 이해도를 높이기 위해서는 배열을 다루는 부분을 함수로 만드는 것이 좋다. 여기서는 매개변수로 배열을 갖는 함수를 만드는 방법에 관해 설명한다.

1차원 배열과 함수

프로그램 6.2의 main() 함수에서 N개의 원소를 갖는 grade 배열의 합을 구하는 부분을 함수로 만들어 보자. 먼저 함수 이름을 정해야 하는데, 성적의 합을 구하는 함수를 만드는 것이므로 함수 이름을 grade_sum이라고 하자. 그다음 함수의 입력과 출력을 결정해야 하는데, 이 함수는 크기가 N인 배열을 입력받아 합을 계산하여 리턴해야 하므로, 매개변수는 크기가 N인 int 형 1차원 배열이고 함수의 형은 int 형이 될 것이다. 따라서 함수 원형을 다음과 같이 기술할 수 있다.

```
int grade_sum(int gr[N]);
```

이제 이 함수를 정의해 보자. 함수의 몸체는 main() 함수의 코드를 옮겨 적고 필요한 지역 변수를 선언하면 된다. 따라서 함수 6.1과 같이 정의할 수 있다.

함수 6.1

```
int grade_sum(int gr[N])
{
    int sum, i;
    for (sum = 0, i = 0; i < N; i++)
```

```
        sum += gr[i];
    return sum;
}
```

이제 프로그램 6.2에서 성적의 합을 구하는 코드를 grade_sum() 함수 호출로 바꿔보자. 이 함수를 호출할 때는 약간의 주의가 필요하다. 예를 들어, garde_sum() 함수의 매개변수가 크기가 N인 1차원 배열이기 때문에 다음과 같이 호출했다고 하자.

```
sum = grade_sum(grade[N]);
```

이렇게 하면 문제가 발생하는데, grade_sum()은 1차원 배열 인자를 요구하고 있지만, 함수의 인자로 명시된 grade[N]은 배열이 아니라 배열의 N번째 원소를 의미하기 때문이다. 즉, grade[N]은 grade의 (0번째부터 시작하여) N번째 원소이기 때문에 단순히 int 형 변수이다. 물론 grade[N]이라는 원소는 없는 원소이기도 하다. grade 배열 자체를 명시하고 싶다면, 인덱스를 빼고 배열 이름만 명시해야 한다. 따라서 올바른 호출 형태는 다음과 같다.

```
sum = grade_sum(grade);
```

grade_sum() 함수는 잘 동작하지만, 배열의 크기가 N이어야 한다는 제약이 있다. 배열을 다루는 함수는 임의의 크기의 배열을 다룰 수 있게 작성하는 것이 좋다. 그렇지 않으면 크기가 다른 배열을 다룰 때 비슷한 함수를 다시 작성해야만 할 것이다. 임의의 크기의 배열을 다룰 수 있는 함수를 만드는 방법은 함수의 매개변수로 배열과 함께 배열크기를 같이 명시하는 것이다. 즉, 함수 6.1을 함수 6.2와 같이 만드는 것이 좋다.

함수 6.2

```
int grade_sum2(int gr[], int size)
{
    int sum, i;
    for (sum = 0, i = 0; i < size; i++)
        sum += gr[i];
    return sum;
}
```

1행의 함수 헤더에서 두 번째 매개변수 **size**는 **gr** 배열의 크기를 전달받기 위한 것이다. 또한, 첫 번째 매개변수 **gr**의 배열크기를 명시하지 않았음을 알 수 있다. 사실 함수 헤더에서 배열크기는 중요하지 않다. 즉, 함수 6.1에서 **grade_sum()** 함수에서도 매개변수 **gr**의 배열크기 **N**을 생략해도 된다. 이것에 대해서는 포인터를 다룰 때 다시 설명할 것이다. 새롭게 정의된 **grade_sum2()** 함수는 다음과 같이 호출하면 된다.

```
sum = grade_sum2(grade, N);
```

함수에서 배열 매개변수의 의미

앞에서 **grade_sum()**과 **grade_sum2()** 함수를 통해 배열을 매개변수로 전달하는 것에 대해서 배웠다. 이 예제를 보면 매개변수로 일반 변수를 사용할 때와 차이가 거의 없어 보인다. 하지만 매우 큰 차이가 있다. 5장에서 함수를 호출하면 매개변수는 값에 의한 호출로 전달된다고 하였다. 함수가 호출되면, 함수의 매개변수에 인자의 값이 복사되어 전달되기 때문에 함수 내에서 매개변수의 값이 변경되더라도 그 함수를 호출한 곳에는 영향을 주지 않는다고 하였다. 하지만 배열이 함수의 매개변수로 전달되면, 배열의 값이 복사되어 전달되는 것이 아니라 배열의 위치만 전달된다. 따라서 함수에서 배열을 변경하면 실제 배열이 변경된다. **grade_sum2(grade, N)**을 호출했을 때 변수들이 할당받은 메모리 상황을 그림으로 그리면 다음과 같다.

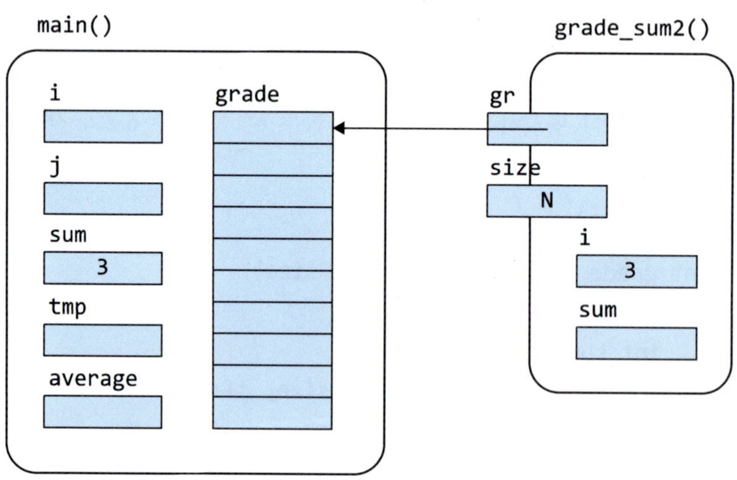

그림에서 grade_sum2() 함수의 gr과 size는 매개변수임을 나타내고 있다. 그림에서 볼 수 있는 것처럼 gr은 배열의 원소를 가지고 있지 않고, grade의 첫 번째 원소를 포인트하고 있다. 즉, gr은 실제로는 grade임을 보여주고 있다. 따라서 grade_sum2() 함수에서 5행의 gr[i]는 main()의 grade[i]이다. 이는 만일 gr[i]에 새로운 값을 배정한다면 main()의 grade[i]의 값이 바뀐다는 의미이다. 이러한 원리를 사용하면 프로그램 6.2에서 성적을 입력받아 grade 배열에 저장하는 코드를 함수 6.3과 같이 만들어 사용할 수 있다.

함수 6.3

```
1 void grade_input(int gr[], int size)
2 {
3     int i;
4     for (i = 0; i < size; i++) {
5         printf("%d 번째 성적을 입력하세요 : ", i);
6         scanf("%d", &gr[i]);
7     }
8 }
```

6행에서 scanf() 함수를 사용하여 입력값을 gr[i]에 저장하고 있는데, 매개변수 gr 배열은 함수 호출시 명시된 배열 인자와 같은 것이므로 인자 배열 원소의 값이 입력값으로 변경될 것이다. grade_input() 함수는 다음과 같이 호출하면 된다.

```
grade_input(grade, N);
```

이렇게 호출하면, scanf() 함수를 사용하여 gr[i]에 입력된 성적을 저장하는 것은 실제로 grade[i]에 저장하는 것과 같다. 다음 그림은 i가 3일 때 77을 입력한 경우를 보여주고 있다.

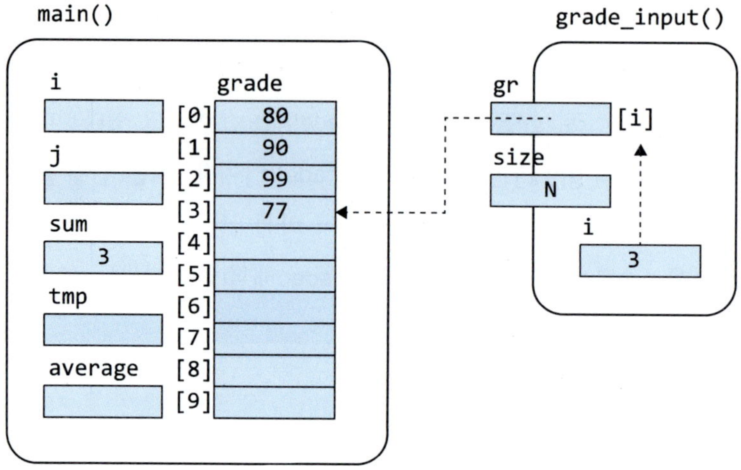

프로그램 6.6은 프로그램 6.2를 함수를 사용하는 것으로 다시 작성한 것이다.

프로그램 6.6

```
#include <stdio.h>
#define   N   10

void grade_input(int gr[], int size);
int grade_sum2(int gr[], int size);
void grade_sort(int gr[], int size);

int main(void)
{
    int grade[N];
    int i, sum;
    float average;

    // 성적 입력
    grade_input(grade, N);

    // 평균 계산
    sum = grade_sum2(grade, N);
    average = (float) sum / N;
    printf("성적 평균 : %f\n", average);

```

```
    // 성적 정렬 : 버블 정렬 사용
    grade_sort(grade, N);

    // 성적순으로 출력
    printf("성적순 : ");
    for (i = 0; i < N; i++)
        printf("%d ", grade[i]);
    printf("\n");

    return 0;
}

void grade_input(int gr[], int size)
{
    int i;
    for (i = 0; i < size; i++) {
        printf("%d 번째 성적을 입력하세요 : ", i);
        scanf("%d", &gr[i]);
    }
}

int grade_sum2(int gr[], int size)
{
    int sum, i;
    for (sum = 0, i = 0; i < size; i++)
        sum += gr[i];
    return sum;
}

void grade_sort(int gr[], int size)
{
    int i, j, tmp;
    for (i = 0; i < size-1; i++)
        for (j = size-1; j > i; j--)
            if (gr[j - 1] > gr[j]){
                tmp = gr[j - 1];
                gr[j - 1] = gr[j];
```

```
                gr[j] = tmp;
            }
}
```

프로그램 6.6의 실행 결과는 프로그램 6.2와 같다.

다차원 배열과 함수

다차원 배열을 함수의 매개변수로 사용하는 것은 1차원 배열을 매개변수로 사용하는 것과 크게 다르지 않다. 함수 6.4는 프로그램 6.4에서 각 학생 별로 성적 총점을 구하는 코드를 함수로 만든 것이다.

함수 6.4

```c
void grades_sum(int gr[N][M], int st[], int size)
{
    int i;
    for (i = 0; i < size; ++i){
        st[i] = 0;
        for (j = 0; j < M; ++j)
            st[i] += gr[i][j];
    }
}
```

프로그램 6.4에서 평균 성적을 구하고 출력하는 부분을 grades_sum() 함수를 사용하는 것으로 수정하면 다음과 같다.

```c
grades_sum(grades, student, N);
for (i = 0; i < N; i++)
    printf("학생 %1d 평균 : %5.2f\n", i, (float)student[i] / M);
```

grades_sum() 함수의 첫 번째 매개변수는 2차원 배열이기 때문에 이 함수를 호출할 때 2차원 배열 이름을 인자로 명시하고 있다. grades_sum() 함수는 grades 배열을 입력받아 각 학생 별 총점을 계산하여 st 배열에 저장한다. 1차원 배열을 다룰 때 설명한 것과 같이 grades_sum() 함수에서의 st 배열은 실제로는 main() 함수의

student 배열이기 때문에 grades_sum()에서 st 배열 원소에 결과를 배정하는 것은 main()의 student 배열에 결과를 배정하는 것과 같다. 따라서 grades_sum() 함수가 종료하여 main() 함수로 제어가 돌아오면 student 배열이 성적의 합을 가지고 있을 것이다. grades_sum() 함수 호출 다음의 for 문에서 student 배열을 사용하여 각 학생 별 평균을 계산한 후 출력하고 있다.

앞에서 함수의 매개변수로 1차원 배열이 사용됐을 때 배열의 크기를 명시하지 않아도 된다고 했다. grades_sum() 함수의 두 번째 매개변수 st는 1차원 배열이기 때문에 그 크기를 명시하지 않았음을 알 수 있다. 다차원 배열에서도 제일 높은 차원의 크기를 생략할 수 있다. 따라서 grades_sum()의 헤더는 다음과 같이 해도 똑같은 의미이다.

```
void grades_sum(int gr[][M], int st[], int size)
```

즉 첫 번째 매개변수인 gr 배열에서 첫 번째 각괄호의 N을 생략해도 된다. 하지만 다른 차원의 크기는 생략할 수 없다. 그 이유는 포인터를 다룰 때 설명할 것이다.

각 학생의 성적 평균을 구할 때, grades_sum()을 사용하여 모든 학생의 성적 총점을 구한 이후에 평균을 구할 수도 있지만, 학생 별로 성적 총점과 평균을 구할 수도 있다. 프로그램 6.4에서도 학생 별로 총점과 평균을 구하고 있다. 이렇게 학생 별로 성적을 처리하고 싶다면, 학생 별로 총점을 구하는 함수가 필요하고 함수 6.5와 같이 작성할 수 있을 것이다.

함수 6.5

```
int grade_sum_id(int gr[][M], int id)
{
    int i, sum = 0;
    for (i = 0; i < M; i++)
        sum += gr[id][i];
    return sum;
}
```

1행의 함수 헤더를 보면 성적 배열 gr과 학생의 id를 매개변수로 하였다. 4행의 for 문에서 주어진 id에 해당하는 학생의 성적의 합을 sum에 저장하고 있고, 6행에서 그 값을 리턴한다. 즉, 이 함수는 특정 id에 해당하는 학생의 성적의 합만을 계산한다. 프로그램 6.4에서 학생 별 성적 평균을 구하고 출력하는 부분을 grade_sum_id() 함수를 사용하는 것으로 변경하면 다음과 같이 할 수 있다.

```
for (i = 0; i < N; ++i){
   student[i] = grade_sum_id(grades, i);
   printf("학생 %1d 평균 : %5.2f\n", i, (float)student[i] / M);
}
```

그런데 grade_sum_id() 함수는 2차원 배열을 받아들이지만 2차원 배열의 모든 원소를 사용하는 것이 아니라 2차원 배열의 한 행만 사용한다. 즉, i가 1일 때 grade_sum_id() 함수가 호출되면, grade_sum_id() 함수에서 gr 배열은 다음 그림에서 음영된 부분의 원소만 사용된다.

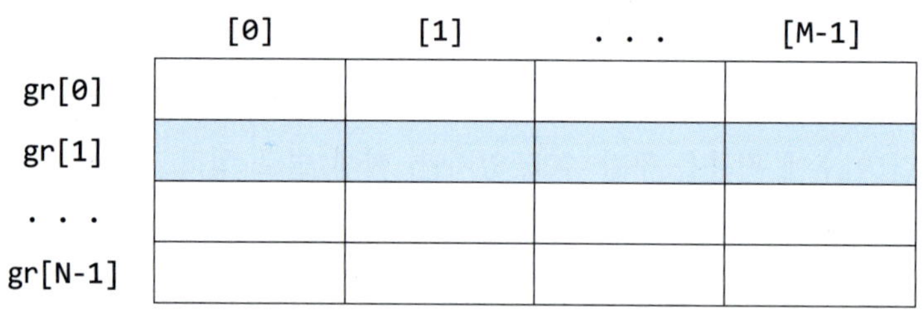

그림을 보면 2차원 배열에서 사용되는 것은 결국 1차원 배열임을 알 수 있다. 따라서 특정 학생의 성적 합을 구할 때, grade_sum_id() 함수 대신 함수 6.2의 grade_sum2() 함수를 사용할 수도 있다. 다차원 배열을 설명할 때 언급한 것과 같이 2차원 배열은 1차원 배열의 1차원 배열이라고 생각하면 좋다. 2차원 배열인 grades의 i 행 j 열 원소는 grades[i][j]로 명시되지만, i행 전체를 명시하고 싶으면 grades[i]로 명시할 수 있다. 즉 grades[i]는 grades[i][0]부터 grades[i][M-1]까지의 원소로 이루어진 1차원 배열이라고 생각하면 된다. 따라서 평균을 구하는 부분은 grade_sum2()를 사용하여 다음과 같이 작성할 수도 있다.

```
    for (i = 0; i < N; ++i){
        student[i] = grade_sum2(grades[i], M);
        printf("학생 %1d 평균 : %5.2f\n", i, (float)student[i] / M);
    }
```

이 코드에서 grade_sum2()의 첫 번째 인자인 grades[i]는 합을 구하고자 하는 1차원 배열을 의미하고, 두 번째 인자인 M은 그 1차원 배열의 원소 개수를 나타낸다. 이러한 원리는 3차원 이상의 배열에도 적용된다. 예를 들어, 프로그램 6.5에서 정의한 3차원 배열인 grades_semesters에서 grades_semesters[i][j][k]는 int 형 한 원소를 나타내고, grades_semesters[i][j]는 int 형의 1차원 배열을 나타내며, grades_semesters[i]는 int 형의 2차원 배열을 나타낸다. 따라서 함수의 인자로 2차원 배열을 사용해야 할 자리에 grades_semesters[i]를 쓸 수 있다.

6.5 문자열

문자열(string)은 char 형의 1차원 배열이다. C에서 char 형 1차원 배열은 다른 1차원 배열과는 다르게 취급되기 때문에 따로 설명한다. 문자열은 문자열의 끝을 의미하는 기호인 \0 또는 널(null) 문자로 끝난다. 널 문자는 모든 비트가 0인 바이트이다. 따라서 널 문자의 십진 값은 0이다. 문자열의 크기는 \0까지 포함한 크기이다.

문자열 상수는 큰따옴표로 둘러싸인 문자들이다. 예를 들어, "good"은 문자열 상수이고, d 뒤에 널 문자가 있어 크기는 5가 된다. 문자열 상수는 문자 상수와는 다르다. 예를 들어, 문자열 상수 "a"와 문자 상수 'a'는 다르다. "a"는 두 원소를 가지며, 첫 번째 원소는 'a'이고 두 번째 원소는 '\0'이다.

char 형 1차원 배열의 초기화는 다른 형의 배열과 같이 다음과 같이 할 수 있다.

```
char   s[8] = {'p', 'r', 'o', 'g', 'r', 'a', 'm', '\0'};
```

하지만, 다음과 같이 문자열 상수를 사용하여 초기화해도 된다.

```
char   s[8] = "program";
```

또한 다른 배열에서와 같이 배열의 크기가 명시되지 않았다면 초기화자의 크기로 그 크기가 결정된다. 예를 들어, t가 다음과 같이 선언되어 있다면 t의 크기로 10이 생략된 것이다.

```
char   t[] = "C program";
```

따라서 t 배열은 다음 그림과 같이 메모리에 할당되고 초기화된다.

t[0]	'C'
t[1]	' '
t[2]	'p'
t[3]	'r'
t[4]	'o'
t[5]	'g'
t[6]	'r'
t[7]	'a'
t[8]	'm'
t[9]	'\0'

문자열 출력

char 형 배열을 출력할 때는 다른 배열과 마찬가지로 반복문을 사용하여 각 원소를 출력할 수 있다. 각 원소는 char 형이므로 printf()에서 변환 문자로 c를 사용해야 한다. 다만 char 형 배열에 저장된 것은 문자열이고, 문자열은 널 문자로 끝나므로 반복문을 사용하여 출력할 때는 널 문자가 나오는지를 확인하여 널 문자가 나오면 출력을 멈춰야 한다. 다음 프로그램은 for 문을 사용하여 char 형 배열에 저장된 문자열을 출력하는 예제 프로그램이다.

프로그램 6.7

```
1  #include <stdio.h>
2  #define    N    10
3  int main(void)
4  {
5      char str[N] = "Hello!";
6      int i;
7
8      for (i = 0; i < N; i++)
9          if (str[i] == '\0')
10             break;
11         else
12             printf("%c", str[i]);
13     printf("\n");
14
15     return 0;
16 }
```

9행에서 문자열의 끝에 도착했는지를 확인하기 위해 `if` 문을 사용하여 널 문자(`'\0'`)인지 확인하고 있다. 프로그램 6.7의 실행 결과는 다음과 같다.

```
Hello!
```

`char` 형 배열은 `printf()` 함수에서 변환 문자 s를 사용하면 더 편하게 출력할 수 있다. 이때 변환 문자 s에 대응하는 인자로는 배열 이름을 명시하면 된다. 이러한 식으로 출력하면 배열의 첫 번째 문자부터 시작하여 널 문자가 나오기 직전까지의 문자가 출력된다. 프로그램 6.8은 프로그램 6.7을 수정한 것이다.

프로그램 6.8

```
#include <stdio.h>
#define    N    10
int main(void)
{
```

```
    char str[N] = "Hello!";

    printf("%s\n", str);

    return 0;
}
```

프로그램 6.8의 실행 결과는 프로그램 6.7과 같다.

문자열 입력

문자열을 입력받을 때도 scanf() 함수에서 변환 문자로 s를 사용한다. 다만 다른 일반 변수와는 달리 대응되는 인자에 & 기호 없이 배열 이름만 쓴다. 예를 들어, 다음과 같이 한다.

```
char input_str[20];
scanf("%s", input_str);
```

scanf() 함수로 문자열을 읽어드릴 때는 두 가지를 주의해야 한다. 첫째는 입력되는 문자열의 크기보다 큰 배열을 선언해야 한다는 것이다. 즉 앞의 코드에서 input_str은 크기가 20 이하인 문자열만 저장할 수 있으므로, 20보다 큰 문자열을 입력하면 실행시간오류가 발생하거나 프로그램에 잘못된 영향을 미칠 수 있다. 앞에서 말한 것처럼 문자열의 크기는 널 문자까지 포함한 크기이므로, 실제로는 19문자 이하의 문자열만 입력해야 한다. 둘째는 일반적인 문자열은 공백 문자, 개행 문자 등과 같은 문자를 포함할 수 있지만, scanf()를 사용하여 문자열을 입력받을 때는 공백 문자, 탭 문자, 개행 문자 이전까지의 문자들만이 입력된다. 예를 들어, 앞의 코드가 다음과 같은 입력을 받으면, input_str에는 "Go"만 입력된다.

```
Go Korea!
```

scanf()의 이러한 동작 때문에 scanf()로 문자열을 읽은 바로 다음에 scanf()로 숫자를 읽을 때 문제가 발생한다. 프로그램 6.9는 이러한 상황을 보여주고 있다.

프로그램 6.9

```c
#include <stdio.h>
#define   N   20
int main(void)
{
    char name[N] = "";
    int age = 100;

    printf("이름을 입력하세요 : ");
    scanf("%s", name);
    printf("나이를 입력하세요 : ");
    scanf("%d", &age);

    printf("%s는(은) %d 살입니다.\n", name, age);

    return 0;
}
```

프로그램 6.9는 공백이 없는 이름을 입력할 것을 기대하고 작성된 프로그램이다. 즉 프로그램의 실행 결과는 다음과 같다. 여기서 이탤릭체는 사용자의 입력을 나타낸다.

이름을 입력하세요 : *김진혁*
나이를 입력하세요 : *24*
김진혁는(은) 24 살입니다.

이 실행 결과는 이름에 공백이 없이 입력되었기 때문에 문제가 없다. 하지만 이름을 입력할 때 공백이 있으면 문제가 발생한다. 다음은 그러한 경우를 보여주고 있다.

이름을 입력하세요 : *김 진혁*
나이를 입력하세요 : 김는(은) 100 살입니다.

실행 결과를 보면 입력 문자열의 "김"과 "진혁" 사이에 공백이 있음을 알 수 있다. 따라서 첫 번째 scanf()는 공백 문자 바로 전까지의 "김"만 읽어서 name에 저장한다. 그리고 두 번째 scanf()는 정수를 읽는 것인데 입력 문자열에 숫자 대신 문자열 "진혁"이 있으므로 무시되어 age는 이전 값인 100을 여전히 갖게 된다.

scanf() 함수의 %와 변환 문자 s 사이에 입력되는 최대 문자 길이를 명시할 수 있다. 최대 문자 길이가 명시되면 공백 문자가 없는 긴 문자열을 입력해도 명시된 개수만큼의 문자만 읽어드린다. 물론 그 전에 공백이 있다면 공백 이전까지의 문자만 읽어드릴 것이다. 예를 들어 다음 코드를 보자.

```
char str1[5], str2[8];
scanf("%4s%7s", str1, str2);
```

이 코드에 "GoodMorningWorld"를 입력하면, str1에는 "Good"이 저장되고 str2에는 "Morning"이 저장된다. str1과 str2에 4개와 5개 문자를 저장함에도 크기를 5와 8로 선언한 이유는 문자열의 마지막 원소인 널 문자를 위해서이다.

6.6 문자열처리 라이브러리 함수

많은 프로그램에서 문자열을 사용하기 때문에, C는 문자열을 다루는 라이브러리 함수를 제공하고 있다. 라이브러리 함수를 꼭 사용해야 하는 것은 아니지만 라이브러리 함수는 잘 만들어져 있고 검증된 것이므로 라이브러리 함수를 사용하는 것이 직접 함수를 만들어서 사용하는 것보다 프로그램 오류를 줄이고 프로그래밍 시간도 절약할 수 있어 더 좋다. 여기서는 문자열 조작 함수 중 많이 사용되는 몇 가지 함수만을 설명할 것이다. 문자열을 다루는 함수를 사용하기 위해서는 프로그램에 <string.h>를, 문자열을 숫자로 변환하는 함수를 사용하기 위해서는 <stdlib.h>를 include 해야 한다.

문자열 복사

char 형 배열에 문자열을 배정하는 것에 대해 살펴보자. 선언문에서 char 형 배열은 다음과 같이 초기화하였다.

```
char name[10] = "James";
```

이렇게 하면 name이라는 배열에 "James"가 배정된다. 하지만 이 방법은 실행 문장에서는 사용할 수 없다. 실행 문장에서 name에 "Bond"라는 이름을 넣기 위해서는 다음과 같이 해야 한다.

```
name[0] = 'B';
name[1] = 'o';
name[2] = 'n';
name[3] = 'd';
name[4] = '\0';
```

이 방법은 배정하고자 하는 문자열이 길 때 아주 불편하다. C 라이브러리에는 이를 쉽게 해주는 strcpy()라는 함수가 있다. strcpy()를 사용하여 name에 "Bond"를 넣기 위해서는 다음과 같이 하면 된다.

```
strcpy(name, "Bond");
```

만일 name2가 문자열이라면 다음과 같이 사용할 수도 있다.

```
strcpy(name, name2);
```

이렇게 하면 name2의 문자열이 name에 배정된다. 물론 name의 크기는 name2에 있는 문자열의 크기보다 크거나 같아야 한다. 문자열을 복사하는 다른 방법으로는 printf()의 문자열 버전인 sprintf() 함수를 사용하는 것이다. sprintf()는 화면에 출력하는 게 아니라, 첫 번째 인자에 출력한다. 예를 들어, name에 "Bond"를 넣기 위해서는 다음과 같이 하면 된다.

```
sprintf(name, "Bond");
```

또한 name2 문자열을 name에 복사할 때도 다음과 같이 sprintf()를 사용할 수 있다.

```
sprintf(name, "%s", name2);
```

이 경우에도 name의 크기는 name2에 있는 문자열의 크기보다 크거나 같아야 한다.

문자열 길이

문자열 길이는 문자열의 기본 정보이다. 보통 문자열 관련 함수를 사용하기 전에 문자열 길이를 먼저 확인하는 경우가 많다. 예를 들어 문자열 복사 함수인 strcpy()의 첫 번째 인자인 문자열 배열의 길이는 두 번째 인자인 문자열의 길이보다 크거나 같아야 한다고 하였다. 그렇지 않으면 실행시간오류가 발생한다. 따라서 strcpy() 함수를 호출하기 전에 두 크기를 비교해야 한다. 먼저 문자 배열의 길이는 sizeof 연산자를 사용하여 알 수 있다. 예를 들어 다음과 같이 사용하면 된다.

```
char name[10];
int size = 0;
size = sizeof(name);
```

sizeof 연산자는 뒤에 명시된 객체에 할당되는 메모리 바이트 수를 알려주는데 char 형은 메모리에서 1바이트가 할당되기 때문에 이 예제에서 sizeof(name)의 값은 name 배열의 크기인 10이다. 문자열 길이는 strlen() 함수로 알 수 있다. strlen()은 문자열에서 널 문자를 제외한 문자열의 크기를 리턴한다. strlen()은 널 문자를 제외한 크기를 알려주기 때문에 실제 문자열 길이보다는 1이 작다. 사용 방법은 다음과 같다.

```
char name[10] = "James Kim";
int size = 0;
size = strlen(name);
```

이 코드에서 size는 9라는 값을 가질 것이다. strcpy() 함수 등으로 문자열을 복사할 때, 앞에서는 그냥 복사했지만, strlen()으로 문자열의 길이를 알아내고 sizeof 연산자로 복사할 공간의 크기를 확인한 다음 복사해야 한다. 예를 들어, name2를 name으로 복사할 때는 다음과 같이 하는 것이 좋다.

```
if (sizeof(name) >= strlen(name2) + 1)
    strcpy(name, name2);
else
```

```
        printf("문자열 복사 오류입니다.\n");
```

문자열 비교

프로그램에서 문자열을 다루다 보면 두 문자열이 같은지 또는 사전 순으로 어느 것이 큰지를 알아야 하는 경우가 많다. **str1**과 **str2**가 문자열이라고 할 때 두 문자열이 같은지를 다음과 같이 비교하면 안 된다.

```
if (str1 == str2)
   printf("두 문자열은 같습니다.\n");
```

이것은 두 문자열의 내용을 비교하는 것이 아니라 주소를 비교하는 것이다. 두 문자열을 비교하기 위해서는 반복문을 사용하여 **str1**과 **str2**의 각 원소를 일대일로 비교해야 한다. 예를 들어 다음과 같이 해야 한다.

```
for (i = 0; i < N; i++)
    if (str1[i] == str2[i])
        if (str1[i] == '\0'){
            printf("두 문자열은 같습니다.\n");
            break;
        }
    else{
        printf("두 문자열은 같지 않습니다.\n");
        break;
    }
```

문자열 간의 사전적 크기를 비교할 때도 이와 같이 반복문을 사용하여 각 원소를 비교해야 한다. 이렇게 하는 것은 매우 성가신 작업이다. 두 문자열을 비교할 때는 **strcmp()** 함수를 사용하는 것이 좋다. **strcmp()** 함수는 주어진 두 문자열을 사전 순으로 비교하여 앞의 문자열이 사전순으로 작으면 음수를, 크면 양수를, 같으면 0을 리턴한다. 예를 들어 다음 코드를 보자.

```
char str1[N] = "pear", str2[N] = "apple";
int i = 0;
i = strcmp(str1, str2);
```

이 코드에서 "pear"은 "apple"보다 사전 순으로 뒤에 나오기 때문에 i에는 양수가 저장될 것이다.

문자열 연결

두 개의 문자열을 연결하여 하나의 문자열로 만들 때는 srtcat() 함수를 사용한다. strcat() 함수는 첫 번째 문자열 뒤에 두 번째 문자열을 결합하여 그 결과를 첫 번째 문자열에 저장한다. 사용 예는 다음과 같다.

```
char str1[N] = "Apple", str2[N] = "s";
strcat(str1, str2);
```

이 코드를 실행하면 str1에는 "Apples"가 저장될 것이다. 물론 str1의 크기는 "Apples" 크기 이상이어야 한다.

문자열 연결은 sprintf() 함수를 사용하여서 할 수도 있다. 하지만 이 경우에는 다른 문자 배열에 결과를 저장해야 한다. 사용 방법은 다음과 같다.

```
char str1[N] = "Apple", str2[N] = "s", str3[N];
sprintf(str3, "%s%s", str1, str2);
strcpy(str1, str3);
```

이 코드에서와 같이 str1에 결합한 문자열을 저장해야 한다면, 먼저 str3에 임시 결과를 넣은 다음 그 결과를 다시 str1에 복사하면 된다.

문자열을 숫자로 변환

문자열을 정수형이나 실수형 숫자로 변환하는 함수로는 ato...()나 strto...() 부류 함수가 있다. ato...() 부류 함수는 문자열을 10진수로 변환할 때 사용하고, strto...() 부류 함수는 좀 더 다양한 변환을 위해 사용한다. 다음 표는 함수별로 변환되는 숫자의 형을 보여주고 있다.

함수	변환 형
atof()	double
atoi()	int
atol()	long
atoll()	long long

함수	변환 형
strtod()	double
strtof()	float
strtold()	long double
strtol()	long
strtoll()	long long
strtoul()	unsigned long
strtoull()	unsigned long long

두 부류 모두 숫자로의 변환은 문자열 처음부터 시작하여 변환할 수 없는 문자가 나올 때까지 진행한다. 예를 들어, atoi() 함수 사용 예를 보자.

```
value = atoi("3.141592");
```

atoi()는 문자열을 10진 정수로 변환하는 함수이므로 3.141592에서 .(소수점)이 나오기 전까지의 숫자만 변환할 수 있다. 따라서 value에는 3이 저장된다. strtol()은 다음과 같이 사용한다.

```
value = strtol("ace", NULL, 13);
```

"ace"는 변환할 문자열이고, 13는 문자열을 13진수로 변환하라는 의미이다. NULL에 대해서는 포인터를 다룰 때 설명할 것이다. "ace"를 13진수로 변환하면 "ac"까지만 변환할 수 있으므로 value에는 142가 저장된다. strto...() 부류 함수는 포인터를 알면 더 잘 활용할 수 있다.

6.7 가변길이 배열

가변길이 배열(variable-length array)은 함수 몸체의 선언문에 배열의 크기가 정수 수식으로 지정된 배열을 의미한다. 프로그램 6.2는 10명의 성적을 다루는 프로그램이었다. 10명의 성적을 다루기 때문에 기호 상수 N을 10으로 정의하여 배열을 선언하였다. 만일 30명의 성적을 처리해야 한다면 기호 상수 N을 30으로 수정하여 다시 컴파일해야 한다. 가변길이 배열을 사용하면 이러한 불편을 없앨 수 있다. 프로그램 6.10은 프로그램 6.2를 가변길이 배열을 사용하는 것으로 수정한 것이다.

프로그램 6.10

```
#include <stdio.h>
int main(void)
{
    int N;     // 변수 N, 기호 상수 아님
    int i, j, sum, tmp;
    float average;

    printf("처리할 성적 개수를 입력하세요 : ");
    scanf("%d", &N);
    while (N < 1){
        printf("0보다 커야 합니다. 다시 입력하세요 : ");
        scanf("%d", &N);
    }
    int grade[N];      // 가변길이 배열

    // 성적 입력
    for (i = 0; i < N; i++) {
        printf("%d 번째 성적을 입력하세요 : ", i);
        scanf("%d", &grade[i]);
    }

    // 평균 계산
    for (sum = 0, i = 0; i < N; i++)
        sum += grade[i];
    average = sum / (float)N;
    printf("성적 평균 : %f\n", average);

    // 성적 정렬 : 버블 정렬 사용
    for (i = 0; i < N-1; i++)
        for (j = N-1; j > i; j--)
            if (grade[j - 1] > grade[j]){
                tmp = grade[j - 1];
                grade[j - 1] = grade[j];
```

```
34                 grade[j] = tmp;
35             }
36 
37     // 성적순으로 출력
38     printf("성적순 : ");
39     for (i = 0; i < N; i++)
40         printf("%d ", grade[i]);
41     printf("\n");
42 
43     return 0;
44 }
```

배열크기를 지정하기 위해 프로그램 6.2는 N을 기호 상수로 선언했지만, 프로그램 6.10에서는 4행에서 N을 변수로 선언하고 있다. 9행은 처리하고자 하는 성적 개수를 입력받아 N에 저장한다. 14행에서 grade 배열을 선언하고 있는데, 그 크기로 변수 N을 지정하고 있다. 이렇게 배열크기를 정수 상수 수식으로 지정하지 않고 정수 수식으로 지정하는 배열을 가변길이 배열이라고 한다. 가변길이 배열을 선언할 때는 배열크기로 명시된 정수 수식의 값이 0보다 커야 한다. 따라서 10행과 같이 가변길이 배열의 크기로 사용할 변수의 값이 0보다 큰지를 확인하여 아니면 다시 입력하도록 해야 한다. 10행은 가변길이 배열의 크기로 0보다 큰 값이 입력될 때까지 while 문을 사용하여 계속해서 입력받는 것이다. 올바른 값이 입력될 때까지 while 문을 사용하여 계속 입력받는 대신 다음과 같은 방식으로 프로그램을 종료할 수도 있을 것이다.

```
if (N < 1){
    printf("처리할 성적 개수는 0보다 커야 합니다.\n");
    printf("프로그램을 종료합니다.\n");
    return 1;
}
```

다음은 프로그램 6.10의 실행 결과이다.

```
$ program6_10
처리할 성적 개수를 입력하세요 : 0
0보다 커야 합니다. 다시 입력하세요 : -20
0보다 커야 합니다. 다시 입력하세요 : 5
0 번째 성적을 입력하세요 : 100
1 번째 성적을 입력하세요 : 98
2 번째 성적을 입력하세요 : 78
3 번째 성적을 입력하세요 : 88
4 번째 성적을 입력하세요 : 90
성적 평균 : 90.800003
성적순 : 78 88 90 98 100
$ program6_10
처리할 성적 개수를 입력하세요 : 3
0 번째 성적을 입력하세요 : 89
1 번째 성적을 입력하세요 : 90
2 번째 성적을 입력하세요 : 100
성적 평균 : 93.000000
성적순 : 89 90 100
```

이 실행 결과는 프로그램을 다시 컴파일하지 않고 두 번 실행한 것이다. 첫 번째 실행에서는 5개의 성적을 처리하였고, 두 번째에는 3개의 성적을 처리하고 있다. 실행 결과에서 볼 수 있는 것처럼 프로그램 6.10은 다양한 개수의 성적을 재컴파일 없이 처리할 수 있다. 많은 컴파일러가 가변길이 배열을 지원하지만 지원하지 않는 컴파일러도 있으니 사용할 때 주의해야 한다. 가변길이 배열은 앞으로 배울 동적 메모리 할당 기법을 사용하는 것으로 대치할 수 있다. 동적 메모리 할당 기법을 이용하면 가변길이 배열을 사용하는 것보다 좀 더 프로그래밍이 어려워지지만, 이식성은 높아진다.

연습문제

01 배열을 사용하지 말고 d0, d1, d2, d3을 크기순으로 출력하는 함수를 작성하여라. d0, d1, d2, d3의 값을 사용자로부터 입력받아 이 함수를 사용하는 프로그램을 작성하여 실행해 보아라.

02 다음 프로그램은 몇 가지 오류가 있다. 어떤 오류가 있는지 먼저 설명하고, 컴파일할 때 어떤 오류가 발생하는지 확인해 보아라.

```
#define   N   4
int main(void)
{
    int a[N] = {0, 2, 2, 3, 4};
    int b[N - 5];
    int c[3.0];
    float x = 2.0;

    a[x] = a[x - 1];
    return 0;
}
```

03 sizeof 연산자는 객체에 할당되는 메모리의 크기를 알려준다. 다음 프로그램은 어떤 값을 출력하겠는가? 출력값을 생각해 보고, 이유를 설명하여라. 프로그램을 실제로 실행한 후 값을 비교해 보아라.

```
#include <stdio.h>
#define   N   10
int main(void)
{
    int a[N];
    int b[N][N];

    printf("sizeof(a[N])    : %ld\n", sizeof(a[N]));
    printf("sizeof(a)       : %ld\n", sizeof(a));
```

```
    printf("sizeof(b[N][N]) : %ld\n", sizeof(b[N][N]));
    printf("sizeof(b[N])    : %ld\n", sizeof(b[N]));
    printf("sizeof(b)       : %ld\n", sizeof(b));
    return 0;
}
```

04 프로그램 6.6에 정의된 `grade_sort()` 함수는 버블 정렬을 사용하고 있다. 이 함수의 내부 for 문에서 아무런 원소도 교환되지 않았다면, 이는 이미 모든 원소가 정렬된 것을 의미하므로 함수를 종료해도 된다. `grade_sort()` 함수를 수정하여 내부 for 문에서 아무런 원소도 교환되지 않으면 함수를 종료하도록 하여라. 프로그램 6.6을 사용하여 수정된 함수가 올바르게 동작하는지 확인해 보아라.

05 회문은 앞뒤 어느 쪽으로 읽어도 똑같은 문자열을 뜻한다. 예를 들면, 다음과 같은 문자열은 회문이다.

```
"toot"   "123343321"   "otto"   "i am ma i"   "C"
```

문자열 인자를 받아들여 회문이면 1을 아니면 0을 리턴하는 함수를 작성하여라. ".end" 문자열을 입력할 때까지 문자열을 입력받아 함수를 호출한 후 그 결과에 따라 다음과 같이 출력하는 프로그램을 작성하여라.

```
$ program
문자열 입력 : toot
toot : 회문
문자열 입력 : hello
hello : 회문 아님
문자열 입력 : .end
프로그램을 종료합니다.
```

06 다음 프로그램은 어떤 값을 출력할지 먼저 적어보아라. 프로그램을 실행한 후 예상과 맞는지 확인해 보아라.

```
#include <stdio.h>
#define N    5
```

```
void change_it(int []);
int main(void)
{
    int a[N] = {1, 2, 3, 4, 5}, i;

    printf("change_it() 호출 전\n");
    for (i = 0; i < N; i++)
        printf("a[%d] = %d\n", i, a[i]);
    change_it(a);
    printf("change_it() 호출 후\n");
    for (i = 0; i < N; i++)
        printf("a[%d] = %d\n", i, a[i]);
    return 0;
}
void change_it(int a[])
{
    int b[N] = {6, 7, 8, 9, 10};
    a = b;
}
```

C는 값에 의한 호출만을 지원한다. 배열을 매개변수로 사용하면 참조에 의한 호출이 일어나는 것 같지만, 이는 메모리 주소를 다루기 때문에 그런 효과를 보는 것일 뿐이다. 이것에 대한 자세한 설명은 포인터를 다룰 때 다시 할 것이다.

07 4 × 4 행렬 a와 b를 더해 c에 저장하는 함수 add()를 작성하여 아래 프로그램을 완성하여라.

```
#include <stdio.h>
#include <stdlib.h>
#define N 4
void add(int a[N][N], int b[N][N], int c[N][N]);
int main(void)
{
    int a[N][N], b[N][N], c[N][N];
    for (int i = 0; i < N; i++)
        for (int j = 0; j < N; j++){
            a[i][j] = rand() % 10;
            b[i][j] = rand() % 20;
```

```
        }
    add(a, b, c);
    printf("%3c%12c%3c%12c%3c\n", 'a', '+', 'b', '=', 'c');
    for (int i = 0; i < N; i++){
        for (int j = 0; j < N; j++)
            printf("%3d", a[i][j]);
        printf("   ");
        for (int j = 0; j < N; j++)
            printf("%3d", b[i][j]);
        printf("   ");
        for (int j = 0; j < N; j++)
            printf("%3d", c[i][j]);
        printf("\n");
    }
    return 0;
}
void add(int a[N][N], int b[N][N], int c[N][N])
{
    . . .
```

08 N × K 행렬과 K × M 행렬을 곱하는 함수를 작성하여라. 함수의 원형은 다음과 같이 하여라.

```
void matrix_multiply(int a[N][K], int b[K][M], int result[N][M]);
```

연습문제 7번과 유사한 프로그램을 작성하여 확인해 보아라.

09 1부터 n 사이에 있는 모든 소수를 찾아내는 방법 중 에라토스테네스의 체(Sieve of Erastosthenes)라는 방법이 있다. 에라토스테네스의 체는 `{1, 1, 0}`으로 초기화된 배열을 사용하여 소수를 찾아내는데, 인덱스 2부터 시작하여 인덱스 n까지 진행하면서 각 인덱스를 처리할 때 그 인덱스의 모든 배수의 인덱스를 갖는 원소를 1로 만드는 것이다. 예를 들어 인덱스 `i`를 처리하는 단계에서 `i` 인덱스를 갖는 원소의 값이 0이면 `2*i, 3*i, . . .` 등의 인덱스를 갖는 모든 원소의 값을 1로 만든다. 이러한 과정을 인덱스 n까지 진행하면, 원소의 값이 0인 원소의 인덱스가 소수가 된다. 이 방법을 사용하는 소수를 찾는 프로그램을 작성하여라. 단 프로그램이 시작될 때 n 값을 입력받아, 입력받은 n 크기의 배열을 생성하여 사용하여라.

힌트 가변길이 배열을 사용하여라.

10 int 형 1차원 배열에서 최댓값을 찾아 리턴하는 max() 함수를 작성하여 아래 프로그램을 완성하여라. 단, max()의 두 번째 매개변수 n은 첫 번째 매개변수 a 배열의 크기이다.

```
#include <stdio.h>
#define N 5
int max(int a[], int n);
int main(void)
{
    int x[N] = {2, 4, 6, 1, 3};
    printf("max : %d\n", max(x, N));
    return 0;
}
int max(int a[], int n)
{
    . . .
```

11 int 형 2차원 배열의 행별로 최댓값을 출력하는 프로그램을 작성하여라. 단, 행별 최댓값을 찾을 때 연습문제 10번에서 작성한 max() 함수를 사용해야 한다.

12 int 형 2차원 배열의 열별로 최댓값을 출력하는 프로그램을 작성하여라.

13 크기가 N×N인 int 형 2차원 배열의 원소값을 for 문을 사용하여 아래와 같이 채우는 프로그램을 작성하여라. 단, N 값은 입력받아야 한다. 아래는 N 값으로 4가 입력됐을 때의 예이다.

```
 1  2  3  4
 8  7  6  5
 9 10 11 12
16 15 14 13
```

14 양의 정수를 저장하는 int 형 1차원 배열을 1부터 100 사이의 무작위 양수 값으로 초기화한 후, 사용자가 입력한 값이 있는지와 있으면 어느 원소에 있는지를 출력하는 프로그램을 작성하여라. 단, –99가 입력될 때까지 반복 수행하도록 해야 한다. 출력은 다음과 같이 하여라.

```
$ program
숫자를 입력하세요 : 23
23은 배열에 없습니다.
숫자를 입력하세요 : 65
65는 5번 원소에 있습니다.
숫자를 입력하세요 : -99
프로그램을 종료합니다.
```

15 양의 정수를 저장하는 int 형 1차원 배열을 1부터 100 사이의 무작위 양수 값으로 초기화 한 후, 사용자가 입력한 값을 삭제하고 그 뒤에 있는 원소는 앞으로 한 칸씩 앞당기는 프로그램을 작성하여라. 단, –99가 입력될 때까지 반복 수행하도록 해야 하고, 삭제로 인해 비는 원소의 값은 –77로 하여 구분하여라. 원소 값이 –77인 원소부터는 출력되지 않도록 해야 한다. 출력은 다음과 같이 하여라.

```
$ program
배열 값 : 1 3 33 99 20 2 5
숫자를 입력하세요 : 33
배열 값 : 1 3 99 20 2 5
숫자를 입력하세요 : 33
33은 배열에 없습니다.
숫자를 입력하세요 : 99
배열 값 : 1 3 20 2 5
숫자를 입력하세요 : -99
프로그램을 종료합니다.
```

7 CHAPTER
포인터

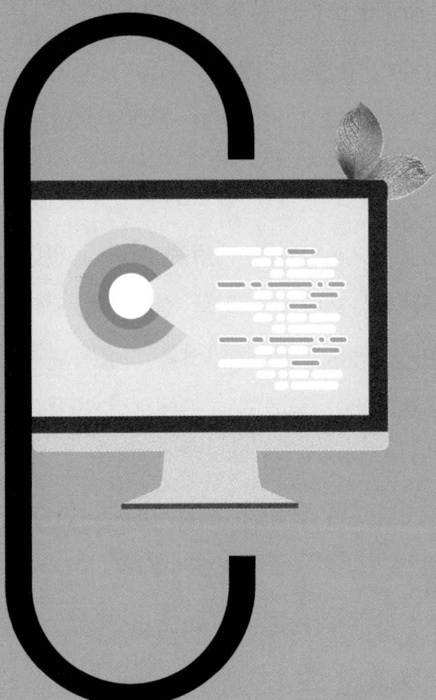

CHAPTER

7 포인터

포인터는 프로그램에서 주소를 다루기 위해 사용된다. 포인터가 다루는 주소는 데이터를 가지고 있는 메모리 주소를 의미한다. 지금까지 데이터를 가지고 있는 메모리 공간은 모두 이름을 가지고 있었다. 즉 선언문을 통해 메모리 할당을 받을 수 있는데 이때 변수 이름을 지정하였다. 이렇게 할당받은 메모리 공간은 변수 이름을 통해 접근할 수 있다. 포인터는 주로 선언문을 통하지 않고 할당받은 메모리 공간을 다룰 때 사용한다. 포인터의 값은 실제 데이터가 아니라 데이터를 가지고 있는 메모리 공간의 주소이다. 이것은 마치 인터넷 서핑을 하다가 필요한 페이지의 URL을 저장하여 가지고 있는 것과 같다. URL 자체는 우리가 원하는 데이터(페이지)를 가지고 있지 않다. URL은 우리가 원하는 페이지 주소를 가지고 있을 뿐이다. 그 페이지를 보고 싶다면 URL을 통해 페이지에 접근해야 한다.

C에서 포인터는 배열과 매우 밀접한 관계가 있다. 포인터와 배열은 서로 교환하여 사용할 수 있다. 하지만 배열 표현으로 접근하는 것 보다 포인터로 접근하는 것이 보통 더 빠르다. 또한 C는 값에 의한 함수 호출만 제공하지만, 포인터를 사용하면 참조에 의한 함수 호출 효과도 볼 수 있다. 특히 프로그램이 실행되는 중에 메모리를 할당받는 동적 메모리 할당을 사용할 때는 포인터를 사용하여 그 공간을 다루게 된다. 포인터는 C 프로그램에서 유용하게 사용되므로 개념부터 활용까지 잘 알아야 한다.

7.1 포인터 연산자와 포인터 변수

프로그램을 실행하면 프로그램 코드와 프로그램에서 사용하는 변수는 메모리에 저장된다. 메모리는 바이트(8비트)별로 주소(address)가 매겨진 1차원 배열이다. 프로그램에서 변수를 선언하면 그 변수는 특정 메모리 주소부터 시작하여 지정된 개수의 바이트가 할당된다. 메모리 주소는 컴파일러에 의해 결정되고 바이트 개수는 변수의 형에 의해 결정된다. 예를 들어 i를 다음과 같이 선언하면 메모리의 특정 위치(주소)부터 시작하여 4바이트가 할당된다.

```
int  i;
```

예를 들어 i가 메모리의 400번지부터 저장됐다면, 할당된 메모리는 i라는 이름과 400번지라는 주소와 관련된다. 물론 i를 위해 400, 401, 402, 403번지의 메모리가 할당되지만, 첫 번째 주소인 400만이 관련된다.

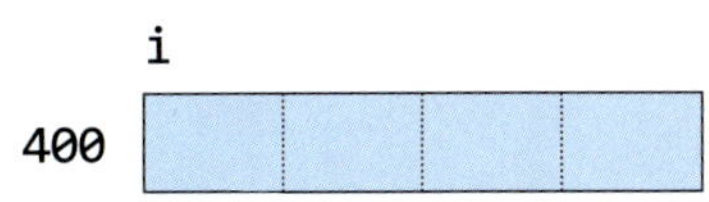

i가 선언된 이후에는 다음과 같이 i라는 이름으로 그 메모리 공간에 값을 저장하거나 읽을 수 있다.

```
i = 100;
printf("i = %d\n", i);
i = i * 10;
```

지금까지 이러한 방법을 사용하여 값을 메모리에 저장하고 사용하였다. 포인터(pointer)를 사용하면 i의 주소인 400을 통해 똑같은 일을 할 수 있다. 포인터는 프로그램에서 메모리를 주소로 접근하고 다루기 위해 사용된다. 즉 메모리를 변수 이름으로 접근하는 것이 아니라 주소로 접근하는 것이다. 메모리를 프로그래머가 잘 알 수 있는 이름으로 접근하지 않고 주소로 접근하기 때문에 처음 C를 배울 때 어렵게 느껴진다. 그러나 그 원리를 잘 이해하면 포인터가 그렇게 어렵지 않을 것이다.

먼저 변수에 할당된 메모리 주소를 알아내는 방법을 알아보자. 변수의 주소는 주소 연산자 &를 사용하여 알 수 있다. 예를 들어 수식 &i의 값은 i 변수에 할당된 메모리 주소이다. 앞의 예제와 같이 i가 400번지부터 할당됐다면, &i의 값은 400이다. 참고로 & 연산자는 상수, 일반 수식, 레지스터 변수에는 적용할 수 없다. 하지만 배열의 원소에는 붙일 수 있다.

주소는 포인터 변수에 저장한다. 포인터 변수는 다음과 같이 선언한다.

```
자료형  *변수이름;
```

이 모양은 일반 변수의 선언과 유사하지만, 변수이름 앞에 *가 있다는 차이가 있다. 또한 일반 변수와는 달리 포인터 변수는 지정된 형의 값을 갖는 메모리 주소를 값으로 갖는다. 예를 들어 다음과 같이 포인터 변수 p를 선언할 수 있다.

```
int  *p;
```

이 선언은 p가 int에 대한 포인터형임을 나타낸다. 이렇게 선언된 p에는 int 형 값을 갖는 메모리 주소를 배정할 수 있다. 예를 들어 다음과 같은 배정은 잘못된 것이다.

```
p = 100;
```

100은 주소 값이 아니라 int 형 정수이기 때문에 오류가 발생한다. 만일 p에 100이라는 값을 꼭 넣어야 한다면, 다음과 같이 캐스트 연산자를 사용하여 100이라는 값의 형을 int 포인터형으로 만들어야 한다.

```
p = (int *) 100;
```

p에는 다음과 같이 값을 배정할 수 있다.

```
p = NULL;
p = &i;
```

첫 번째 문장에서 사용된 NULL은 포인터가 아무런 곳도 포인트하고 있지 않음을 나타내기 위해 사용된다. NULL의 값은 0이다. 따라서 p = 0;이라고 해도 같은 의미이다. 두 번째 문장은 "p는 i를 포인트한다." 또는 "p는 i의 주소를 갖는다."라고 읽는다. 또한 그림으로는 다음과 같이 표현한다.

앞에서 i가 400번지부터 할당되었다고 했기 때문에 p에는 400이 저장된다. 그런데

400이라는 주솟값은 프로그래머에게는 별로 중요하지 않다. 단지 p가 i를 포인트하고 있다는 것이 중요하다. 따라서 보통 포인터를 그림으로 그릴 때에는 화살표를 사용하여 p가 i를 포인트하고 있음을 표시한다.

이제 포인터가 포인트하는 곳의 값에 접근하는 방법을 살펴보자. 간접지정 또는 역참조 연산자 *는 포인터가 포인트하고 있는 곳에 접근할 때 사용한다. 간접지정 연산자 *는 단항 연산자로 다른 단항 연산자와 같은 우선순위를 갖고 우에서 좌로의 결합방향를 갖는다. 예를 들어 p가 포인터라면 *p는 p가 포인트하는 곳의 값이다. "간접지정"이라고 한 이유는 포인터 변수 p가 가지고 있는 직접 값은 메모리 위치(또는 주소)인데 반해, *p는 p의 간접 값, 즉 p에 저장된 주소에 있는 값을 나타내기 때문이다.

프로그램 7.1은 포인터 변수의 값과 포인터 역참조 값 등을 보여주는 예제 프로그램이다. 참고로 주솟값을 출력할 때는 printf() 함수에서 p 변환 문자를 사용한다. p 변환 문자로 출력하면 주솟값은 16진수로 출력된다.

프로그램 7.1

```
#include <stdio.h>
int main(void)
{
    int i = 100;
    int *p = NULL;

    p = &i;
    printf("i 주소 : %p\n", &i);
    printf(" i 값 : %d\n", i);
    printf(" p 값 : %p\n", p);
    printf("*p 값 : %d\n", *p);

    return 0;
}
```

프로그램 7.1의 실행 결과는 다음과 같다.

```
i 주소 : 0x7ffda61c8d3c
 i 값 : 100
 p 값 : 0x7ffda61c8d3c
*p 값 : 100
```

결과에서 볼 수 있는 것과 같이 p에는 i 주소가 들어 있고, *p의 값은 i 값과 같음을 알 수 있다. 참고로 실행 결과를 보면 i의 주솟값이 "0x7ffda61c8d3c"로 되어 있는데, 이 값은 사용하는 컴퓨터와 컴파일러에 따라 다를 것이다. p가 i를 포인트하고 있다면, i가 할당받은 메모리 공간은 i라는 변수 이름 대신 그 주소를 가지고 있는 포인터 p에 역참조 연산자를 적용해서도 접근이 가능함을 알 수 있다. 역참조 연산자가 붙은 포인터는 일반 변수와 똑같이 사용된다. 프로그램 7.2는 이를 보여주고 있다.

프로그램 7.2

```c
#include <stdio.h>
int main(void)
{
    int i, j = 5;
    int *p = NULL;

    p = &i;
    i = 10;
    printf("(p = &i)i = %d, j = %d, *p = %d\n", i, j, *p);

    *p = *p * j;
    printf("(p = &i)i = %d, j = %d, *p = %d\n", i, j, *p);

    p = &j;
    printf("(p = &j)i = %d, j = %d, *p = %d\n", i, j, *p);

    return 0;
}
```

5행에서 p를 int 형 포인터 변수로 선언하고, NULL로 초기화하고 있다. 7행에서 p에 i의 주소를 배정하여, p가 i를 포인트하게 하고 있다. 8행에서는 i에 10을 배정하고 있다. 이때 9행에서 i와 *p 값을 출력하면 같은 값인 10이 출력될 것이다. 11행에서 p가 포인트하는 곳에 j 값을 곱한 값을 배정하고 있고, 9행에서와 같이 12행에서 i와 *p 값을 출력하면 같은 값인 50이 출력될 것이다. 14행에서 p가 j를 포인트하게 하고 있다. p는 변수이므로, 다른 주소를 배정할 수 있다. 그 후, 15행에서 *p의 값을 출력하면, j와 같은 값인 5가 출력될 것이다. 프로그램 7.2의 실행 결과는 다음과 같다.

```
(p = &i)i = 10, j = 5, *p = 10
(p = &i)i = 50, j = 5, *p = 50
(p = &j)i = 50, j = 5, *p = 5
```

포인터는 주솟값을 갖는다고 했다. 어떤 주소에 int 형 값이 저장되어 있든, char 형 값이 저장되어 있든, float 형 값이 저장되어 있든 주소는 주소일 뿐이다. 즉 주솟값만 봐서는 거기에 어떤 형의 값이 저장됐는지 알 수 없다. 어떤 값이 저장됐는지는 값을 사용할 때 사용한 포인터 변수의 형을 통해서 알게 된다. 즉, 저장할 때 사용한 포인터를 역참조하면 저장할 때의 값을 얻을 수 있다. 이러한 이유로 포인터에 형을 지정하는 것이다. 프로그램 7.2에서 *p는 p가 int 형 포인터이기 때문에 p가 포인트하고 있는 곳의 값을 int 형으로 해석하여 읽고, 값을 저장할 때도 int 형으로 변환하여 저장한다. 따라서 프로그램에서 int 형 포인터인 p에 float 형 변수의 주소를 넣으면 컴파일 오류가 발생한다. 만일 꼭 해야 한다면 캐스트 연산자를 사용해서 형 변환을 해야 한다. 예를 들어, x가 float 형 변수라면 다음과 같이 캐스트하여 int 형 포인터 변수 p에 그 주소를 넣을 수 있다.

```
p = (int *) &x;
```

하지만 *p를 통해 그 값을 읽으면 이상한 값이 나올 것이다. 형이 없는 포인터도 있다. 형이 없는 포인터는 다음과 같이 선언한다.

```
void *v;
```

이렇게 선언된 v는 임의의 형의 주솟값을 다 가질 수 있다. 따라서 다음과 같은 배정문이 가능하다.

```
v = &x;
p = v;
```

void 형 포인터를 사용할 때는 다음과 같이 적절한 형 변환을 사용하여 사용해야 한다.

```
i = *((int *)v) + 10;
```

포인터 변수를 포인트하는 변수도 있을 수 있다. 이러한 변수를 포인터의 포인터 변수라고 한다. 예를 들어 다음 선언문을 보자.

```
int i = 100, *p = &i, **q = &p;
```

이 선언문에서 p는 int 형 포인터로 i를 포인트한다. 그리고 q는 앞에 *가 두 개 있으므로 포인터의 포인터를 의미한다. q는 포인터의 포인터이므로, q가 가지는 값은 포인터의 주솟값이다. 이 선언문에서는 q가 포인터 p의 주솟값을 가지고 있다. 이를 그림으로 그리면 다음과 같다.

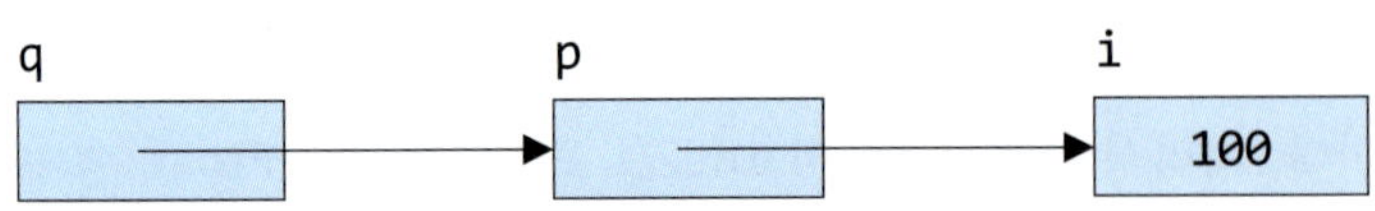

q가 포인트하는 곳의 값을 알고 싶다면, 앞에서 배운 역참조 연산자를 사용하면 된다. 즉, *q는 q가 포인트하고 있는 값이고, 이것은 p에 저장되어 있는 값이므로 i의 주솟값이 된다. 포인터의 포인터에는 역참조 연산자를 두 개 붙일 수 있다. 예를 들어 **q와 같이 사용할 수 있으며, 이것은 q가 포인트하고 곳이 포인트하는 곳의 값이 된다. 그림에서 따라가면 이것은 i임을 알 수 있다. 정리하면, *q는 p이고, **q는 i이다. 프로그램 7.3은 포인터의 포인터에 관한 예제이다.

프로그램 7.3

```c
1  #include <stdio.h>
2  int main(void)
3  {
4      int i = 100, j = 200, *p = &i, **q = &p;
5  
6      printf("i = %d, j = %d, *p = %d, **q = %d\n", i, j, *p, **q);
7  
8      *q = &j;
9      printf("i = %d, j = %d, *p = %d, **q = %d\n", i, j, *p, **q);
10 
11     return 0;
12 }
```

4행에서 p는 i를 포인트하고, q는 p를 포인트하고 있다. 이때 6행에서 *p와 **q를 출력하면 i 값이 출력될 것이다. 8행은 q가 포인트하는 곳의 값에 j의 주소를 배정하고 있는데, q는 p를 포인트하고 있으므로 이것은 p에 j의 주솟값을 배정하는 것과 같다. 따라서 9행에서 *p와 **q를 출력하면 j 값이 출력될 것이다. 프로그램 7.3의 실행 결과는 다음과 같다.

```
i = 100, j = 200, *p = 100, **q = 100
i = 100, j = 200, *p = 200, **q = 200
```

7.2 포인터 연산

일반적인 산술 연산과는 차이가 있지만 포인터에도 연산을 적용할 수 있다. 예를 들어 p와 q가 포인터 변수일 때 p + 1이나 q - p와 같은 연산이 가능하다. 이러한 포인터 연산은 C 언어를 더욱 강력하게 만든다. 먼저 포인터에 정숫값을 더하거나 빼는 연산에 대해 살펴보자. p가 포인터라면, 수식 p + 1은 p의 값보다 1 많은 수를 의미하는 것이 아니고, p가 포인트하고 있는 곳의 다음 원소를 포인트함을 의미한다. 예를 들어

p가 int 형 포인터 변수이고 현재 지정된 주솟값이 1000이라고 하자. 그러면, int 원소는 4바이트에 저장되기 때문에 p + 1의 값은 주솟값 1004이다. 즉 p + 1의 값은 p의 값보다 1이 큰 것이 아니라 4 만큼 크다. 이와 같은 방식으로 p - 1은 p가 포인트하는 원소의 앞 원소를 포인트함을 의미한다. 그림으로 표현하면 다음과 같다.

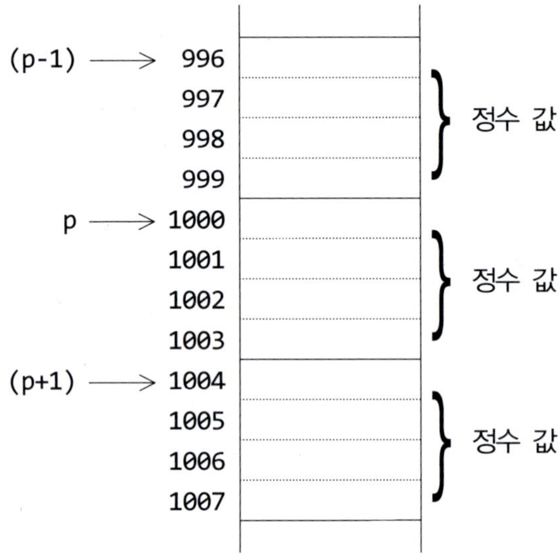

또한 i가 정수 변수라고 하면, p + i는 p가 포인트하는 곳에서부터 시작하여 i 번째 다음 원소의 주소를 의미한다. 즉 p + i 값은 p 값보다 4 * i만큼 클 것이다.

다른 포인터 연산은 두 포인터 사이의 원소 개수를 계산하는 것이다. p와 q가 같은 형의 포인터라면, p - q의 값은 p에서 q까지의 원소 개수이다. 예를 들어 p와 q가 int 형 포인터이고 a가 int 형 배열이라고 하자. 이때 p가 a[0]을 포인트하고 q가 a[5]를 포인트하고 있다면, q - p는 5의 값을 갖는다. 포인터 수식과 산술 수식은 형태는 유사하지만, 그 값은 완전히 다름을 알 수 있다. 참고로 p + q와 같이 두 포인터의 더하기는 의미가 없다. 프로그램 7.4는 이것을 설명해 주고 있다.

프로그램 7.4

```
#include <stdio.h>
int main(void)
{
    double x[10], *p = NULL, *q = NULL;
```

```
5      p = &x[2];
6      q = p + 5;
7      printf("q - p = %ld\n", q - p);
8      printf("(long) q - (long) p = %ld\n",  (long) q - (long) p);
9      return 0;
10 }
```

double은 8바이트에 저장된다. 5행에서 p에 &x[2]를 배정했기 때문에 p는 x[2]를 포인트하게 된다. 6행에서 q에는 q + 5를 배정했으므로 q는 p가 포인트하고 있는 x[2]에서부터 5만큼 떨어진 원소인 x[7]을 포인트하게 된다. 따라서 p와 q가 포인트하고 있는 원소들 사이의 배열 원소 개수는 5가 되고, 두 포인터의 메모리 주소 차이는 40이 된다. 따라서 7행의 printf()는 q - p의 값으로 5를 출력할 것이다. 8행의 printf()에서 (long) q - (long) p는 포인터 변수 p와 q를 long 형으로 캐스트한 다음 빼기 연산을 하는 것이므로, 이 수식은 포인터 연산이 아니라 일반 산술 연산이 된다. 따라서 그 값은 40이 될 것이다. 프로그램 7.4의 실행 결과는 다음과 같다.

```
q - p = 5
(long) q - (long) p = 40
```

7.3 포인터와 함수

함수가 호출될 때 함수의 인자를 전달하는 방법은 크게 두 가지가 있다. 첫 번째는 "값에 의한 호출"로 인자의 값이 함수의 매개변수에 복사되는 방식이다. 이 경우 함수에서 매개변수의 값이 변해도 호출한 곳의 인자는 영향을 받지 않는다. 두 번째는 "참조에 의한 호출(call by reference)"로 인자의 주소가 전달되는 방식이다. 이 경우 함수에서 매개변수의 값이 변하면 그 함수를 호출한 곳에 있는 인자의 값도 같이 변한다. 참조에 의한 호출은 함수가 여러 개의 값을 호출한 환경으로 전달할 필요가 있을 때 매우 유용하다. C는 기본적으로 값에 의한 호출만을 지원하지만, 포인터를 사용하여 참조에 의한 호출의 효과를 낼 수 있다.

프로그램 7.2에서 포인터 p가 i를 포인트하고 있을 때, 수식에서 i 대신 *p를 사용하여 i의 값에 접근하거나 변경할 수 있음을 보았다. 이러한 원리를 함수 매개변수에 적용하면 참조에 의한 호출의 효과를 볼 수 있다. 먼저 매개변수에 일반 변수를 사용할 때와 포인터를 사용할 때 무엇이 다른지 예제 프로그램을 통해 살펴보자. 프로그램 7.5는 앞에서 많이 다룬 매개변수로 일반 변수를 사용하는 함수 예제이다.

프로그램 7.5

```
#include <stdio.h>
void change_it(int k)
{
    k = k * k;
    return;
}

int main(void)
{
    int  i = 10;
    printf("함수 호출 이전의 i 값 : %d\n", i);
    change_it(i);
    printf("함수 호출 이후의 i 값 : %d\n", i);
    return 0;
}
```

함수를 설명할 때 이해한 것과 같이, change_it() 함수에서 i에 대응되는 매개변수 k를 변경해도 main()의 i에는 영향을 주지 않는다. 그 이유는 다음 그림과 같이 함수의 매개변수는 함수를 호출할 때 명시된 인자와 완전히 다른 메모리 공간을 할당받고 그 공간에 함수의 인자 값을 복사해서 사용하기 때문이다.

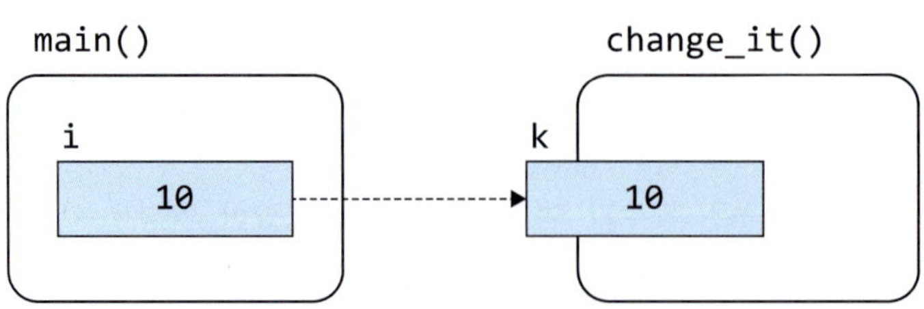

이제 change_it() 함수에서 k에 k * k를 배정하면 main()의 i에는 영향을 주지 않고 다음 그림과 같이 change_it() 함수의 k 값만 변하게 된다.

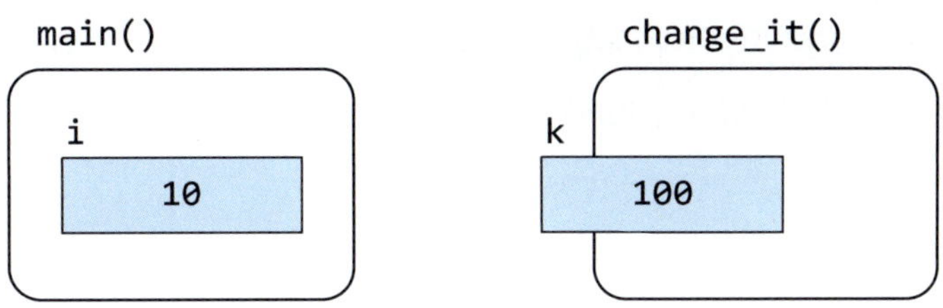

결국 프로그램 7.5의 실행 결과는 다음과 같다.

```
함수 호출 이전의 i 값 : 10
함수 호출 이후의 i 값 : 10
```

이제 매개변수로 포인터를 사용하는 예제인 프로그램 7.6을 보자.

프로그램 7.6

```c
#include <stdio.h>
void change_it_p(int *k)
{
    *k = *k * *k;
    return;
}

int main(void)
{
    int  i = 10;

    printf("함수 호출 이전의 i 값 : %d\n", i);
    change_it_p(&i);
    printf("함수 호출 이후의 i 값 : %d\n", i);
    return 0;
}
```

2행에서 change_it_p() 함수의 매개변수를 int 형 포인터로 선언하고 있다. 따라서, 이 함수를 호출할 때는 int 형의 주솟값이나 int 형 포인터를 인자로 명시해야 한다. 이러한 이유로 13행에서 change_it_p()를 호출할 때 인자로 int 형인 i의 주소를 명시하여 호출하고 있다. 4행을 보면, *k를 사용하여 k가 포인트하는 곳의 값을 다루고 있음을 알 수 있다. change_it_p() 함수가 호출됐을 때의 상황을 그림으로 그리면 다음과 같다.

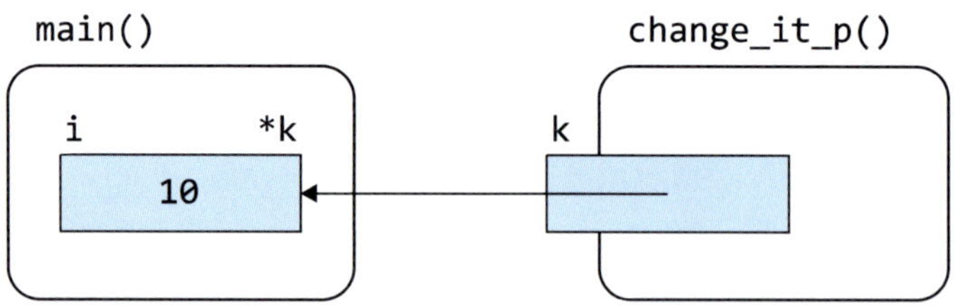

그림에서 보는 것처럼 k는 i를 포인트하게 되고, *k는 i이다. 이제 *k에 *k * *k를 배정하면, 다음 그림과 같이 i가 변하게 된다.

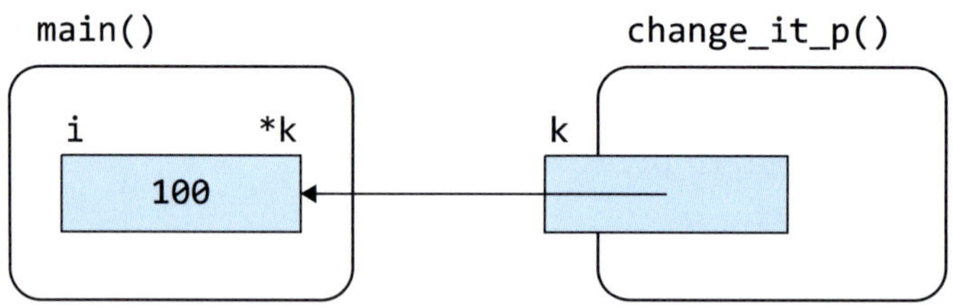

프로그램 7.6의 실행 결과는 다음과 같다.

```
함수 호출 이전의 i 값 : 10
함수 호출 이후의 i 값 : 100
```

지금까지 살펴본 것과 같이 "참조에 의한 호출"의 효과를 얻는 방법은 함수를 호출할 때 인자의 주소를 넘기는 것이다. 인자의 주소를 함수로 전달하기 때문에 함수의 매개변수는 포인터가 사용돼야 하고, 함수 내에서 그 값을 참조할 때는 역참조 연산자 *를 사용해야 한다.

예제 프로그램을 하나 더 보자. 프로그램 5.10의 **divide()** 함수는 몫과 나머지를 호출한 곳으로 전달한다. **return** 문은 호출한 곳으로 두 개 이상의 값을 전달할 수 없으므로 전역 변수를 사용하여 전달하였다. 전역 변수를 사용하면 편리하게 함수 간에 데이터 교환이 가능하지만, 프로그램의 모듈성이 떨어지고 부작용의 위험이 있어 가능하면 전역 변수를 사용하지 않는 것이 좋다. 호출한 곳으로 여러 개의 값을 전달할 때 포인터를 사용할 수 있다. 프로그램 7.7은 프로그램 5.10의 **divide()** 함수를 전역 변수 대신 포인터를 사용하는 것으로 수정한 것이다.

프로그램 7.7

```
1  #include <stdio.h>
2  int divide_p(int dividend, int divisor, int *quo, int *rem)
3  {
4      if (divisor == 0)
5          return -1;
6      *quo = dividend / divisor;
7      *rem = dividend % divisor;
8      return 0;
9  }
10 int main(void)
11 {
12     int i, j, q, r;
13     printf("피제수를 입력하세요 : ");
14     scanf("%d", &i);
15     printf("제수를 입력하세요 : ");
16     scanf("%d", &j);
17
18     if (divide_p(i, j, &q, &r))
19         printf("0으로 나눌 수 없습니다.\n");
20     else
21        printf("%d / %d : 몫은 %d이고 나머지는 %d입니다.\n", i, j, q, r);
22     return 0;
23 }
```

divide_p() 함수는 두 정수를 입력받아 몫과 나머지를 호출한 곳으로 전달하기 위해 매개변수 **quo**와 **rem**을 포인터로 선언하고 있다. 이에 18행에서 **divide_p()**를 호출할 때, 3번째와 4번째 인자로 q와 r의 주소를 명시하고 있다. 프로그램 7.7의 실행 결과는 다음과 같다.

```
피제수를 입력하세요 : 541
제수를 입력하세요 : 99
541를(을) 99(으)로 나누면, 몫이 5이고 나머지는 46입니다.
```

이제 scanf() 함수를 사용할 때, 인자인 변수 앞에 &를 붙여야 하는 이유를 알게 됐을 것이다. scanf() 함수는 키보드에서 입력되는 값을 처리하여 인자로 명시된 변수에 넣어서 전달해야 한다. 즉 scanf()는 인자로 명시된 변수에 값을 저장해야 하므로 매개변수로 포인터를 사용하고 있는 것이다. 따라서 scanf() 함수를 호출할 때는 인자인 변수에 주소 연산자 &를 붙여 그 변수의 주소를 전달해야 한다.

7.4 포인터와 배열

6장에서 설명한 배열은 포인터와 밀접한 관련이 있다. C에서 배열과 포인터는 거의 같다. 배열 이름 그 자체는 포인터이고, 그 값은 배열의 첫 번째 원소의 주소이다. 배열과 포인터에는 둘 다 배열 원소를 명시하는 인덱스를 사용할 수 있다. 그러나 한 가지 중요한 차이가 있는데, 포인터 변수에는 다른 주소를 배정할 수 있지만 배열 이름에는 다른 주소를 배정할 수 없다는 것이다. 즉, 배열 이름은 상수 포인터이다. a, i, p가 다음과 같이 선언되어 있다고 하자.

```
#define  N  100
int a[N], i, *p = NULL;
```

a가 배열로 선언되어 있으므로, 인덱스를 붙이지 않은 a 자체는 int 형 포인터이고 그 값은 a[0]의 주소이다. a는 포인터이기 때문에 a + i와 같은 포인터 수식이 가능하며, 이는 a가 포인트하는 곳에서부터 i번째 떨어진 원소의 위치를 의미한다. 결국 a + i는 a[i]의 주소인 &a[i]이다. 또한 *(a + i)는 a[i]가 된다. 선언문에서 p는 포인터로

선언되어 있다. 포인터에도 배열 표기법을 사용할 수 있다. 즉 p[i]도 올바른 표현이고, 이는 *(p + i)와 같은 의미이다.

이제 그림으로 좀 더 자세히 살펴보자. 앞에서 정의한 a는 배열이고, 배열이 선언되면 컴파일러는 배열의 원소를 연속된 메모리 공간에 할당한다. 배열의 기본 주소는 메모리에서 배열이 저장되는 첫 번째 위치, 즉 배열의 첫 번째 원소의 주소이다. a 배열이 300번지부터 할당됐다고 하자. 그러면 이 배열의 기본 주소는 300이고, 포인터 a의 값은 300이 된다. 또한 배열 원소 a[0], a[1], a[2], ..., a[99]의 주소는 다음 그림과 같이 각각 300, 304, 308, ..., 696 등이 될 것이다.

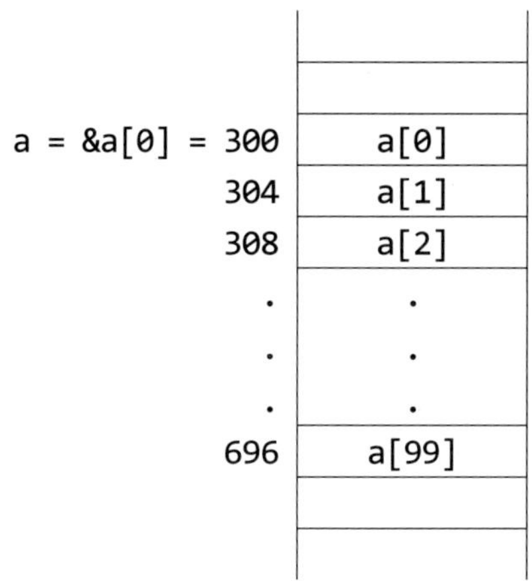

이제 p가 a 배열의 두 번째 원소를 포인트하게 하려면, 다음 두 문장 중 하나를 사용하면 된다.

```
p = a + 1;
p = &a[1];
```

첫 번째 문장은 포인터 수식을 사용하여 p 값을 설정한 것이고, 두 번째 문장은 배열 표현을 사용하여 p 값을 설정한 것이다. 이 두 수식은 같은 곳을 나타낸다. 결국 두 문장은 모두 p에 304번지를 배정하게 한다. 포인터에도 배열 표기법을 사용할 수 있다. p가 a[1]의 주소를 가지고 있다면, 다음 그림과 같이 p[0]은 a[1]이고 p[1]은 a[2]이다.

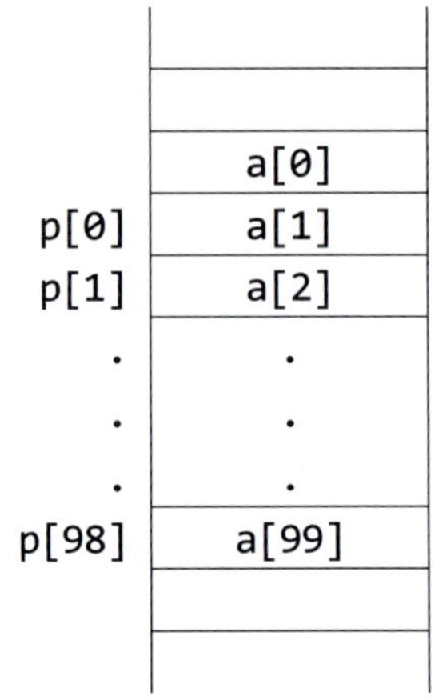

이와 같이 포인터와 배열은 거의 같지만 다른 점은 포인터 p에는 다른 주소를 배정할 수 있지만, 배열 변수인 a에는 다른 값을 배정할 수 없다는 것이다. 즉 다음과 같이 p의 값을 변경할 수 있다.

```
p = &i;
```

하지만 a에는 다음과 같이 할 수 없다. 즉 배열 이름은 상수 포인터라고 생각하면 된다.

```
a = &i;
```

다차원 배열도 1차원 배열과 같은 방식이 적용된다. 예를 들어 2차원 배열 b를 다음과 같이 선언하자.

```
#define   N   100
int b[N][N];
```

2차원 배열인 b도 1차원 배열에서와 같이 인덱스를 하나 제거하면 그것은 포인터가 된다. 즉 b[i]는 int 형 포인터이다. 따라서 1차원 배열에서와 같이 *(b[i] + j)는 b[i][j]이다. 인덱스를 두 개 모두 제거한 b는 포인터의 포인터가 된다. 더 정확히 얘기하면 b는 크기가 N인 int 형 배열을 포인트하는 포인터이다. 즉 b는 b[0][0]부터 시작하여 N개의 int 형 원소를 포인트하는 포인터이다. 이와 같이 b + i는 b[i][0]부터 시작하여 N개의 int 형 원소를 포인트하는 포인터가 된다. 이를 역참조한 *(b +

i)는 b[i]이다. 따라서 (*(b + i))[j]는 b[i][j]임을 알 수 있다. 즉 b[i][j]는 *(b[i] + j), (*(b + i))[j], *((*(b + i)) + j) 등 다양한 포인터 수식으로 표현할 수 있다. 이러한 원리는 동적 메모리 할당을 사용할 때 유용하게 사용된다.

배열과 함수 보충

6장에서 배열을 함수의 매개변수로 사용한 것에 대해 다시 살펴보자. 함수에서 매개변수가 배열인 경우, 그 함수를 호출할 때 그에 대응하는 인자로 배열 이름을 명시하였다. 배열 이름은 포인터이고 그 값은 배열의 첫 번째 원소의 주소이기 때문에, 매개변수로 주소가 전달되는 것이다. 즉 함수의 매개변수로 배열 표현을 사용했지만, 그것은 배열이 아니라 사실은 포인터이다. 단지 프로그래밍을 쉽게 하려고 배열 표기법을 사용하는 것이다. 배열의 주소가 전달되므로 호출된 함수의 매개변수인 배열과 함수를 호출했을 때 인자로 지정된 배열은 같은 배열이다. 따라서 함수에서 매개변수인 배열의 원소를 변경하면 호출한 곳의 배열 원소도 변경된다. 매개변수로 배열이 정의된 함수를 호출할 때, 반드시 배열 이름만 쓸 수 있는 것은 아니다. 매개변수로 배열이 정의되어 있다고 해도 그것은 포인터라고 했기 때문에 인자로 어떤 형태로든 주소를 명시하면 된다. 예를 들어, 함수 6.2 grade_sum2() 함수를 호출할 때 다음과 같이 할 수 있다.

```
#define N 100
int  i, a[N], b[N][N], sum;
. . .
sum = grade_sum2(a, N);          // a[0] + a[1] + . . . + a[99]
sum = grade_sum2(&a[5], 10);     // a[5] + a[6] + . . . + a[14]
sum = grade_sum2(b[5], 10);      // b[5][0] + b[5][1] + . . . + b[5][9]
sum = grade_sum2(&i, 1);         // i
```

grade_sum2() 함수는 첫 번째 매개변수인 배열에서 size개의 원소를 더하여 리턴한다. 앞의 코드의 두 번째 함수 호출처럼 a[5]의 주소를 인자로 하여 호출하면 gr[0]은 a[5]가 된다. 따라서 gr[0]부터 10개의 원소를 더하는 것은 a[5]부터 10개의 원소를 더하는 것과 같은 의미이다. grade_sum2(b[5], 10)는 2차원 배열인 b의 5번째 행 중 처음 10개의 원소를 더해 리턴한다. 또한, grade_sum2(&i, 1)처럼 호출하면,

i 주소부터 한 개의 원소를 더해서 리턴하므로 결국 i 값이 리턴될 것이다.

문자열과 포인터

6장에서 설명한 문자열에 대해서 더 살펴보자. 컴파일러는 문자열 상수를 포인터로 취급한다. 그 값은 문자열의 기본 주소이다. 다음 코드를 보자.

```
char *p = "abc";
printf("%s %s\n", p, p + 1);      // abc bc 출력
```

변수 p에는 문자 배열 "abc"의 기본 주소가 배정된다. char 형의 포인터를 문자열 형식으로 출력하면, 그 포인터가 포인트하는 문자부터 시작하여 \0이 나올 때까지 문자들이 연속해서 출력된다. 따라서 printf() 문에서 p에 의해서는 abc가 출력되고, p + 1은 문자열 "abc"의 b 문자를 포인트하므로 p + 1에 의해서는 bc가 출력된다.

이미 살펴본 것과 같이 배열과 포인터는 사용법이 유사하다. 문자열을 사용할 때는 무엇이 다른지 다음 선언문으로 살펴보자.

```
char *p = "abcde";
char s[ ] = "abcde";
```

첫 번째 선언문에 의해 p는 문자열 상수 "abcde"를 포인트한다. 즉 컴파일러는 포인터 p를 위해 메모리 공간을 할당하고, 또한 문자열 상수 "abcde"도 메모리에 저장한다. 그리고 p를 문자열 상수의 기본 주소로 초기화하는 것이다. 두 번째 선언은 다음과 같은 의미이다.

```
char s[ ] = {'a', 'b', 'c', 'd', 'e', '\0'};
```

선언문에서 s의 배열크기가 명시되지 않았기 때문에, 컴파일러는 초기화자의 개수인 6을 배열 s의 크기로 하고, s를 위해 메모리에 6바이트를 할당한다. 그리고 각 메모리 공간을 'a', 'b', 'c' 등으로 초기화한다.

위의 선언문에 의해 할당되는 메모리 내용을 그림으로 그리면 다음과 같다.

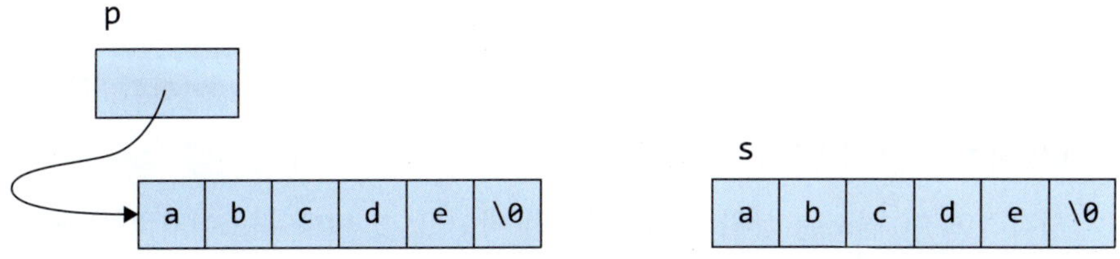

한 문자는 항상 1바이트에 저장되고, 포인터는 4바이트에 저장된다. 따라서 p는 4바이트에 저장되고, s는 6바이트에 저장된다. 물론 p가 포인트 하는 곳의 문자열 상수를 위해서도 6바이트가 필요하다.

메모리 사상 함수

프로그램에서 인덱스가 붙은 배열 표현은 컴파일하면 모두 포인터 표현으로 바뀌게 된다. 예를 들어 다음과 같이 선언되어 있다고 하자.

```
int  a[5], b[3][5], c[2][3][5];
```

컴파일러는 문장에서 a[i]와 같은 배열 표현이 나오면 a[i]를 a[0]으로부터 i번째 원소라는 것을 나타내는 포인터 수식으로 바꾼다. 즉 a[i]는 *(&a[0] + i)로 변환이 된다. 2차원 배열 b도 마찬가지이다. 문장에서 b[i][j]와 같은 배열 표현이 나오면 컴파일러는 이것이 b[0][0]으로부터 몇 번째 원소라는 것을 나타내는 포인터 수식으로 바꾼다. 어떻게 바뀌는지 살펴보자. b 배열을 그림으로 그리면 다음과 같다.

	1열	2열	3열	4열	5열
1행	b[0][0]	b[0][1]	b[0][2]	b[0][3]	b[0][4]
2행	b[1][0]	b[1][1]	b[1][2]	b[1][3]	b[1][4]
3행	b[2][0]	b[2][1]	b[2][2]	b[2][3]	b[2][4]

다차원 배열도 메모리에 저장될 때는 1차원으로 저장된다. 다차원 배열을 1차원에 저장하는 방법에는 두 가지가 있다. 첫 번째는 하위 차원 원소를 먼저(행우선) 저장하는 방식이고, 두 번째는 상위 차원 원소를 먼저(열우선) 저장하는 방식이다. C에서는 하위 차원 원소를 먼저 저장하는 행우선 저장 방식을 사용한다. 즉 b 배열의 경우 첫 번째 행인 b[0][0], b[0][1], . . ., b[0][4]가 순서대로 저장되고, 그다음 b[1][0], b[1][1], . . . 순으로 저장된다. 그러므로 b의 경우 상위 인덱스가 하나 바뀔 때마다 메모리에서는 5개의 원소가 지나감을 알 수 있다. 이러한 원리를 적용하여 b[2][1] 원소가 b[0][0]부터 얼마나 떨어진 원소인지 계산해 보자. 먼저 b[2][0]을 생각하면 이 원소는 상위 인덱스가 2번 바뀌고 첫 번째 원소이기 때문에 b[0][0]부터 10(= 2 * 5)번째 떨어진 원소이다. b[2][1]은 b[2][0]의 다음 원소이기 때문에 b[2][1]은 b[0][0]부터 11(= 2 * 5 + 1)번째 떨어진 원소임을 알 수 있다. 따라서 b[2][1]의 주소는 다음과 같은 포인터 수식으로 나타낼 수 있다.

```
*(&b[0][0] + 5 * 2 + 1)
```

이것을 일반화하여 a[i][j] 원소를 포인터 수식으로 나타내면 다음과 같음을 알 수 있다.

```
*(&b[0][0] + 5 * i + j)
```

3차원 배열도 마찬가지이다. 위에서 정의한 c 배열의 원소인 c[i][j][k]를 포인터 수식으로 바꾸면 다음과 같다.

```
*(&c[0][0][0] + 3 * 5 * i + 5 * j + k)
```

이렇게 배열 표현에서 포인터 수식으로 바꾸는 방법을 메모리 사상 함수(memory mapping function)라고 한다. 앞에서 설명한 것과 같이 수식에서 배열 표현은 모두 포인터 수식으로 변환되는 데 이때 메모리 사상 함수를 사용하게 된다. 메모리 사상 함수를 보면 수식에 배열의 최상위 차원의 크기가 사용되지 않음을 알 수 있다. 이러한 이유로 함수의 매개변수로 배열을 사용할 때 최상위 차원의 크기를 명시하지 않아도 되는 것이다. 여기서 한 가지 깨달아야 하는 것은 배열 표현을 사용하여 배열의 원소를 참조하면 그 원소의 실제 주소를 찾기 위해 내부적으로 추가적인 곱하기와 더하기 연산이 필요하다는 것이다. 추가적인 연산의 수는 차원이 늘어날수록 더 많아진다. 추가적인 연산이 필요하다는 의미는 실행 시간이 길어진다는 의미이다. 따라서 배열을 사용하면 편리하지만 실행 시간이 늘어난다는 단점이 있음을 명심해야 한다.

7.5 동적 메모리 할당

많은 경우에 프로그래밍 단계에서는 프로그램이 처리해야 할 데이터양을 정확하게 알 수 없다. 특히 어떤 경우에는 실행 중에도 처리해야 할 데이터양이 변하기도 한다. 여기서 처리해야 할 데이터양이 중요한 이유는 단순 데이터 처리 프로그램이 아니라면 처리해야 할 모든 데이터를 메모리에 저장해야 하기 때문이다. 예를 들어 100개의 데이터를 읽어드려 합을 구하는 프로그램에서는 100개의 데이터를 메모리에 저장할 필요가 없지만, 100개의 데이터를 정렬하는 프로그램에서는 100개의 데이터를 메모리에 저장해야 한다.

처리해야 할 데이터양을 알지 못한다면 데이터를 저장할 배열의 크기를 어떻게 해야 할까? 배열크기를 너무 작게 선언하면 많은 데이터를 처리할 때 그 프로그램을 사용할 수 없을 것이고, 배열크기를 최대로 크게 선언하면 적은 양의 데이터를 처리할 때 메모리 낭비가 심할 것이다. 가장 좋은 방법은 프로그램이 실행될 때 필요한 크기의 배열을 할당하는 것이다. 이렇게 프로그램이 실행되는 도중 메모리를 할당하는 방법을 동적 메모리 할당(dynamic memory allocation)이라 한다.

C에서 동적 메모리 할당은 `<stdlib.h>`에 있는 `calloc()`과 `malloc()` 함수를 사용한다. `calloc`은 `"contiguous allocation"`을 뜻하고, `malloc`은 `"memory allocation"`을 뜻한다. `calloc()`과 `malloc()`의 함수 원형은 다음과 같다.

```
void *calloc(size_t N, size_t el_size);
void *malloc(size_t N_bytes);
```

`calloc()`의 첫 번째 매개변수는 할당받고자 하는 원소의 수이고, 두 번째 매개변수는 각 원소의 크기를 나타낸다. `malloc()`의 매개변수는 할당받고자 하는 총 메모리 바이트 수를 나타낸다. 두 함수 모두 할당된 주소 공간의 시작 주소를 리턴한다. 만일 메모리를 할당하지 못했다면 `NULL`을 리턴한다. 따라서 `calloc()`과 `malloc()`의 리턴 값은 포인터에 저장해야 한다. `calloc()`과 `malloc()`의 다른 점은 `calloc()`의 경우 할당된 메모리를 모두 0으로 초기화하는 반면 `malloc()`은 초기화하지 않는다는 것이다. 따라서 `malloc()`으로 메모리를 할당받았으면 사용하기 전에 그 메모리를 먼저 초기화

해야 한다. 예를 들어 `int` 형 원소를 10개 동적으로 할당받고 싶다면 다음 두 문장 중 하나를 사용하면 된다.

```
p = (int *) calloc(10, sizeof(int));
p = (int *) malloc(10 * sizeof(int));
```

물론 `p`는 `int` 형 포인터이어야 한다. 각 함수가 성공적으로 수행되면 `p`는 할당받은 메모리 공간의 시작 주소를 갖게 된다. 이제 `p`를 크기가 10인 `int` 배열처럼 다룰 수 있다. 즉 `p[0]`, `p[i]` 등과 같은 배열 표기법을 사용하여 할당받은 공간을 사용하면 된다. 함수에서 선언된 변수는 함수가 실행될 때 메모리 할당을 받고 함수의 실행이 끝나면 메모리에서 사라진다. 하지만 동적으로 할당받은 메모리 공간은 프로그램이 끝날 때까지 유지된다. 동적으로 할당받은 메모리 공간이 더 이상 필요 없을 때는 명시적으로 반납해야 한다. 사용하지도 않는 메모리 공간을 계속 가지고 있으면 메모리 낭비가 되고, 특히 프로그램의 실행 속도를 떨어뜨리는 원인이 될 수도 있다. 또한 메모리는 한정된 자원이기 때문에 계속해서 메모리를 할당받기만 하면 언젠가는 더 이상 할당받을 수 없게도 된다. 동적으로 할당받은 메모리 공간을 반납할 때는 `free()` 함수를 사용한다. `free()` 함수의 인자로는 `calloc()`이나 `malloc()` 함수에 의해 리턴된 주소만을 명시해야 한다. `free()`의 인자로 다른 주소를 명시하면 오류가 발생한다.

이제 동적 메모리 할당 예제 프로그램을 보자. 프로그램 6.10에서는 가변길이 배열을 사용하여 필요한 만큼의 배열을 선언하였다. 프로그램 7.8은 프로그램 6.10을 동적 메모리 할당을 사용하는 것으로 수정한 것이다.

프로그램 7.8

```
#include <stdio.h>
#include <stdlib.h>                    // 추가된 부분

int main(void)
{
    int *grade = NULL;                 // 수정된 부분
    int N;
    int i, j, sum, tmp;
    float average;
```

```

    printf("처리할 성적 개수를 입력하세요 : ");
    scanf("%d", &N);
    while (N < 1){
        printf("0보다 커야 합니다. 다시 입력하세요 : ");
        scanf("%d", &N);
    }

    // 동적으로 메모리 할당
    grade = (int *)calloc(N, sizeof(int));        // 추가된 부분
    if (grade == NULL) {
        printf("메모리 할당 오류입니다.");
        return 1;
    }

    // 성적 입력
    for (i = 0; i < N; i++) {
        printf("%d 번째 성적을 입력하세요 : ", i);
        scanf("%d", &grade[i]);
    }

    // 평균 계산
    for (sum = 0, i = 0; i < N; i++)
        sum += grade[i];
    average = sum / (float)N;
    printf("성적 평균 : %f\n", average);

    // 성적 정렬 : 버블 정렬 사용
    for (i = 0; i < N-1; i++)
        for (j = N-1; j > i; j--)
            if (grade[j - 1] > grade[j]){
                tmp = grade[j - 1];
                grade[j - 1] = grade[j];
                grade[j] = tmp;
            }

    // 성적순으로 출력
    printf("성적순 : ");
```

```
48      for (i = 0; i < N; i++)
49          printf("%d ", grade[i]);
50      printf("\n");
51
52      free(grade);
53
54      return 0;
55  }
```

2행은 프로그램에서 calloc()을 사용하기 위해 <stdlib.h>를 include하고 있다. 6행은 동적으로 할당되는 메모리 공간을 포인트하기 위해 grade 포인터를 선언하고 있다. 프로그램 6.10에서는 grade를 배열로 선언했었다. 앞에서 언급했지만, 포인터와 배열은 서로 교환해서 사용할 수 있으므로 19행에서 grade에 calloc()의 리턴 주소를 배정한 후에는 포인터 grade를 배열처럼 사용할 수 있다. 즉, 프로그램 6.10과 똑같은 코드를 사용할 수 있다는 의미이다. calloc()이나 malloc()으로 메모리를 할당받은 다음에는 리턴된 주소가 NULL인지 확인하는 코드가 필요하다. NULL이 리턴됐다면 메모리 할당을 못 받았다는 의미이기 때문에 적절한 오류 처리를 해야 한다. 이에 20행에서 리턴 값이 NULL인지 확인하고, 만일 그렇다면 오류 메시지를 출력한 후 프로그램을 종료하게 하고 있다. 52행은 calloc()으로 할당받은 메모리 공간을 free() 함수를 사용하여 시스템으로 반납하는 것이다. 이 프로그램에서는 free()가 프로그램 종료 직전에 있으므로 생략해도 된다. 하지만 동적으로 할당받은 메모리 공간이 더 이상 필요 없을 때 free()를 사용하여 직접 반납하는 것이 좋은 프로그래밍 습관이다. 프로그램 7.8의 실행 결과는 다음과 같다.

```
처리할 성적 수를 입력하세요 : 5
0 번째 성적을 입력하세요 : 90
1 번째 성적을 입력하세요 : 99
2 번째 성적을 입력하세요 : 60
3 번째 성적을 입력하세요 : 85
4 번째 성적을 입력하세요 : 100
성적 평균 : 86.800003
성적순 : 60 85 90 99 100
```

동적으로 할당받은 메모리 공간을 2차원 배열로 사용해야 할 때가 있다. 이런 경우에는 calloc()이나 malloc()의 리턴 주소를 일차원 배열의 포인터로 캐스트하면 된다. 프로그램 7.9는 의미 있는 프로그램은 아니지만 여기서 사용하는 기법을 잘 익히면 매우 유용할 것이다.

프로그램 7.9

```
1  #include <stdio.h>
2  #include <stdlib.h>
3  #define  N  10
4  int main(void)
5  {
6      int (*p)[N] = NULL, *q = NULL;
7      int i, j;
8
9      p = (int (*)[N])calloc(N * N, sizeof(int));
10
11     q = (int *) p;
12     for (i = 0; i < N * N; i++)
13         q[i] = i;
14
15     for (i = 0; i < N; i++){
16         for (j = 0; j < N; j++)
17             printf("%3d ", p[i][j]);
18         putchar('\n');
19     }
20
21     free(p);
22
23     return 0;
24 }
```

6행에서 p는 다음과 같이 선언되어 있다.

```
int  (*p)[N] = NULL;
```

이 선언에서 괄호는 반드시 있어야 한다. 이렇게 선언된 p는 크기가 N인 int 형 배열의 포인터를 의미한다. 즉 p가 포인트하는 것은 int 형 원소 하나가 아니라 int 형 원소 N개 이다. p가 포인트하는 각 원소는 (*p)[0], (*p)[1], (*p)[2] 등으로 접근할 수 있다. 또한 p + 1은 그다음 N개의 원소를 포인트하는 것이고, 각 원소는 (*(p+1))[0], (*(p+1))[1], (*(p+1))[2] 등으로 접근할 수 있다. 이를 배열 표현으로 바꾸면 p[1][0], p[1][1], p[1][2] 등이 된다. 즉 p를 2차원 배열처럼 다룰 수 있다. 6행에서 q를 int 형 포인터로 선언하고 있다. 11행은 q를 p가 포인트하는 메모리 공간을 같이 포인트하게 하기 위해 p에 캐스트 (int *)를 사용하여 p의 값을 q에 배정하고 있다. 즉, p는 포인터의 포인터이고 q는 포인터이므로 바로 배정 연산자를 사용하여 p의 값을 q에 배정할 수 없으므로 캐스트 연산자를 사용하여 형을 같게 만든 다음 배정한 것이다. q는 포인터이기 때문에 13행에서와 같이 1차원 배열처럼 다룰 수 있다. 17행은 p를 2차원 배열처럼 다루고 있음을 보여주고 있다. 프로그램 7.9의 실행 결과는 다음과 같다.

```
 0  1  2  3  4  5  6  7  8   9
10 11 12 13 14 15 16 17 18 19
20 21 22 23 24 25 26 27 28 29
30 31 32 33 34 35 36 37 38 39
40 41 42 43 44 45 46 47 48 49
50 51 52 53 54 55 56 57 58 59
60 61 62 63 64 65 66 67 68 69
70 71 72 73 74 75 76 77 78 79
80 81 82 83 84 85 86 87 88 89
90 91 92 93 94 95 96 97 98 99
```

7.6 포인터 배열

C에서 배열의 형은 포인터 형을 포함하여 임의의 형이 될 수 있다. 이 절에서는 프로그램을 통해 char * 형 배열의 사용 방법에 관해 설명한다. char * 형 배열은 문자열 배열로 생각할 수 있으며 실제로 많이 사용된다. 소문자로 이루어진 단어를 읽어드려

사전 순으로 정렬한 후 출력하는 프로그램을 생각해 보자. 입력되는 단어의 길이가 최대 10자이고 최대 50단어까지 입력된다고 가정하고, 잘못된 단어가 입력됐을 때 단어 뒤에 "(X)"를 붙인다고 하자. 그러면 단어 저장을 위해 다음과 같이 2차원 배열인 **words**를 선언해야 한다.

```
char words[N][M];            // N = 50, M = 14
```

이 경우 **words** 배열을 위해 다음과 같은 메모리가 할당되고 입력된 자료들은 다음과 같이 저장될 것이다.

words	[0]	[1]	[2]	[3]	[4]	[5]	[6]	[7]	[8]	[9]	[10]	[11]	[12]	[13]
words[0]	c	a	t	\0										
words[1]	d	o	g	\0										
words[2]	e	l	e	p	h	a	n	t	\0					
words[3]	h	i	p	p	o	p	o	t	a	m	(	X	)	\0
words[4]	s	e	a		h	o	r	s	e	(	X	)	\0	
words[5]	w	h	a	l	e	\0								
.														
.														
words[49]	.	.	.											

그림에서 음영된 원소들은 메모리 할당을 받기는 했지만 실제로는 사용되지 않는 부분이다. 즉 **"cat"**이 입력되면 4바이트만 사용되고 10바이트는 버려지게 된다. 만일 입력된 단어들을 다음과 같이 저장하면 메모리 낭비를 줄일 수 있을 것이다.

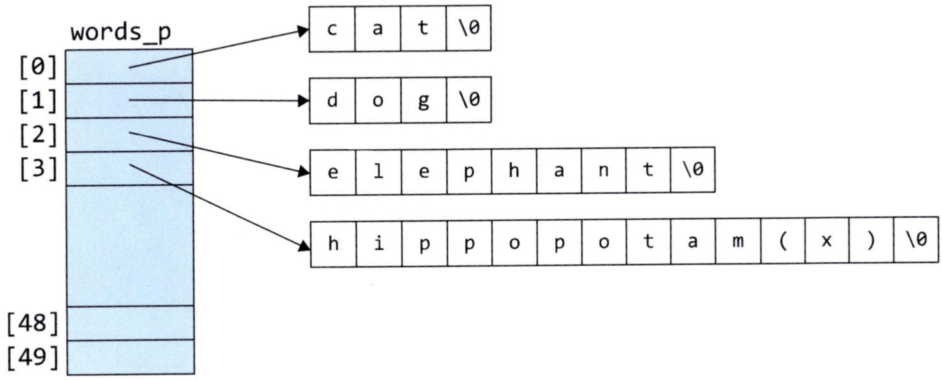

이러한 저장 방법은 words_p를 char * 형 배열로 선언하고, 입력된 각 단어를 위해 동적 메모리 할당을 사용하여 필요한 만큼의 메모리만을 할당받아 단어를 저장한 다음 words_p의 원소가 포인트하게 한 것이다. 이와 같이 포인터를 원소로 갖는 배열을 포인터 배열이라고 한다. 포인터 배열을 사용하여 이러한 식으로 저장하면 필요한 만큼의 메모리만 사용하기 때문에 메모리 낭비를 줄일 수 있다. 프로그램 7.10은 이에 관한 프로그램이다.

프로그램 7.10

```
#include <stdio.h>
#include <stdlib.h>
#include <string.h>
#define   N   50
#define   L   10

int input_a_word(char []);
int input_words(char *[]);
void sort_words(char *[], int);
void print_words(char *[], int);

int main(void)
{
    char *words_p[N] = {NULL};
    int i, num_word = 0;

    // 단어를 입력 받음
    num_word = input_words(words_p);
    sort_words(words_p, num_word);
    print_words(words_p, num_word);

    for (i = 0; i < num_word; i++)
        free(words_p[i]);

    return 0;
}

int input_a_word(char word[]){
```

```
    int i, c, flag = 0;

    printf("단어를 입력하세요 : ");
    i = 0;
    while (1) {
        c = getchar();

        // 개행 문자가 입력됐으면
        // word에 널 문자를 붙이고 입력을 종료한다.
        if ((c == '\n') || (c == EOF)) {
            word[i] = '\0';
            break;
        }

        // 단어가 소문자 알파벳으로 이루어져 있는지 검사
        //      만일 그렇다면 flag를 1로 설정
        if ((c < 'a') || (c > 'z'))
            flag = 1;

        // 입력된 단어의 길이가 10보다 크면
        // word에 널 문자를 붙이고 나머지 문자들은 무시한다.
        if (i == L) {
            word[i] = '\0';
            // 개행 문자까지 무시함
            while ((c = getchar()) != '\n')
                ;
            flag = 2;
            break;
        }

        word[i++] = c;
    }
    return flag;
}

int input_words(char *words[]){
    int check;
    int num = 0;
```

```
    char word[11];

    while (1) {
        check = input_a_word(word);

        if (strcmp(word, ".end") == 0)
            break;
        if (check != 0) {
            words[num] = (char *) calloc(strlen(word) + 4, sizeof(char));
            strcpy(words[num], word);
            strcat(words[num], "(X)");
        }
        else {
            words[num] = (char *) calloc(strlen(word) + 1, sizeof(char));
            strcpy(words[num], word);
        }
        if (++num == N)
            break;
    }
    return num;
}

void sort_words(char *words[], int num){
    int i, j;
    char *tmp;
    for (i = 0; i < num; i++)
        for (j = num-1; j > i; j--)
            if (strcmp(words[j - 1], words[j]) > 0){
                tmp = words[j - 1];
                words[j - 1] = words[j];
                words[j] = tmp;
            }
}

void print_words(char *words[], int num){
    int i;

    for (i = 0; i < num; i++)
```

```
105         printf("%s\n", words[i]);
106 }
```

14행에서 words_p를 크기가 N인 char 형 포인터 배열로 선언하고 있다. words_p 배열에는 단어를 직접 저장할 수 없고, 단어가 저장된 곳을 각 원소가 포인트하게 된다. 28행에서 정의된 input_a_word() 함수는 단어를 입력받아 리턴하는 함수로, 사용자가 얼마나 긴 문자를 입력할지 모르기 때문에 getchar()를 사용하여 한 문자씩 입력받으면서 문자를 처리한다. 50행에서 단어의 최대 크기를 넘어갔는지 확인하고, 그렇다면 53행에서 그 뒤로 입력되는 문자를 버린다. input_a_word() 함수는 입력된 문자가 소문자가 아닌 경우와 단어의 최대 길이보다 긴 경우 각각 46행과 55행에서 flag 값을 1과 2로 하여 잘못된 단어임을 알려준다. 64행에서 정의된 input_words() 함수는 input_a_word()를 통해 입력받은 단어의 크기만큼의 메모리 공간을 calloc() 함수로 할당하여 단어를 저장한다. 74행의 if 문을 통해 잘못된 단어가 입력됐는지 확인하고, 75행에서 입력된 단어의 크기를 strlen() 함수를 사용하여 알아내어 그 값에 4를 더한 만큼의 메모리를 calloc()을 사용하여 할당한다. 물론 calloc() 대신 malloc()을 사용해도 된다. 75행을 malloc()으로 고쳐 쓰면 다음과 같다.

```
words[num] = (char *) malloc((strlen(word) + 4) * sizeof(char));
```

76행은 할당받은 메모리 공간에 입력된 단어를 strcpy()를 사용하여 복사하는 것이고, 77행은 잘못된 단어가 입력된 경우이므로 그 뒤에 "(X)"를 추가하는 것이다. 만일 올바른 단어가 입력됐다면, 80행과 같이 입력된 단어의 크기를 strlen() 함수를 사용하여 알아내고 그 값에 1를 더한 만큼의 메모리를 할당하고, 81행에서 그 단어를 복사만 하면 된다. 89행에서 정의된 sort_words() 함수는 입력된 단어를 버블정렬 방법을 사용하여 크기순으로 정렬하는 것이다. 94행은 앞의 단어가 더 큰지를 strcmp()를 사용하여 비교하는 것이다. 만일 그렇다면 단어를 복사할 필요 없이 두 포인터 값만 교환하면 된다. main() 함수의 마지막 부분인 22행의 for 문은 calloc()으로 할당받은 메모리 공간을 반납하는 것이다. words_p의 원소가 calloc()으로 할당받은 공간을 포인트하고 있으므로 반복문을 사용하여 반납하고 있다.

프로그램 7.10에서 동적으로 할당받은 메모리 공간에 대해 약간의 설명이 더 필요하다. calloc()을 사용하여 메모리를 할당받는 코드는 input_words() 함수에 있다. 그렇지만 이렇게 할당받은 메모리 공간은 input_words() 함수의 메모리 공간에 포함되지 않는다. 따라서 input_words() 함수가 종료되더라도 그 메모리 공간은 없어지지 않고 다른 함수에서도 계속 사용할 수 있다. 이 메모리 공간은 main() 함수가 끝날 때까지 유지된다. 즉 프로그램이 종료할 때까지 유지된다. input_words() 함수가 호출된 상황을 그림으로 그리면 다음과 같다.

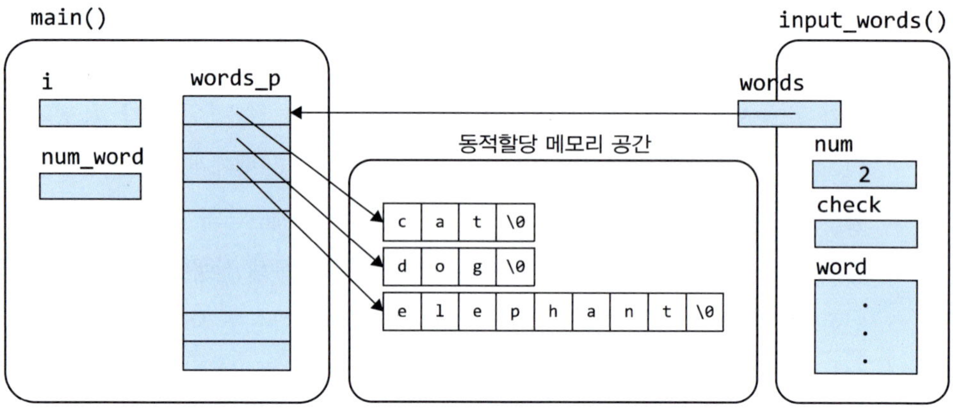

그림에서 보는 것과 같이 calloc()으로 할당받은 공간은 input_words() 함수나 main() 함수에 속하지 않는다. 또한 input_words()의 매개변수 words는 char * 형 배열로 선언되어 있지만 사실 이것은 포인터로 main() 함수의 words_p를 포인트하고 있다. 프로그램 7.10의 실행 결과는 다음과 같다.

```
단어를 입력하세요 : rabbit
단어를 입력하세요 : cprogrammingpractice
단어를 입력하세요 : elephant
단어를 입력하세요 : dog
단어를 입력하세요 : cat
단어를 입력하세요 : .end
cat
cprogrammi(X)
dog
elephant
rabbit
```

7.7 main() 함수의 매개변수

지금까지 본 **main()** 함수는 매개변수를 가지지 않았다. 하지만 **main()** 함수도 매개변수를 가질 수 있다. **main()** 함수의 매개변수는 명령어 라인에서 프로그램을 시작할 때 프로그램의 입력을 받을 수 있게 한다. **main()** 함수의 매개변수의 형은 프로그래머 마음대로 정할 수 있는 것이 아니라 이미 정해져 있다. **main()**의 첫 번째 매개변수는 **int** 형이고, 이 매개변수는 명령어 라인에 입력된 인자의 개수를 값으로 갖는다. 두 번째 매개변수는 **char** 형 포인터 배열로 각 배열 원소는 명령어 라인을 구성하는 단어를 포인트한다. 프로그램 7.11은 **main()** 함수의 매개변수를 사용하는 간단한 예제 프로그램이다.

프로그램 7.11

```
1 #include <stdio.h>
2 int main(int argc, char *argv[])
3 {
4     int i;
5     printf("총 인자 개수 : %d\n", argc);
6     for (i = 0; i < argc; ++i)
7         printf("%d 번째 인자 : %s\n", i, argv[i]);
8     return 0;
9 }
```

2행에서 보는 것처럼 매개변수를 갖는 **main()**을 정의할 때는 첫 번째 매개변수의 형은 **int**, 두 번째 매개변수의 형은 **char *[]**로 해야 한다. 5행에서 **argc** 값을 출력하고 있는데, **argc**는 명령어 라인에서 이 프로그램을 실행할 때 명시한 인자의 수를 갖고 있다. 6행의 **for** 문은 **argv[]**를 출력하고 있는데, **argv[]**는 명령어 라인에 명시된 인자를 포인트하고 있다. 예를 들어, 다음은 프로그램 7.11의 실행 파일을 **echo_arg**로 만든 후 실행한 결과이다.

```
$ echo_arg hello main
총 인자 개수 : 3
0 번째 인자 : echo_arg
1 번째 인자 : hello
2 번째 인자 : main
```

이 예제와 같이 명령어 라인에서 실행 파일과 인자를 나열하면, 그 내용은 main() 함수의 매개변수로 전달된다. main() 함수의 매개변수는 보통 프로그램의 옵션이나 입력 파일 또는 출력 파일을 지정할 때 사용된다.

연습문제

01 다음 프로그램이 어떤 값을 출력할지 쓰고, 설명하여라.

```
#include <stdio.h>
int main(void)
{
    char *format = "%p %d %d %d\n";
    int i = 3;
    int *p = &i;
    printf(format, p, *p + 7, 3 * **&p + 1, 5 * (p - (p - 2)));
    return 0;
}
```

02 i와 j는 int 형이고, p와 q는 int 형 포인터라고 하자. 다음의 배정 수식 중 잘못된 것을 모두 골라라.

```
p = &i        p = &*&i      i = (int) p     q = &p
*q = &j       i = (*&)j     i = *&*&j       i = *p++ + *q
```

03 모든 포인터 형의 크기는 같은지 알아보자. 다음 프로그램을 실행해 보아라. 모두 같은 값인가?

```
#include <stdio.h>
int main(void)
{
    char *cp;
    int *ip;
    long long *llp;
    float *fp;
    double *dp;
    printf("char * : %ld\n", sizeof(cp));
    printf("int * : %ld\n", sizeof(ip));
    printf("long long * : %ld\n", sizeof(llp));
    printf("float * : %ld\n", sizeof(fp));
    printf("double * : %ld\n", sizeof(dp));
    return 0;
}
```

04 연속적으로 선언된 변수는 연속된 메모리 공간에 할당되는지 알아보아라. 예를 들어 다음과 같은 프로그램을 작성하여 각 변수의 주소를 확인하면 알 수 있을 것이다.

```
#include <stdio.h>
int main(void)
{
    char a, b, c, *p, *q, *r, d, e, *s;

    printf("&a : %p\n", &a);
    printf("&b : %p\n", &b);
    printf("&c : %p\n", &c);
    printf("&p : %p\n", &p);
    printf("&q : %p\n", &q);
    printf("&r : %p\n", &r);
    printf("&d : %p\n", &d);
    printf("&e : %p\n", &e);
    printf("&s : %p\n", &s);
    return 0;
}
```

각 변수가 연속적인 메모리에 할당되는가? 그렇다면 주소가 증가하는 순서인가 아니면 감소하는 순서인가? 또한 포인터 변수의 주소는 8로 나누어지는가?

05 printf() 함수에서 주솟값을 출력할 때는 %p 변환명세를 사용한다고 하였다. %p를 사용하면 주소가 16진수로 출력된다. 만일 주소를 16진수 대신 10진수로 출력하고 싶다면, 주소를 unsigned long으로 캐스트하고 %lu 형식을 사용하는 것이 안전한 방법이다. 연습문제 4번에서 작성한 프로그램을 수정하여 10진수로 주솟값을 출력하게 하여라.

06 다음 프로그램이 어떤 값을 출력할지 쓰고, 설명하여라.

```
#include <stdio.h>
int main(void)
{
    char *pc = NULL;
    int *pi = NULL;
    double *pd = NULL;
    long double *pld = NULL;
    printf("%5lu%5lu\n%5lu%5lu\n%5lu%5lu\n",
```

```
        (unsigned long)(pc + 1), (unsigned long)(pi + 1),
        (unsigned long)(pd + 1), (unsigned long)(pld + 1),
        (unsigned long)(pc + 3), (unsigned long)(pld + 3));
    return 0;
}
```

07 p가 포인터라면 *p++와 (*p)++는 다르다. 다음 프로그램을 실행하여 그 결과를 보고 두 수식이 무엇이 다른지 설명하여라.

```
#include <stdio.h>
int main(void)
{
    char string[] = "abc";
    char *p;
    int i;
    p = string;
    for (i = 0; i < 3; ++i)
        printf("%c\n", *p++);
    printf("string = %s\n", string);
    p = string;
    for (i = 0; i < 3; ++i)
        printf("%c\n", (*p)++);
    printf("string = %s\n", string);
    return 0;
}
```

08 문자열 상수는 char 형 포인터로 취급된다. 따라서 문자열 상수를 포인터처럼 다룰 수 있다. 다음 표를 채워라.

수식	값
"ghi"[1]	
*("def" + 1)	
*"abc" + 11	
"klm"[1]	
*"ghi" + 8	

09 sizeof 연산자는 형이나 수식을 저장하는 데 필요한 바이트 수를 알려준다. 다음 프로그램의 출력을 쓰고, 설명하여라.

```
#include  <stdio.h>
void f(int a[3]);
int main(void)
{
    char s[] = "I like C.";
    char *p = "I like C.";
    int a[3];
    double d[5];
    printf("%s%ld\n%s%ld\n%s%ld\n%s%ld\n",
        "sizeof(s) = ", sizeof(s),
        "sizeof(p) = ", sizeof(p),
        "sizeof(a) = ", sizeof(a),
        "sizeof(d) = ", sizeof(d));
    f(a);
    return 0;
}
void f(int a[3])
{
    printf("f():sizeof(a) = %ld\n", sizeof(a));
}
```

10 전통적인 C는 문자열 상수의 내용을 변경할 수 있게 하였다. 표준 C는 프로그래머가 문자열 상수를 변경할 수 없도록 규정하고 있지만, 컴파일러에 따라 허용하는 것도 있다. 다음 프로그램을 수행하여 컴파일러가 어떻게 동작하는지 확인해 보아라.

```
#include  <stdio.h>
void f(int a[3]);
int main(void)
{
    char *p = "abc";
    *p = 'X';              // 문자열 상수 변경
    printf("%s\n", p);
    return 0;
}
```

프로그램의 실행 중에 오류가 나면 컴파일러가 문자열 상수를 변경하지 못하게 하는 것이고, Xbc라고 출력하면 허용하는 것이다.

11 같은 내용의 문자열 상수를 여러 번 사용하면 이들이 같은 메모리에 하나만 저장되는지 아니면 다른 메모리에 따로 저장되는지를 다음 프로그램으로 확인해 보아라.

```
1  #include  <stdio.h>
2  int main(void)
3  {
4      char *p = "C is fun.", *q = "C is fun.";
5      if (p == q)
6          printf("같은 메모리에 하나만 저장됩니다.\n");
7      else
8          printf("다른 메모리에 따로 저장됩니다.\n");
9      return 0;
10 }
```

5행의 `if` 문에서 p == q는 p와 q가 같은 메모리 주소를 가지는지 검사하는 것이다. 전통적인 C에서는 문자열 상수가 변경될 수 있으므로 같은 내용의 문자열 상수라도 따로 저장하였다. 하지만 표준 C에서는 문자열 상수를 변경하지 못하기 때문에 따로 저장할 필요가 없다.

12 다음 프로그램에서 `func()` 함수 원형의 매개변수 형은 `int [][3]` 이지만 `func()` 함수의 헤더에서 매개변수 형은 `int (*a)[3]`이다. 컴파일할 때 형이 다르다는 오류가 발생하는가? 컴파일된다면 실행 결과는 어떻게 되는가?

```
1  #include  <stdio.h>
2  void func(int [][3]);
3  int main(void)
4  {
5     int a[4][3] = {{0, 1, 2}, {10, 11, 12}, {20, 21, 22}, {30, 31, 32}};
6      func(a);
7      return 0;
8  }
9  void func(int (*a)[3])
10 {
11     printf("func() : %d %d %d\n", a[0][0], a[1][1], a[2][2]);
12 }
```

이제 9행의 `func()` 함수 헤더에서 매개변수 형을 `int *a[3]`으로 수정하면 어떻게 되겠는가? 컴파일되는가? 오류가 난다면 그 이유를 설명하여라.

13 다음 표에서 선언된 p를 그림으로 그리고 빈칸을 완성하여라.

<table>
<tr><td colspan="3">선언 및 초기화</td></tr>
<tr><td colspan="3">char *p[2][3] = {"abc", "defg", "hi", "jklmno", "pqrstuvw", "xyz"};</td></tr>
<tr><th>수식</th><th>배열 표현</th><th>값</th></tr>
<tr><td>***p</td><td>p[0][0][0]</td><td>'a'</td></tr>
<tr><td>**p[1]</td><td></td><td></td></tr>
<tr><td>**(p[1] + 2)</td><td></td><td></td></tr>
<tr><td>*(*(p + 1) + 1)[7]</td><td>/* error */</td><td></td></tr>
<tr><td>(*(*(p + 1) + 1))[7]</td><td></td><td></td></tr>
<tr><td>*(p[1][2] + 2)</td><td></td><td></td></tr>
</table>

14 다음 프로그램을 실행해 보고, 각 출력값을 설명하여라.

```
#include <stdio.h>
int main(void)
{
    int a[3][5], i, j, *p = *a;

    for (i = 0; i < 3; ++i)
        for (j = 0; j < 5; j++)
            a[i][j] = i * 5 + j;

    for (i = 0; i < 3; ++i)
        for (j = 0; j < 5; ++j)
            printf("%s%3d", (j == 0) ? "\n":"", a[i][j]);
    printf("\n");

    for (i = 0; i < 15; ++i)
        printf("%s%3d", (i % 5 == 0) ? "\n":"", *(p + i));
    printf("\n\n");

    printf("(unsigned long) a  = %lu\n", (unsigned long) a);
    printf("(unsigned long) *a = %lu\n", (unsigned long) *a);
    printf("(int) **a          = %d\n", (int) **a);
    printf("(unsigned long) p  = %lu\n", (unsigned long) p);
    printf("(int) *p           = %d\n\n", (int) *p);
```

```
    printf("*(a[1] + 2)        = %d\n", *(a[1] + 2));
    printf("*(*(a + 1) + 2)    = %d\n", *(*(a + 1) + 2));
    printf("*(p + 7)           = %d\n", *(p + 7));

    return 0;
}
```

15 다음 프로그램의 실행 결과를 설명하여라.

```
#include <stdio.h>
void change_it(int []);
int main(void)
{
    int a[5] = {0};

    change_it(a);
    printf("main() : a[0] = %d\n", a[0]);
    return 0;
}
void change_it(int *a)
{
    int i = 777, *q = &i;
    a = q;
    printf("change_it() : a[0] = %d\n", a[0]);
}
```

16 다음 프로그램의 7행의 printf() 문장은 a[3+1]의 값으로 8이 출력될 것을 기대하고 작성된 문장이다. 프로그램이 올바른 결과를 내는지 확인하고, 출력 결과를 설명하여라. 또한, 기대한 출력이 안 나왔다면 올바른 출력이 나오도록 프로그램을 수정하여라. 단, p를 통해 a[4]에 접근하는 수식을 만들어야 한다.

```
1  #include <stdio.h>
2  int main(void)
3  {
4      int a[] = {0, 2, 4, 6, 8}, *p = a + 3;
5
6      printf("a[3] = %d\n", *p);
7      printf("a[3+1] = %d\n", *p+1);
8      return 0;
9  }
```

17 다음 프로그램을 실행해 보아라.

```
#include <stdio.h>
#include <string.h>
int main(void)
{
    char *p1 = "abc", *p2 = "pacific sea";
    printf("%s   %s   %s\n", p1, p2, strcat(p1, p2));
    return  0;
}
```

올바른 결과가 출력되는가? 이 프로그램은 오류를 포함하고 있어 실행 결과는 컴파일러마다 다를 수 있다. 어떤 경우에는 실행 시간 오류가 날 것이고 어떤 경우에는 실행될 것이다. 오류가 난다면 그 이유를 설명하여라.

힌트 포인터를 사용할 때 항상 주의할 것은 포인트하고 있는 메모리 공간이 사용할 수 있는 곳인가 아닌가를 먼저 생각해야 한다.

18 문자열을 입력받아 역으로 만드는 `reverse()` 함수를 작성하여 아래 프로그램을 완성하여라. 이 프로그램은 `"olleH"`를 출력해야 한다.

```
#include <stdio.h>
#include <string.h>
char *reverse(char *);
int main(void)
{
    char str[] = "Hello";
    printf("%s\n", reverse(str));
    return 0;
}

char *reverse(char *s)
{
    . . .
```

19 명령어 라인에서 주어지는 수식을 계산하는 프로그램을 작성하여라. 단 수식은 +, -, *, /, % 연산자 중 하나만 있는 단순 수식이라고 가정하여라. 예를 들어, 다음과 같이 실행되도록 하여라.

```
$ comp 3 * 4
3 * 4 = 12
$ comp 6+8
6 + 8 = 14
$ comp 17 %2
17 % 2 = 1
$ comp 5 / 2
5 / 2 = 2.500
```

단, 실행 화면에서와 같이 수식을 이루는 피연산자와 연산자가 붙어있어도 처리되게 해야 한다.

8

CHAPTER

사용자 정의형

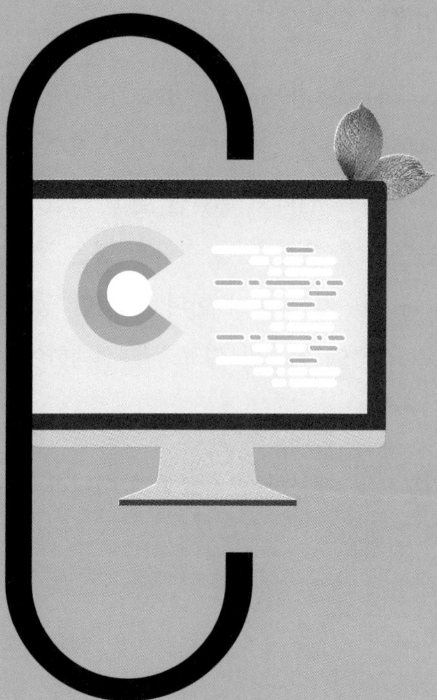

CHAPTER

8 사용자 정의형

프로그램에서 다루는 데이터 중에는 여러 가지 속성으로 이루어진 것이 있다. 예를 들어 복소수를 다루는 프로그램에서 복소수는 실수와 허수의 두 속성을 가진다. 또는 고객 관리 프로그램에서 고객은 이름, ID, 주소, 전화번호, 등 다양한 속성을 가질 것이다. C는 여러 개의 속성을 하나로 묶어 다룰 수 있게 하는 구조체를 제공한다. 구조체는 여러 개의 원소를 멤버로 갖는다. 구조체 멤버는 자료형이 서로 다를 수 있고 그 개수도 마음대로 정할 수 있어서 프로그래머는 필요에 맞게 선언하여 사용할 수 있다. 보통 구조체의 배열을 선언하여 대량의 데이터를 다루게 된다.

공용체는 구조체와 모양은 비슷하지만, 구조체와는 달리 모든 멤버가 같은 메모리 공간을 공유한다. 공용체는 보통 데이터가 다른 형의 값을 선택적으로 가질 경우 사용된다. 예를 들어, 급여 관리 프로그램에서 어떤 사람은 원화로 월급을 받고 어떤 사람은 달러로 월급을 받는다면, 원화로 월급을 받는 사람을 위한 월급 항목의 형은 정수이고 달러로 월급을 받는 사람의 월급 항목의 형은 실수가 되어야 한다. 이러한 상황에서 공용체를 사용하면, 필요에 따라 같은 메모리 공간에 적절한 자료형을 선택하여 값을 저장할 수 있다.

이번 장에서는 구조체와 공용체같이 C가 기본으로 제공하는 자료형이 아니라 사용자가 직접 형을 만들어서 사용하는 것에 관해 설명한다.

8.1 구조체

구조체(structure)는 여러 데이터를 한 객체로 만들어서 다루는 방법을 제공한다. 이러한 객체는 C가 기본으로 제공하는 자료형으로는 만들 수 없고, 구조체 형이라는 새로운 형을 정의해서 사용해야 한다. 구조체 형의 선언은 다음과 같은 형식으로 한다.

```
struct 구조체태그 {
    구조체멤버목록
};
```

`struct`는 구조체임을 의미하는 키워드이고, **구조체태그**는 구조체 이름으로 구조체를 식별하기 위한 것이다. **구조체태그**는 필요에 따라 생략될 수도 있다. **구조체멤버목록**은 같이 다루어질 변수의 목록으로 일반적인 선언문과 같은 형식으로 선언한다. **구조체멤버목록**에 선언된 변수를 구조체 멤버라고 한다.

프로그램 6.2를 다시 보자. 프로그램 6.2는 성적을 읽어드려 평균을 계산하고 정렬한 후 성적순으로 출력하는 프로그램이었다. 이 프로그램을 확장하여 성적뿐만 아니라 학생 이름도 같이 입력받아 출력해야 한다고 하자. 확장된 프로그램에서는 이름과 성적이 서로 밀접한 관계가 있으므로 한 데이터로 취급하는 게 좋다. 이런 경우 구조체를 사용하면 이름과 성적을 하나로 묶어 다룰 수 있다. 확장된 성적 처리 프로그램에서 이름과 성적을 위한 구조체 형은 다음과 같이 선언할 수 있다.

```
struct name_grade {
    char name[10];
    int grade;
};
```

이 선언에서 `struct`는 키워드이고, `name_grade`는 구조체 태그이다. 구조체 멤버는 구조체 태그 다음의 중괄호 안에 온다. 이 선언에서는 `name`과 `grade`가 구조체 멤버로 선언되었다. 이 선언은 변수를 선언한 것이 아니라, `struct name_grade`라는 새로운 구조체 형을 선언한 것이다. 이 형을 그림으로 그리면 다음과 같다.

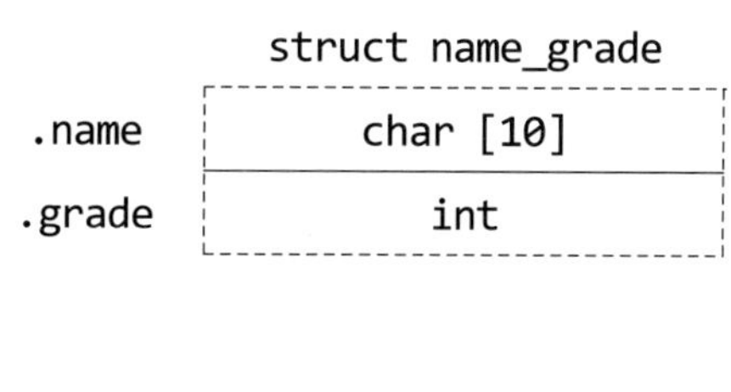

그림에서 struct name_grade를 파선으로 그린 이유는 이것은 메모리를 할당받은 객체가 아니라 자료형이라는 것을 표시하기 위해서이다. 그림에서 보는 것처럼 char 형 배열과 int 형이 묶여 하나의 형을 이루게 된다. 두 개의 형이 하나의 형을 이루기 때문에 이 형의 변수는 두 가지 값을 가질 수 있다. 각 값은 멤버 이름으로 구별된다. struct name_grade 형의 크기는 name 멤버의 크기인 10바이트와 grade 멤버의 크기인 4바이트를 합한 14바이트가 된다. 각 멤버 이름 앞에 점(.)을 붙인 이유는 다음에 설명할 것이다. struct name_grade는 자료형 이름이기 때문에 선언문에서 자료형이 오는 자리에 올 수 있다. 구조체 변수 선언은 일반 변수를 선언하는 것과 똑같다. 예를 들어, struct name_grade 형의 변수 st_g1과 st_g2는 다음과 같이 선언한다.

```
struct name_grade  st_g1, st_g2;
```

이 선언은 struct name_grade 형의 st_g1과 st_g2 변수를 선언한 것으로, 이 선언문을 통해 st_g1과 st_g2는 메모리 할당을 받는다. 구조체 변수는 멤버에 값을 저장한다. 구조체 멤버를 참조할 때는 멤버 접근 연산자인 "."을 사용한다. 예를 들어, st_g1의 name 멤버에 "이순신"을 저장하고, grade에 98을 저장하기 위해서는 다음과 같이 한다.

```
strcpy(st_g1.name, "이순신");
st_g1.grade = 98;
```

이 예제 문장에서와 같이 구조체 변수의 멤버를 접근할 때는 구조체 변수명 뒤에 "." 연산자를 붙이고 그다음 멤버 이름을 명시하면 된다. 예제 코드에서 st_g1의 멤버인 name은 char 형 배열이므로 strcpy() 함수를 사용하여 "이순신"을 배정하였고, grade 멤버는 int 형이므로 일반적인 배정 연산을 사용하여 값을 배정하였다. 이렇게 값을 배정한 이후의 st_g1 변수를 그림으로 그리면 다음과 같다.

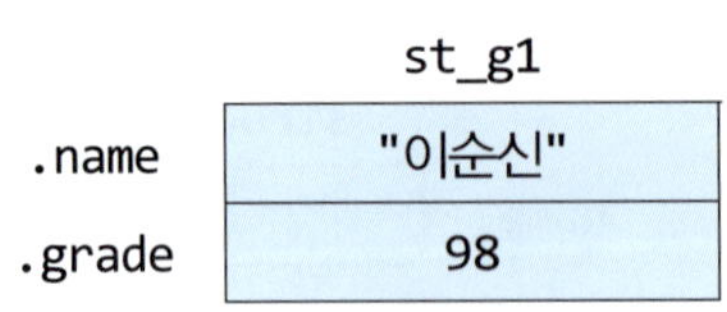

프로그램 8.1은 구조체를 사용하는 단순한 예제 프로그램이다.

프로그램 8.1

```
1  #include <stdio.h>
2  #include <string.h>
3  int main(void)
4  {
5      struct name_grade{
6          char name[10];
7          int grade;
8      };
9      struct name_grade st_g1, st_g2;
10
11     strcpy(st_g1.name, "이순신");
12     st_g1.grade = 98;
13     strcpy(st_g2.name, st_g1.name);
14     st_g2.grade = st_g1.grade;
15
16     printf("%s의 점수는 %d점 입니다.\n", st_g2.name, st_g2.grade);
17     return 0;
18 }
```

11행과 13행에서 `char` 형 배열인 `name` 멤버에 문자열을 복사하기 위해 `strcpy()` 함수를 사용하고 있다. 12행과 14행은 `int` 형 멤버인 `grade`에 배정 연산자를 사용하여 값을 배정하고 있다. 이와 같이 구조체의 멤버도 일반적인 변수를 다루는 방법과 같은 방법으로 다룰 수 있음을 알 수 있다. 프로그램 8.1의 실행 결과는 다음과 같다.

```
이순신의 점수는 98점 입니다.
```

`char` 형 배열 멤버가 있다고 해도 같은 형의 구조체 변수 간에는 배정 연산자를 사용할 수 있다. 예를 들어, 다음 배정 연산은 `st_g1`의 각 멤버 값을 `st_g2`의 대응하는 멤버에 복사하게 한다.

```
st_g2 = st_g1;
```

프로그램 8.2는 프로그램 8.1을 약간 수정한 것이다. 먼저 구조체 선언을 `main()` 함수 앞에 하였다. 구조체 선언은 새로운 형을 선언하는 것이고 보통 여러 함수에서 공통으로 사용하기 때문에 **main()** 앞에 선언하는 것이 좋다. 또한 구조체 간 배정 연산을 사용하였다.

프로그램 8.2

```
1  #include <stdio.h>
2  #include <string.h>
3  struct name_grade{
4      char name[10];
5      int grade;
6  };
7  int main(void)
8  {
9      struct name_grade st_g1, st_g2;
10
11     strcpy(st_g1.name, "이순신");
12     st_g1.grade = 98;
13     st_g2 = st_g1;
14
15     printf("%s의 점수는 %d점 입니다.\n", st_g2.name, st_g2.grade);
16     return 0;
17 }
```

13행에서 **st_g2**는 **st_g1**과 형이 같으므로 배정 연산을 사용하여 **st_g1**의 멤버 값을 그대로 **st_g2**에 복사할 수 있다. 프로그램 8.2의 실행 결과는 프로그램 8.1과 같다.

구조체 변수의 다양한 선언 방법

구조체 형 선언과 변수 선언을 다음과 같이 동시에 할 수도 있다.

```
struct name_grade {
    char name[10];
    int grade;
} st_g3;
```

이것은 **struct name_grade** 형을 선언하는 것과 동시에 **st_g3**을 선언하는 것이다.

이 선언을 통해 struct name_grade 형도 선언되었기 때문에 st_g4 변수를 다음과 같이 선언할 수 있다.

```
struct name_grade  st_g4;
```

구조체 형과 변수를 동시에 선언할 때 구조체 태그를 명시하지 않아도 된다. 예를 들어 다음과 같이 할 수 있다.

```
struct {
    char name[10];
    int grade;
} st_g5;
```

이 선언은 st_g5 변수를 다음과 같은 형으로 선언한 것이다.

```
struct {
    char name[10];
    int grade;
};
```

이 형은 구조체 태그가 없으므로 더 이상 st_g5 변수와 같은 형의 변수는 선언할 수 없다. 예를 들어, st_g6을 다음과 같이 선언했다고 하자.

```
struct {
    char name[10];
    int grade;
} st_g6;
```

st_g6의 형은 st_g5와 같은 모양이지만, 컴파일러는 이 두 형을 다르게 취급한다. 즉 st_g5와 st_g6은 다른 형이기 때문에 다음과 같은 배정 수식은 잘못된 것이다.

```
st_g6 = st_g5;
```

typedef

typedef는 자료형의 이름을 다른 이름으로 명명하기 위해 사용된다. 보통 긴 이름을 갖는 자료형을 짧은 이름으로 다시 지정하기 위해 사용된다. 예를 들어 struct 형은 보통 형 이름이 길어지기 때문에 코딩하기에 불편한 데 이때 typedef를 사용하여 형 이름을 짧게 만들 수 있다. 다음 코드는 struct name_grade라는 형 이름을 name_grade로 만드는 것이다.

```
typedef struct name_grade name_grade;
```

이제 name_grade를 사용하여 변수를 선언할 수 있다.

```
name_grade st_g7;
```

typedef는 다음과 같이 구조체를 선언하는 것과 동시에 사용될 수도 있다.

```
typedef struct {
    char name[10];
    int grade;
} name_grade;
name_grade st_g8, st_g9;
```

구조체 초기화

구조체를 선언하면서 멤버를 초기화할 수 있다. 초기화 방법은 배열 초기화와 비슷하게 중괄호를 사용한다. 예를 들어 다음은 st_g10 변수를 struct name_grade 형으로 선언하면서 초기화하는 것을 보여주고 있다.

```
struct name_grade st_g10 = {"엘리스", 89};
```

이 선언문은 st_g10.name을 "엘리스"로 초기화하고 st_g10.grade를 89로 초기화한다. 다음과 같이 일부 멤버만 초기화할 수도 있다.

```
struct name_grade st_g11 = {"엘리스"};
```

특정 멤버만을 지정하여 초기화할 때는 초기화 목록에 .과 멤버 이름을 명시하여 초기화한다. 예를 들어, 다음 선언문은 st_g12 구조체 변수의 grade 멤버를 100으로 초기화한다.

```
struct name_grade  st_g12 = { .grade = 100 };
```

복합 리터럴

복합 리터럴(compound literal)은 캐스트 연산자가 붙은 선언문의 초기화자 목록과 유사한 모양을 가진다. 복합 리터럴은 일반 문장에서 구조체 변수에 값을 배정할 때 많이 사용된다. 예를 들어, 프로그램 8.2에서 **st_g1**의 멤버에 각각 **"홍길동"**과 90을 배정하기 위해 **strcpy()** 함수와 두 개의 문장을 사용했지만, 복합 리터럴을 사용하면 다음과 같이 한 문장으로 할 수 있다.

```
st_g1 = (struct name_grade) { "홍길동", 90 };
```

이 예제에서 볼 수 있는 것처럼 복합 리터럴은 값의 목록 앞에 캐스트 연산자가 있어야 한다. 이 예제에서는 복합 리터럴을 **(struct name_grade)**로 캐스트하고 있다. 또한 **.**과 멤버 이름을 명시하여 특정 멤버의 값을 지정할 수도 있다. 예를 들어, 다음 문장은 앞의 예제 문장과 같은 의미이다.

```
st_g1 = (struct name_grade) { .grade = 90, .name = "홍길동" };
```

구조체 멤버

구조체의 멤버로 구조체가 올 수 있다. 다만 구조체의 멤버가 될 구조체는 미리 선언되어 있어야 한다. 예를 들어, 앞에서 정의한 **struct name_grade** 구조체를 멤버로 갖는 구조체 형과 변수를 다음과 같이 선언할 수 있다.

```
struct subject {
    char name[10];
    struct name_grade student1;
    struct name_grade student2;
    struct name_grade student3;
    float avg;
};
struct subject math;
```

struct subject 형은 과목명을 저장하기 위한 name 멤버와 세 학생 성적을 저장하기 위한 student1, student2, student3 멤버를 가지고 있다. 이 예에서와 같이 struct subject의 구조체 멤버인 struct name_grade가 name 멤버를 가지고 있다고 해도 struct subject도 같은 이름의 name 멤버를 가질 수 있다. 그 이유는 이 두 멤버를 지정하는 방법이 다르기 때문이다. 다음은 math 변수가 할당받는 메모리 모양을 그림으로 표현한 것이다.

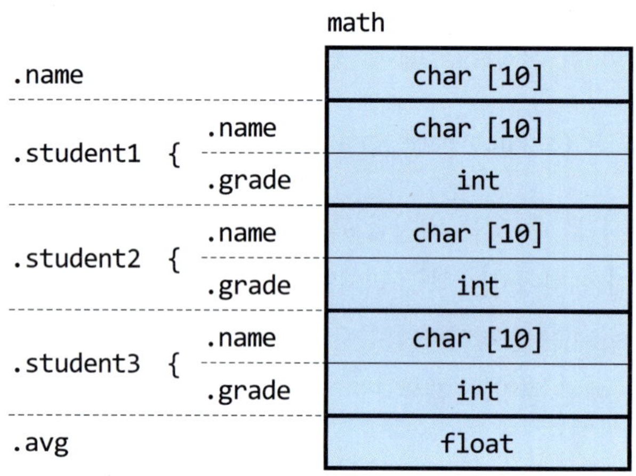

즉, math의 name 멤버는 math.name으로, math의 student1 멤버의 name 멤버는 math.student1.name으로 접근한다. 프로그램 8.3은 구조체 멤버를 갖는 구조체를 다루는 프로그램이다.

프로그램 8.3

```
#include <stdio.h>
struct name_grade{
    char name[10];
    int grade;
};
struct subject {
    char name[10];
    struct name_grade student1;
    struct name_grade student2;
    struct name_grade student3;
```

```
    float avg;
};
int main(void)
{
    struct subject math = {"수학", {"하나", 90}, {"둘", 44}, {"셋", 76}};

    math.avg =
     (math.student1.grade + math.student2.grade + math.student3.grade) / 3.0;
    printf("%s : %d 점\n", math.student1.name, math.student1.grade);
    printf("%s : %d 점\n", math.student2.name, math.student2.grade);
    printf("%s : %d 점\n", math.student3.name, math.student3.grade);
    printf("%s 평균은 %.2f점 입니다.\n", math.name, math.avg);
    return 0;
}
```

실행 결과는 다음과 같다.

```
하나 : 90 점
둘 : 44 점
셋 : 76 점
수학 평균은 70.00점 입니다.
```

-> 연산자

구조체 포인터는 일반 변수 포인터와 같이 선언문에서 구조체 변수 앞에 *를 붙여 만든다. 예를 들어, struct name_grade 형의 포인터인 st_gp 변수는 다음과 같이 선언한다.

```
struct name_grade  *st_gp;
```

구조체 변수에도 주소 연산자 &를 사용할 수 있다. st_g1이 struct name_grade 형 구조체 변수라면 다음과 같은 수식으로 st_gp가 st_g1을 포인트하게 할 수 있다.

```
st_gp = &st_g1;
```

포인터를 통해서 구조체 멤버를 접근할 때는 점(.) 연산자를 사용할 수 없고, 다음과 같이 "->" 연산자를 사용한다.

```
strcpy(st_gp -> name, "하니");
st_gp -> grade = 88;
```

포인터 앞에 역참조 연산자 *를 붙이면 포인터가 포인트하는 곳이 된다. 따라서 구조체 포인터 앞에 역참조 연산자를 붙이면 구조체 자체가 되기 때문에 역참조 연산자를 사용한 구조체 포인터를 통해서 멤버를 참조할 때는 . 연산자를 사용할 수 있다.

```
strcpy((*st_gp).name, "하니");
(*st_gp).grade = 88;
```

역참조가 붙은 구조체 포인터에는 앞 코드와 같이 괄호를 꼭 써야 한다. 만일 괄호 없이 *st_gp.name과 같이 하면, 연산자의 우선순위로 인해 이것은 *(st_gp.name)과 같은 의미이기 때문에 오류가 발생한다. 프로그램 8.4는 구조체 포인터 예제 프로그램이다. 또한 typedef와 복합 리터럴을 사용하여 프로그램을 단순화하였다.

프로그램 8.4

```
#include <stdio.h>
typedef struct name_grade{
    char name[10];
    int grade;
} name_grade;
int main(void)
{
    name_grade st, *st_p = &st;

    st = (name_grade) {"이순신", 98};

    printf("%s의 점수는 %d점 입니다.\n", st_p -> name, (*st_p).grade);
    return 0;
}
```

8.2 구조체와 배열

구조체 배열도 기본형의 배열과 같은 방법으로 만들 수 있다. 크기가 5인 struct name_grade 형의 배열은 다음과 같이 만든다.

```
struct name_grade  st_a[5];
```

구조체 배열의 초기화는 일반적인 배열의 초기화와 유사하다. 다만 각 원소는 구조체이므로 각 원소의 초기화자는 중괄호로 묶어줘야 한다. 예를 들어, 구조체 배열의 초기화는 다음과 같이 한다.

```
struct name_grade  st_a[5] =
     {{"하나", 77}, {"둘", 87}, {"셋", 65}, {"넷", 90}, {"다섯", 98}};
```

배열의 특정 원소를 초기화할 수 있었는데, 구조체 배열에도 적용이 된다. 예를 들어, 인덱스가 1인 원소만을 초기화하려면 다음과 같이 하면 된다.

```
struct name_grade  st_a[5] = { [1] = {"둘", 87} };
```

또는 다음과 같이 초기화될 멤버를 명시할 수도 있다.

```
struct name_grade  st_a[5] = { [1].grade = 87, [1].name = "둘" };
```

프로그램 8.5는 구조체 배열을 다루는 프로그램이다.

프로그램 8.5

```
#include <stdio.h>
#define N 5
typedef struct name_grade{
    char name[10];
    int grade;
} name_grade;
int main(void)
{
```

```
    int sum = 0, i;
    float avg = 0.0;
    name_grade st_a[N] =
      {{"하나", 77}, {"둘", 87}, {"셋", 65}, {"넷", 90}, {"다섯", 98}} ;
    printf("  이름     점수\n");
    for (i = 0; i < N; i++) {
        printf("%-10s  %3d\n", st_a[i].name, st_a[i].grade);
        sum += st_a[i].grade;
    }
    avg = (float) sum / N;

    printf("성적 평균은 %.2f 점입니다.\n", avg);
    return 0;
}
```

프로그램 8.5는 학생들의 이름과 점수와 성적 평균을 출력하는 것이다. 프로그램 8.5의 실행 결과는 다음과 같다.

```
이름        점수
하나        77
둘          87
셋          65
넷          90
다섯        98
성적 평균은 83.40 점입니다.
```

8.3 구조체와 함수

구조체 변수도 함수의 매개변수가 될 수 있다. 구조체를 함수의 매개변수로 사용하는 것은 일반 변수를 함수의 매개변수로 사용하는 것과 다르지 않다. 배열과 달리 함수의 구조체 매개변수는 일반 변수와 같이 그 값이 복사되어 함수로 넘어간다. 따라서 호출된 함수에서 구조체 변수의 내용이 변경되더라도 호출한 환경에는 영향을 주지 않는다. 프로그램 8.6은 이것에 관한 예제 프로그램이다.

프로그램 8.6

```
#include <stdio.h>
typedef struct grade{
    int grade[3];
    char p_f[3];
    int sum;
    float avg;
} grade;

void grade_proc(grade);

int main(void)
{
    grade st = {{0}, {0}, -1, -1.0};

    printf("성적 입력(국어, 산수, 과학) : ");
    scanf("%d%d%d", &st.grade[0], &st.grade[1], &st.grade[2]);
    grade_proc(st);
    printf("국어 : %d (%c)\n", st.grade[0], st.p_f[0]);
    printf("산수 : %d (%c)\n", st.grade[1], st.p_f[1]);
    printf("과학 : %d (%c)\n", st.grade[2], st.p_f[2]);
    printf("총점 : %d\n", st.sum);
    printf("평균 : %.2f\n", st.avg);
    return 0;
}

void grade_proc(grade st)
{
    st.sum = st.grade[0] + st.grade[1] + st.grade[2];
    st.avg = st.sum / 3.0;
    st.p_f[0] = st.grade[0] < 60 ? 'f' : 'p';
    st.p_f[1] = st.grade[1] < 60 ? 'f' : 'p';
    st.p_f[2] = st.grade[2] < 60 ? 'f' : 'p';
}
```

2행에서 구조체 **grade** 형을 선언하고 있다. **grade**의 첫 번째 멤버인 **grade**는 세 개의 성적을 저장하기 위한 배열이고, **p_f** 멤버는 과목별 **pass/fail**을 저장하는 배열이며, **sum**과 **avg**는 총점과 평균을 저장하는 멤버이다. 26행에서 정의된 **grade_proc()** 함수는 **grade** 형 변수를 받아서 성적 총점, 평균, 그리고 과목별 **pass** 여부를 처리하여 매개변수 **st**에 저장한다. 17행에서 **st**를 인자로 하여 **grade_proc()** 함수를 호출한 후, 18행부터 **st** 변숫값을 출력하고 있다. 프로그램 8.6의 실행 결과는 다음과 같다.

```
성적 입력(국어, 산수, 과학) : 50 100 80
국어 : 50 ( )
산수 : 100 ( )
과학 : 80 ( )
총점 : -1
평균 : -1.00
```

실행 결과에서 알 수 있는 것처럼 **grade_proc()** 함수로 구조체 변수 **st**가 전달되어 변경됐지만 **main()** 함수에는 영향을 주지 않음을 알 수 있다. 특히 **st** 구조체의 **p_f** 멤버는 배열임에도 불구하고 **main()** 함수에 영향을 주지 않는다. 즉 함수의 인자로 구조체 변수가 전달될 때는 구조체의 배열 멤버도 주소가 전달되는 것이 아니라 배열의 모든 값이 복사되어 넘어간다. 호출된 함수에서 변경된 구조체의 내용을 호출한 환경으로 넘기는 한 가지 방법은 변경된 구조체를 리턴하는 것이다. 프로그램 8.7은 프로그램 8.6의 **grade_proc()** 함수를 처리된 구조체를 리턴하도록 수정한 것이다.

프로그램 8.7

```
#include <stdio.h>
typedef struct grade{
    int grade[3];
    char p_f[3];
    int sum;
    float avg;
} grade;

```

```
9  grade grade_proc2(grade);
10
11 int main(void)
12 {
13     grade st = {{0}, {0}, -1, -1.0};
14
15     printf("성적 입력(국어, 산수, 과학) : ");
16     scanf("%d%d%d", &st.grade[0], &st.grade[1], &st.grade[2]);
17     st = grade_proc2(st);
18     printf("국어 : %d (%c)\n", st.grade[0], st.p_f[0]);
19     printf("산수 : %d (%c)\n", st.grade[1], st.p_f[1]);
20     printf("과학 : %d (%c)\n", st.grade[2], st.p_f[2]);
21     printf("총점 : %d\n", st.sum);
22     printf("평균 : %.2f\n", st.avg);
23     return 0;
24 }
25
26 grade grade_proc2(grade st)
27 {
28     st.sum = st.grade[0] + st.grade[1] + st.grade[2];
29     st.avg = st.sum / 3.0;
30     st.p_f[0] = st.grade[0] < 60 ? 'f' : 'p';
31     st.p_f[1] = st.grade[1] < 60 ? 'f' : 'p';
32     st.p_f[2] = st.grade[2] < 60 ? 'f' : 'p';
33     return st;
34 }
```

26행에서 정의된 **grade_proc2()**의 함수형은 **grade**이고, 33행에서 결괏값을 가지고 있는 구조체 **grade** 형 변수인 **st**를 리턴하고 있다. 17행 **grade_proc2()** 함수 호출 문장을 보면, 함수의 값을 **st**에 배정하고 있으므로 **grade_proc2()**가 처리한 결과가 **main()**의 **st**에 배정될 것이다. 프로그램 8.7의 다음 실행 결과를 보면, 이제 올바르게 동작함을 알 수 있다.

```
성적 입력(국어, 산수, 과학) : 50 100 80
국어 : 50 (f)
```

```
산수 : 100 (p)
과학 : 80 (p)
총점 : 230
평균 : 76.67
```

함수에서 구조체를 다룰 때 프로그램 8.7과 같이 구조체의 값을 함수로 전달하고 처리된 구조체를 다시 호출한 함수로 리턴할 수도 있지만, 이 방법은 그렇게 좋은 것은 아니다. 앞에서 설명한 것과 같이 함수에서 구조체 인자는 그 구조체의 모든 멤버의 값이 호출된 함수로 복사되어 전달된다. 따라서 구조체가 많은 멤버로 구성되어 있거나 큰 배열 멤버를 가진다면, 함수로 전달될 때 구조체의 모든 멤버 값을 복사하기 위해 많은 시간을 소비할 것이다. 이러한 이유로 인해 함수에서 구조체를 다룰 때는 포인터를 주로 사용한다. 함수의 매개변수로 구조체 포인터를 사용하면 함수로 구조체 멤버 값을 복사하는 시간을 피할 수 있다. 프로그램 8.8은 프로그램 8.7의 grade_proc2() 함수를 구조체 포인터를 사용하는 것으로 수정한 것이다.

프로그램 8.8

```
#include <stdio.h>
typedef struct grade{
    int grade[3];
    char p_f[3];
    int sum;
    float avg;
} grade;

int grade_proc3(grade *);

int main(void)
{
    grade st = {{0}, {0}, -1, -1.0};

    printf("성적 입력(국어, 산수, 과학) : ");
    scanf("%d%d%d", &st.grade[0], &st.grade[1], &st.grade[2]);
    if (grade_proc3(&st))
```

```
18            return 1;
19        printf("국어 : %d (%c)\n", st.grade[0], st.p_f[0]);
20        printf("산수 : %d (%c)\n", st.grade[1], st.p_f[1]);
21        printf("과학 : %d (%c)\n", st.grade[2], st.p_f[2]);
22        printf("총점 : %d\n", st.sum);
23        printf("평균 : %.2f\n", st.avg);
24        return 0;
25    }
26
27    int grade_proc3(grade *stp)
28    {
29        if (stp == NULL) {
30            printf("오류 : NULL 포인터\n");
31            return -1;
32        }
33        stp -> sum = stp -> grade[0] + stp -> grade[1] + stp -> grade[2];
34        stp -> avg = stp -> sum / 3.0;
35        stp -> p_f[0] = stp -> grade[0] < 60 ? 'f' : 'p';
36        stp -> p_f[1] = stp -> grade[1] < 60 ? 'f' : 'p';
37        stp -> p_f[2] = stp -> grade[2] < 60 ? 'f' : 'p';
38        return 0;
39    }
```

27행에서 정의된 grade_proc3()은 매개변수의 형이 구조체 grade 포인터형이다. stp는 구조체 포인터이므로 stp를 통해 멤버를 접근할 때, -> 연산자를 사용하고 있다. 29행은 매개변수가 NULL인지 확인하는 것으로, 만일 NULL이라면 더 이상 진행하지 않고 함수를 종료한다. 포인터를 다룰 때는 사용하기 전에 포인터가 올바른 곳을 포인트하고 있는지 확인하는 것이 좋다. 17행에서 grade_proc3()을 호출하고 있는데, 인자로 st의 주솟값을 명시하고 있다. 프로그램 8.8의 실행 결과는 프로그램 8.7의 실행 결과와 같다.

8.4 공용체

공용체(union)는 선언 방법이나 사용 방법이 구조체와 유사하다. 하지만 구조체와는 달리 공용체의 멤버들은 같은 메모리 공간을 공유한다. 즉, 공용체는 메모리를 공유할 변수(멤버)의 집합을 정의하는 것이다. 멤버들의 형은 같을 수도 있고 다를 수도 있다. 공용체도 구조체와 같이, 사용하기 전에 공용체 형을 선언해야 한다. 공용체 형의 선언은 다음과 같은 형식으로 한다.

```
union 공용체태그 {
    공용체멤버목록
};
```

`union`은 키워드이고, **공용체태그**는 공용체 이름으로 공용체를 식별하기 위한 것이다. **공용체태그**는 필요에 따라 생략될 수도 있다. **공용체멤버목록**은 같이 다루어질 변수의 목록으로 일반적인 선언문과 같은 형식으로 선언한다. **공용체멤버목록**에 선언된 변수를 공용체 멤버라고 한다. 다음 공용체 선언문을 보자.

```
union short_or_float {
   short s;
   float f;
};
```

이 선언은 `union short_or_float`이라는 공용체 형을 선언하는 것이다. 중괄호 안의 변수 `s`와 `f`는 공용체 멤버를 나타낸다. 이 선언은 `union short_or_float`이라는 새로운 형을 만드는 것이다. 이 형을 그림으로 그리면 다음과 같다.

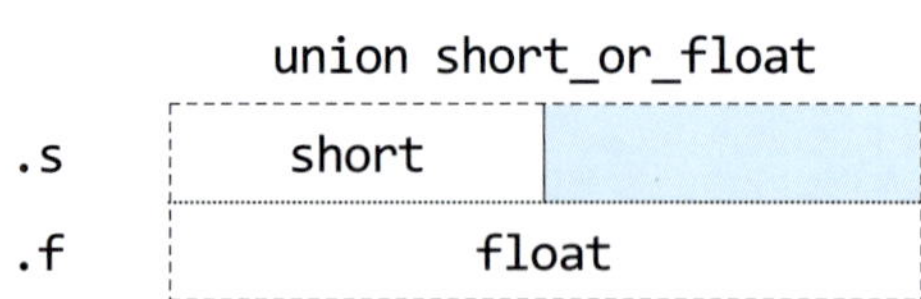

그림에서 점선 위의 공간과 아래 공간은 같은 메모리 공간이다. `union short_or_float` 형의 경우 그림에서와 같이 한 공간을 `s` 멤버는 `short` 형으로 사용하고, `f`

멤버는 float 형으로 사용한다. 결국 공용체 형의 크기는 그 공용체의 멤버 중 가장 큰 멤버의 크기와 같다. union short_or_float 형의 경우 s 멤버는 short 형으로 그 크기가 2바이트이고 f 멤버는 float 형으로 그 크기가 4바이트이기 때문에 총 크기는 4바이트가 된다. 이 형의 변수는 다음과 같이 만든다.

```
union short_or_float  a, b, c;
```

이 선언으로 a, b, c를 위한 메모리가 할당된다. 공용체의 멤버 접근 방법은 구조체의 멤버 접근 방법과 동일하다. 프로그램 8.9는 공용체의 사용 예를 보여주고 있다.

프로그램 8.9

```
1  #include <stdio.h>
2  typedef union short_or_float {
3      short s;
4      float f;
5  } number;
6  int main(void)
7  {
8      number n;
9      n.s = 12345;
10     printf("s: %7d  f: %8.2f\n", n.s, n.f);
11     n.f = 12345.0;
12     printf("s: %7d  f: %8.2f\n", n.s, n.f);
13     return 0;
14 }
```

9행은 s 멤버에 12345를 배정하고 있고, 10행은 두 멤버의 값을 출력하고 있다. n 변수는 공용체이므로 s 멤버에 값을 배정하면 f 멤버 값도 변경될 것이다. short 형과 float 형은 값을 메모리에 저장하는 방식이 다르므로, 10행에서 s의 값으로는 12345로 나오겠지만 f의 값은 예상하지 못하는 값이 나올 것이다. 또한, 11행에서는 f 멤버에 12345.0을 배정하고, 12행에서 두 멤버를 출력하고 있다. 앞의 설명과 같이 n은 공용체이므로 f 멤버에 값을 배정하면 s 멤버도 영향을 받게 된다. 또한 12행에서 f를 출력하면 12345.0이라는 값이 올바르게 출력되겠지만, s를 통해 출력하면 예상하지 못한 값이 나올 것이다. 프로그램 8.9의 실행 결과는 다음과 같다.

```
s:  12345  f:     0.00
s:  -7168  f: 12345.00
```

실행 결과에서 볼 수 있듯이 s나 f 멤버의 값을 변경시키면 각각 f와 s 멤버의 값도 변경됨을 알 수 있다. 또한 s 멤버에 값을 저장했을 때는 s를 통해서 읽어야 값이 정확하고, f 멤버에 값을 저장했을 때는 f를 통해 읽어야 값이 정확함을 알 수 있다. 따라서 공용체를 사용할 때는 어떤 멤버로 값을 저장했는지 알고 있어야 한다.

구조체와 공용체

공용체는 단독으로 사용되기보다는 구조체의 멤버로써 많이 사용된다. 보통 구조체가 공용체를 멤버로 가질 경우, 현재 공용체의 어떤 멤버가 사용되고 있는지를 기억하기 위해 구조체에 이를 기억하기 위한 멤버를 하나 더 선언한다. 프로그램 8.10은 구조체의 멤버로 공용체를 사용하는 예이다.

프로그램 8.10

```c
#include <stdio.h>
#define  WON  0
#define  DOLLAR 1
union won_or_dollar {
    int won;
    float dollar;
};
struct product {
    char *name;
    _Bool w_d;
    union won_or_dollar price;
};
int main(void)
{
    int i;
    struct product item[2];

    item[0] = (struct product){"Notebook", WON, {.won = 2500000}};
```

```
19      item[1] = (struct product){"Monitor", DOLLAR, {.dollar = 799.99}};
20
21      for (i = 0; i < 2; i++) {
22          printf("품명: %-10s", item[i].name);
23          if (item[i].w_d == WON)
24              printf("가격: %8d 원\n", item[i].price.won);
25          else
26              printf("가격: $%8.2f\n", item[i].price.dollar);
27      }
28      return 0;
29  }
```

프로그램 8.10은 상품을 관리하는 간단한 예제 프로그램이다. 이를 위해 품명과 상품 가격을 관리해야 할 것이다. 이 예제에서는 상품 가격을 원화나 달러 중 하나로 표시할 수 있다고 가정하였다. 원화는 정수형으로 저장하면 되지만, 달러는 실수형으로 저장해야 한다. 이와 같이 한 속성이 두 가지 이상의 종류의 값을 가질 수 있으면서 한순간에는 한 가지만 사용할 때 공용체를 사용할 수 있다. 이를 위해 4행에서 union won_or_dollar 공용체를 선언하고 있다. 원화로 값을 저장할 때는 won 멤버를, 달러로 저장할 때는 dollar 멤버를 사용하여 저장한다. 8행에서 선언된 struct product는 상품의 정보를 저장하는 구조체로, 상품 이름은 name 멤버에 가격은 price 멤버에 저장한다. price 멤버는 공용체이므로, 공용체의 어느 멤버에 가격을 저장했는지를 관리하기 위해 w_d 멤버를 하나 더 추가하고 있다. 가격을 price의 won 멤버에 저장하면 w_d 멤버에 문자 상수 WON을 저장하고, dollar 멤버에 저장하면 w_d에 DOLLAR를 저장하여 관리한다. 18행은 Notebook을 위한 것으로 원화 가격이므로, price의 won 멤버에 값을 저장하면서 w_d 멤버에 WON을 저장하고 있다. 19행은 Monitor를 위한 것으로 달러 가격이므로, price의 dollar 멤버에 가격을 저장하면서 w_d 멤버에 DOLLAR를 저장하고 있다. 저장된 값을 출력할 때는 23행에서와 같이 w_d 멤버의 값을 확인하여, WON이라면 price의 won 멤버를 통해 출력해야 하고, 아니면 dollar 멤버를 통해 출력해야 한다. 실행 결과는 다음과 같다.

```
품명: Notebook  가격:  2500000 원
품명: Monitor   가격: $  799.99
```

연습문제

01 다음 프로그램에서 multi_complex()는 복소수 곱하기 함수이다. 이 함수의 매개변수는 complex 구조체 형이다. multi_complex()의 매개변수를 구조체 포인터로 수정하여라.

```
#include <stdio.h>

typedef struct{
    int re;
    int im;
} complex;

complex mult_complex(complex b, complex c)
{
    complex a;

    a.re = b.re * c.re - b.im * c.im;
    a.im = b.im * c.re + b.re * c.im;
    return a;
}
int main(void)
{
    complex a, b, c;

    a = (complex){11, 33};
    b = (complex){20, 50};
    c = mult_complex(a, b);
    printf("a(%d%+di) * b(%d%+di) = c(%d%+di)\n",
        a.re, a.im, b.re, b.im, c.re, c.im);
    return 0;
}
```

02 연습문제 1번을 참조하여 복소수를 위해 실수와 허수를 저장할 수 있는 complex 구조체를 정의하고, 복소수 뺄셈을 수행하는 함수를 작성하여라. 단, 빼기 함수의 형을 void로 해야 하고, main() 함수에서 결과 값을 출력해야 한다.

03 다음 프로그램은 typedef를 사용한 예이다. 먼저 다음 프로그램을 수행해 보아라. 컴파일에 문제가 있으면 `-lm` 옵션을 추가하여 컴파일하여라. 프로그램에서 `sin()`이나 `cos()` 함수와 같은 수학 함수를 사용하기 위해서는 `<math.h>`를 include해야 하고, 컴파일러에 따라 컴파일할 때 `-lm` 옵션도 추가해야 한다.

```
1  #include <stdio.h>
2  #include <math.h>
3  #define PI 3.14159
4  typedef double dbl;
5  typedef dbl (*PFDD)(dbl);
6  int main(void)
7  {
8      PFDD f = sin, g = cos;
9      printf("f(%f) = %f\n", PI, f(PI));
10     printf("g(%f) = %f\n", PI, g(PI));
11     return 0;
12 }
```

4행과 5행의 dbl와 PFDD는 각각 어떤 의미로 정의되었는지 설명하여라. 또한 5행의 typedef 정의를 다음과 같이 수정해도 실행이 되는지 확인하고 FDD와 PFDD가 어떤 의미인지 설명하여라.

```
typedef  dbl  FDD(dbl);
typedef  FDD  *PFDD;
```

04 다음 프로그램은 어떤 값을 출력하겠는가? 출력 결과를 설명하여라.

```
#include <stdio.h>
#define  N   5
typedef  int el;
typedef  el  el1[N];
typedef  el1 el2[N];
int main(void)
{
    el  x;
    el1 y;
    el2 z;

    printf("sizeof(x) = %ld\n", sizeof(x));
```

```
    printf("sizeof(y) = %ld\n", sizeof(y));
    printf("sizeof(z) = %ld\n", sizeof(z));
    return 0;
}
```

05 a와 b가 같은 형의 구조체라면 a = b 수식은 b의 각 멤버를 a의 멤버로 복사하는 것이다. 두 구조체가 같은지를 알아보기 위해 == 연산자를 사용할 수 있는지 프로그램을 작성하여 확인해 보아라.

06 직사각형은 가로와 세로의 길이로 정의할 수 있다. 직사각형을 저장하기 위한 `struct rectangle`을 정의하고, 주어진 직사각형의 면적을 구하는 `recArea()` 함수를 정의하여라. 또한 프로그램을 작성하여 올바르게 동작하는지 확인하여라.

07 시간은 시, 분, 초로 나타낼 수 있다. 시간을 저장하기 위한 `struct time`을 정의하고, 두 시간을 더하는 함수를 정의하여라. 단, 함수의 원형은 다음과 같이 하여라.

```
struct time addTime(struct time a, struct time b);
```

프로그램을 작성하여 올바르게 동작하는지 확인하여라. 예를 들어, 3시간 40분 50초와 5시간 20분 40초를 더하면, 9시간 1분 30초라는 결과가 나와야 한다.

08 다음 프로그램을 실행해 보아라.

```
#include <stdio.h>
#include <time.h>
int main(void)
{
    time_t now;  // time_t : 큰 정수형
    struct tm *t;

    now = time(NULL);
    printf("1970년 1월 1일부터 %ld초\n", now);

    return 0;
}
```

<time.h>는 시간과 관련된 함수를 사용할 때 사용한다. 8행의 time() 함수는 1970년 1월 1일(목요일)부터 흐른 시간을 초 단위로 리턴하는 함수이다. 프로그램을 다음과 같이 출력하는 프로그램으로 수정하여라. 단, 다른 라이브러리 함수를 사용하지 말고 now 값을 이용하여 구해야 한다.

```
오늘은 수요일입니다.
```

09 날짜(년, 월, 일)를 저장하기 위한 구조체 struct date를 선언하고, 연습문제 8번에서 사용한 time() 함수의 호출 결과를 이용하여 struct date 변수를 채운 후 다음과 같이 출력하는 프로그램을 작성하여라.

```
오늘은 2025년 10월 10일입니다.
```

10 시간(년, 월, 일, 요일, 시, 분, 초)을 저장하기 위한 구조체 struct dateTime을 선언하고, time() 함수의 호출 결과를 이용하여 struct dateTime 변수를 채운 후 다음과 같이 출력하는 프로그램을 작성하여라.

```
현재 시간은 2026년 6월 6일 토요일 0시 6분 0초 입니다.
```

11 다음 프로그램을 실행해 보아라.

```
1  #include <stdio.h>
2  #include <time.h>
3  int main(void)
4  {
5      time_t now;  // time_t : 큰 정수형
6      struct tm *t;
7  
8      now = time(NULL);
9      printf("1970년 1월 1일부터 %ld초\n", now);
10 
11     t = localtime(&now);
```

```
12       printf("%d년\n", t -> tm_year + 1900);
13
14      return 0;
15   }
```

11행의 localtime() 함수는 time()의 결과를 입력받아 struct tm의 구조로 변환하는 함수이다. 12행은 struct tm의 tm_year 멤버를 사용하여 오늘의 연도를 출력하고 있다. 참고로, struct tm은 다음과 같이 정의되어 있다.

```
struct tm {
    int  tm_sec;        // 초 : [0, 60]
    int  tm_min;        // 분 : [0, 59]
    int  tm_hour;       // 시 : [0, 23]
    int  tm_mday;       // 일 : [1, 31]
    int  tm_mon;        // 월 : [0, 11]
    int  tm_year;       // 년 : 1900 이후
    int  tm_wday;       // 요일 : [0, 6]
    int  tm_yday;       // 1월 1일부터의 날 수 : [0, 365]
    int  tm_isdst;      // 섬머타임 플래그
};
```

즉, struct tm의 멤버를 보면 현재의 날짜, 시간, 요일 등을 알 수 있다. 앞의 프로그램을 확장하여 다음과 같이 출력하는 프로그램으로 수정하여라. 단, t 변수의 멤버만을 사용해야 한다.

```
오늘은 2026년 6월 6일 토요일입니다.
현재 시간은 오전 0시 6분 0초입니다.
```

12 복합 리터럴을 함수의 인자로 사용할 수 있는지 다음 프로그램으로 확인해 보아라.

```
#include <stdio.h>
typedef struct data{
    int in;
    float f;
} data;
void print(data);
int main(void)
{
```

```
    print((data){10, 3.14});
    return 0;
}
void print(data d)
{
    printf("in : %d, f : %.2f\n", d.in, d.f);
    return;
}
```

13 다음 union 선언에서 잘못된 부분을 찾아서 수정하여라.

```
union a{
    int a;
    char b;
    float a;
} a, b, c;
```

14 프로그램 8.1에서 정의한 `struct name_grade`는 이름과 점수를 저장하는 구조체이다. 이 구조체를 확장하여, 점수나 학점 중 선택하여 저장할 수 있게 하여라. 또한 다음과 같이 출력하는 프로그램을 작성하여라. 단, 점수나 학점을 저장하는 공용체 멤버를 사용해야 한다.

```
$ program
이름을 입력하세요 : 김진혁
성적을 어떻게 입력할지 입력하세요(학점(0), 점수(1)) : 0
학점을 입력하세요 : 4.5
김진혁의 학점은 4.5입니다.
$ program
이름을 입력하세요 : 이사랑
성적을 어떻게 입력할지 입력하세요(학점(0), 점수(1)) : 1
점수를 입력하세요 : 98
이사랑의 점수는 98 입니다.
```

15 원과 직사각형을 선택적으로 저장하는 구조체 struct shape을 선언하고, 다음과 같이 면적을 구하는 프로그램을 작성하여라. 단, π는 3.14로 하여라.

```
$ program
입력할 도형을 입력하세요(원(0), 정사각형(1)) : 0
원의 반지름을 입력하세요 : 5.5
원의 면적은 94.99입니다.
$ program
입력할 도형을 입력하세요(원(0), 정사각형(1)) : 1
정사각형의 가로와 세로 길이를 입력하세요 : 5.5 4.5
정사각형의 면적은 24.75 입니다.
```

9

CHAPTER

비트 수준 접근

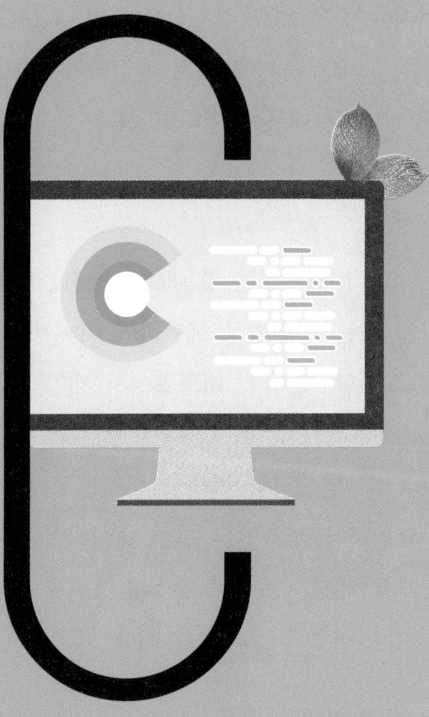

CHAPTER

9 비트 수준 접근

프로그램에서 다루는 모든 값은 메모리에 0 또는 1의 이진값으로 저장된다. 메모리에 저장되는 0 또는 1을 비트(bit)라고 하고, 8개의 비트를 1바이트(byte)라고 한다. 메모리는 바이트 단위로 주소가 매겨진다. CPU가 메모리 내용을 읽을 때는 바이트 단위로 읽지 않고 여러 바이트로 구성된 워드(word) 단위로 읽는다. 워드 크기는 컴퓨터마다 다르다. 요즘 보통 사용하는 64비트 컴퓨터라는 의미는 워드 크기가 64비트(8바이트)임을 뜻한다. 이것은 메모리 내용이 메모리 주소가 8로 나누어지는 곳부터 8바이트씩 읽힌다는 것이다. 주소가 워드 크기로 나누어지는 곳을 워드 경계라고 한다. 워드 크기보다 같거나 작은 크기의 자료형을 갖는 변수는 워드 경계에 걸쳐 배정되지 않고, 한 워드 내에 배정된다. 메모리 400번지에 다음과 같은 내용이 있다고 하자.

```
0101 1101
```

이것은 10진수로 93(= $2^6 + 2^4 + 2^3 + 2^2 + 2^0$)이고, 16진수로는 $5D_{16}$($0101 = 5_{16}$, $1101 = D_{16}$)이다. 이 둘은 같은 값이지만, 비트를 다룰 때는 16진수로 표현하면 이해가 더 쉽기 때문에 이 장에서는 16진수로 값을 많이 표현할 것이다. 비트열에서 제일 왼쪽에 있는 비트를 최상위 비트(most significant bit)라 하고, 제일 오른쪽에 있는 비트를 최하위 비트(least significant bit)라 한다. 위의 비트열에서는 최상위 비트는 0이고, 최하위 비트는 1이다. 음수와 양수 값을 모두 표현하는 부호있는 정수 데이터의 비트열에서 최상위 비트는 부호 비트로 사용된다. 부호 비트는 0이면 양수를, 1이면 음수를 의미한다. 따라서 위의 비트열이 부호있는 정수라면, 이 값은 양수이다.

C 프로그램은 메모리에 직접 접근할 수 있는 여러 가지 방법을 제공한다. 앞에서 설명한 포인터는 프로그램에서 메모리 주소를 다룰 수 있게 하였다. C는 메모리 주소뿐만 아니라 메모리 내용도 비트 수준에서 직접 다룰 수 있게 한다. C에서 제공하는 비트

단위 연산자는 비트 단위 논리 연산자와 비트 이동 연산자가 있다. 이들 중 어떤 것은 컴퓨터마다 다르게 동작하기도 한다. 비트 단위 연산자를 사용하면, 여러 가지 정보를 적은 양의 메모리에 표현할 수 있어 유용하다. 여러 가지 정보를 적은 양의 메모리에 압축하여 저장하는 것을 패킹이라고 한다. 보통 패킹된 정보를 사용할 때는 사용하기 전에 언패킹하여 정보를 추출한 후 사용한다. 정보를 적은 양의 메모리에 저장할 수 있다는 것은 메모리를 절약할 수 있다는 것을 의미한다. 그뿐만 아니라 네트워크를 통해 정보를 교환할 때 전송 시간을 줄일 수도 있다. 이 책에서는 다루지 않지만, 네트워크 통신을 많이 하는 프로그램에서 전송 시간은 프로그램 성능에 큰 영향을 미치는 요소 중 하나이다. 따라서 네트워크 프로그램에서 비트 단위 연산자가 많이 사용된다.

C 프로그램에서 비트 수준으로 다룰 수 있는 또 다른 하나는 구조체 멤버의 크기를 비트 단위로 지정하는 것이다. 구조체 멤버의 크기를 지정하는 것을 비트 필드라고 한다. 비트 필드를 사용하면 앞에서 언급한 패킹과 언패킹을 더욱 쉽게 할 수 있다. 하지만 일반적인 구조체 멤버와는 달리 비트 필드 멤버에는 주소 연산자를 적용할 수 없고, 포인터가 포인트할 수도 없다. 또한 비트 필드 배열도 만들 수 없다.

9.1 비트 단위 연산자

비트 단위 연산자는 `int`, `short`, `long`, `long long`, `char` 등과 같은 정수형 수식에 사용할 수 있고, 실수형 수식에는 사용할 수 없다. 이 연산자는 컴퓨터 종류와 컴파일러의 구현 방식에 따라 그 결과가 다를 수 있다. 여기서는 8비트 바이트, 8바이트 워드, 부호있는 2의 보수로 표현되는 정수, 그리고 ASCII 문자 코드를 갖는 컴퓨터를 가정하고 설명할 것이다. 부호있는 2의 보수란 음의 정수를 표현하는 방법 중 하나이다. 여기서는 변환 방법을 설명하지 않겠지만, 알아두면 유용하므로 익혀두는 것이 좋다. 부호있는 2의 보수로 표현된 비트열의 첫 번째 비트는 부호 비트로 사용되는데, 부호 비트가 0이면 양수를, 1이면 음수를 나타낸다. 비트 단위 연산자는 다음과 같은 것들이 있다.

비트 단위 연산자		
비트 단위 논리 연산자	비트 단위 보수	~
	비트 단위 논리곱	&
	비트 단위 배타적 논리합	^
	비트 단위 논리합	|
이동 연산자	왼쪽 이동	<<
	오른쪽 이동	>>

비트 단위 보수 연산자인 ~ 연산자만 단항 연산자이고, 다른 비트 단위 연산자는 이항 연산자이다.

비트 단위 논리 연산자

~ 연산자는 1의 보수 연산자 또는 비트 단위 보수 연산자라고 한다. 이 연산자는 피연산자의 각 비트를 0은 1로, 1은 0으로 바꾼다. 예를 들어, a가 다음과 같이 선언되어 있다고 하자.

```
int a = 0x10F07;      // 0x10F07 = 69383
```

이때 a를 2진수로 표현하면 다음과 같다.

```
00000000 00000001 00001111 00000111
```

수식 ~a는 a의 비트 단위 보수이므로, ~a를 2진수로 표현하면 다음과 같다.

```
11111111 11111110 11110000 11111000
```

이것은 -69384(0xFFFEF0F8)이다. 즉 최상위 비트가 0에서 1로 바뀌어 음수가 됐다. 참고로 ~a는 -a나 !a와는 다르다. -a는 -69383이고 !a는 0이다.

&(비트 단위 논리곱), ^(비트 단위 배타적 논리합), |(비트 단위 논리합) 연산자는 이진 연산자로, 두 피연산자는 정수 수식이어야 한다. 이들은 두 피연산자의 대응되는 비트에 연산이 적용된다. 두 피연산자의 각 비트 쌍에 대해, &의 값은 두 비트의 값이 모두 참(1)일 때 참(1)이고, ^의 값은 두 비트의 값이 서로 다를 때만 참(1)이며, | 수식

은 두 비트 중 하나라도 참(1)이면 참(1)이다. 즉 1비트로 이루어진 피연산자에 비트 단위 논리 연산자가 적용되면 다음과 같은 결과를 얻을 것이다.

<table>
<tr><th>a</th><th>b</th><th>a & b</th><th>a | b</th><th>a ^ b</th></tr>
<tr><td>0</td><td>0</td><td>0</td><td>0</td><td>0</td></tr>
<tr><td>1</td><td>0</td><td>0</td><td>1</td><td>1</td></tr>
<tr><td>0</td><td>1</td><td>0</td><td>1</td><td>1</td></tr>
<tr><td>1</td><td>1</td><td>1</td><td>1</td><td>0</td></tr>
</table>

프로그램 9.1을 통해 비트 단위 논리 연산 수식이 어떻게 평가되는지 살펴보자.

프로그램 9.1

```
1  #include <stdio.h>
2
3  int main(void)
4  {
5      int a = 33333, b = -77777, c = 0, d = 0, e = 0;
6      c = a & b;
7      d = a | b;
8      e = a ^ b;
9      printf("a : %x, b : %x\n", a, b);
10     printf("a & b : %x\n", c);
11     printf("a | b : %x\n", d);
12     printf("a ^ b : %x\n", e);
13     return 0;
14 }
```

비트 단위 논리 연산자들은 두 피연산자의 대응하는 각 비트에 연산이 적용되기 때문에 먼저 5행에서 선언된 a와 b의 비트열을 보는 것이 좋다. 앞에서 int 형은 4바이트(32비트)이고, 부호 있는 2의 보수로 표현된다고 가정했기 때문에 a와 b의 비트 표현은 다음과 같다.

```
a 00000000 00000000 10000010 00110101    33333
b 11111111 11111110 11010000 00101111   -77777
```

6행에서 a & b는 다음과 같이 대응되는 비트별로 & 연산이 적용되어 32805라는 값이 생성되고 이 값이 c에 배정된다.

```
a 0 0 0 0 0 0 0 0  0 0 0 0 0 0 0 0  1 0 0 0 0 0 1 0  0 0 1 1 0 1 0 1      33333
  & & & & & & & &  & & & & & & & &  & & & & & & & &  & & & & & & & &          &
b 1 1 1 1 1 1 1 1  1 1 1 1 1 1 1 0  1 1 0 1 0 0 0 0  0 0 1 0 1 1 1 1     -77777
c 0 0 0 0 0 0 0 0  0 0 0 0 0 0 0 0  1 0 0 0 0 0 0 0  0 0 1 0 0 1 0 1      32805
```

이 예제를 통해 & 연산자는 && 연산자와 다름을 알 수 있다. & 연산자는 두 피연산자의 각 비트에 적용되는 반면, && 연산자는 두 논리 수식에 적용되어 1(참) 또는 0(거짓) 값을 생성한다. 7행의 | 수식도 & 수식과 같이 두 피연산자의 대응되는 각 비트에 연산이 적용되어 다음과 같이 계산된다.

```
a 0 0 0 0 0 0 0 0  0 0 0 0 0 0 0 0  1 0 0 0 0 0 1 0  0 0 1 1 0 1 0 1      33333
  | | | | | | | |  | | | | | | | |  | | | | | | | |  | | | | | | | |          |
b 1 1 1 1 1 1 1 1  1 1 1 1 1 1 1 0  1 1 0 1 0 0 0 0  0 0 1 0 1 1 1 1     -77777
d 1 1 1 1 1 1 1 1  1 1 1 1 1 1 1 0  1 1 0 1 0 0 1 0  0 0 1 1 1 1 1 1     -77249
```

& 연산자에서 언급한 것과 같이 | 연산자도 || 연산자와는 완전히 다른 연산자이기 때문에 사용에 주의해야 한다. 마지막으로 8행의 ^ 수식도 유사하게 다음과 같이 계산된다.

```
a 0 0 0 0 0 0 0 0  0 0 0 0 0 0 0 0  1 0 0 0 0 0 1 0  0 0 1 1 0 1 0 1      33333
  ^ ^ ^ ^ ^ ^ ^ ^  ^ ^ ^ ^ ^ ^ ^ ^  ^ ^ ^ ^ ^ ^ ^ ^  ^ ^ ^ ^ ^ ^ ^ ^          ^
b 1 1 1 1 1 1 1 1  1 1 1 1 1 1 1 0  1 1 0 1 0 0 0 0  0 0 1 0 1 1 1 1     -77777
e 1 1 1 1 1 1 1 1  1 1 1 1 1 1 1 0  0 1 0 1 0 0 1 0  0 0 0 1 1 0 1 0    -110054
```

^ 연산자는 두 비트가 서로 다를 때에만 1 값을 갖는다. 따라서 같은 값을 갖는 두 변수에 ^ 연산을 적용하면 그 결과는 0이 될 것이다. 프로그램 9.1의 실행 결과는 다음과 같다.

```
a : 8235, b : fffed02f
a & b : 8025
a | b : fffed23f
a ^ b : fffe521a
```

&와 | 연산자는 마스킹 연산(masking operation)을 위해 보통 사용된다. 마스킹 연산이란 주어진 비트열의 특정한 비트를 0이나 1로 만드는 것을 의미한다. 마스킹을 위해 사용되는 상수나 변수를 마스크(mask)라고 한다. 예를 들어, 어떤 **int** 형 수식의 최하위 비트가 0인지 1인지를 알고 싶다면 1의 값을 갖는 변수나 상수를 마스크로 사용하여 **&** 연산을 적용하면 될 것이다. 다음 코드를 보자.

```
int i,  mask = 1;
for (i = 0;  i < 10;  ++i)
    printf("%d", i & mask);
```

이 코드에서 **mask**는 1의 값을 갖기 때문에 최하위 비트만 1이고, 나머지 모든 비트는 0이다. 따라서 **i & mask**의 값은 **i**의 최하위 비트가 1일 때만 1이고, 아니면 0이다. 결국 **i**의 값이 홀수일 때 1이 출력되고, 짝수일 때는 0이 출력될 것이다. 이것을 확장하여 변수의 특정 비트가 0인지 1인지도 쉽게 알 수 있다. 이 경우 알아내고자 하는 그 비트 위치에는 1을 그리고 그 외의 다른 비트 위치에는 0을 갖는 마스크를 사용하면 된다. 예를 들어, **v**의 세 번째 비트가 1인지 0인지를 알고 싶다면, 마스크를 **0x4**로 하여 다음과 같은 수식을 사용하면 된다.

```
(v & 0x4) ? 1 : 0
```

이 수식은 **v**의 세 번째 비트가 1이면 1을, 0이면 0의 값을 갖게 된다. 또는 최하위 바이트의 값만을 알고 싶다면 마스크로 255를 사용하면 된다. 255는 다음과 같은 비트 표현을 갖는다.

```
00000000 00000000 00000000 11111111
```

따라서 이 마스크와 변수를 **&** 하면 그 변수의 하위 바이트 값을 알 수 있다. 예를 들어, 다음 수식을 보자.

```
v & 255
```

이 수식의 값은 **v**의 최하위 한 바이트와 같다.

이동 연산자

이동 연산자(<<, >>)는 지정된 값의 비트열을 왼쪽이나 오른쪽으로 이동하는 연산자이다. 먼저 왼쪽 이동 연산자 <<를 보자. 왼쪽 이동 연산자는 다음과 같이 사용한다.

```
수식1 << 수식2
```

이 수식은 **수식1**의 비트열을 **수식2**가 지정하는 수만큼 왼쪽으로 이동시킨다. 비트 이동으로 생긴 오른쪽 공간은 0으로 채워진다. 예를 들어, c가 다음과 같이 선언되었다고 가정하자.

```
int c = 7;
```

c의 비트 표현은 다음과 같다.

```
c  00000000 00000000 00000000 00000111          7
```

이제 c에 왼쪽 이동 연산자를 사용하여 1, 8, 30 자리 이동하면 다음과 같은 결과를 얻을 것이다.

```
c << 1   00000000 00000000 00000000 00001110          14
c << 8   00000000 00000000 00000111 00000000        1792
c << 30  11000000 00000000 00000000 00000000 -1073741924
```

이 예에서 알 수 있듯이 비트열이 왼쪽으로 이동하면서 생기는 하위 비트의 공백은 0으로 채워진다. 그리고 그만큼의 상위 비트는 버려진다. 또한 비트를 왼쪽으로 이동시키는 것은 주어진 수에 2의 거듭제곱을 곱하는 효과를 낸다. 즉 왼쪽으로 한 비트 이동하면 그 수에 2를 곱한 결과를 얻을 수 있고, 8비트 왼쪽으로 이동하면 그 수에 2의 8승을 곱한 결과를 얻는다. 이동 연산자는 곱하기 연산보다 속도가 빠르므로 2의 거듭제곱을 곱해야 할 경우 곱하기 연산자보다는 왼쪽 이동 연산자를 사용하는 것이 더 효율적이다. c를 30자리 이동시킨 마지막 예제에서는 c가 int 형이고 비트들을 왼쪽으로 30자리 이동하여 부호 비트가 1이 되었기 때문에 c는 음수가 되었다.

오른쪽 이동 연산자 >>는 다음과 같은 형식으로 사용한다.

```
수식1 >> 수식2
```

이 수식은 **수식1**의 비트열을 **수식2**가 지정하는 수만큼 오른쪽으로 이동시킨다. 비트 이동으로 생긴 공간은 **수식1**이 `unsigned` 형이라면 0으로 채워지지만, `signed` 형이라면 시스템에 따라 달라진다. 예를 들어, `c`가 다음과 같이 선언되었다고 가정하자.

```
unsigned int c = 0xf0000000;
```

`c`의 비트 표현은 다음과 같다.

```
c  1 1 1 1 0 0 0 0  0 0 0 0 0 0 0 0  0 0 0 0 0 0 0 0  0 0 0 0 0 0 0 0  4026531840
```

이제 `c`에 오른쪽 이동 연산자를 사용하여 1, 8, 30 자리 이동하면 다음과 같은 결과를 얻을 것이다.

```
c >> 1    0 1 1 1 1 0 0 0  0 0 0 0 0 0 0 0  0 0 0 0 0 0 0 0  0 0 0 0 0 0 0 0   2013265920
c >> 8    0 0 0 0 0 0 0 0  1 1 1 1 0 0 0 0  0 0 0 0 0 0 0 0  0 0 0 0 0 0 0 0     15728640
c >> 30   0 0 0 0 0 0 0 0  0 0 0 0 0 0 0 0  0 0 0 0 0 0 0 0  0 0 0 0 0 0 1 1            3
```

`c`의 비트열을 오른쪽으로 이동하여 생긴 상위 비트의 공백은 0으로 채워진다. 그리고 오른쪽으로 비트열을 이동하면 그 값은 2의 거듭제곱으로 나눈 값임을 알 수 있다. 즉 오른쪽으로 한 비트 이동하면 그 결과는 2로 나눈 값과 같고, 8비트 오른쪽으로 이동하면 2의 8승으로 나눈 값과 같다.

만일 `c`가 `signed` 형이라면, 그 행동 양식은 시스템에 따라 두 가지로 나누어진다. 즉 어떤 시스템은 `c`의 비트열을 오른쪽 이동 연산자로 이동했을 때 생기는 상위 비트의 공백을 0으로 채우고, 어떤 시스템은 현재 부호 비트 값으로 채운다. 예를 들어, `c`가 다음과 같이 선언되었다고 하자.

```
int c = 0xf0000000;    // c = -268435456
```

이 경우 `c >> 8`은 시스템에 따라 다음 중 하나로 동작한다.

```
c >> 8   1 1 1 1 1 1 1 1  1 1 1 1 0 0 0 0  0 0 0 0 0 0 0 0  0 0 0 0 0 0 0 0      -1048576
c >> 8   0 0 0 0 0 0 0 0  1 1 1 1 0 0 0 0  0 0 0 0 0 0 0 0  0 0 0 0 0 0 0 0      15728640
```

첫 번째 경우는 c의 비호 비트 값이 1이기 때문에 상위 비트에 생기는 공백을 1로 채운 것이고, 두 번째 경우는 상위 비트에 생기는 공백을 0으로 채운 것이다. 따라서 오른쪽 이동 연산자를 사용하여 프로그래밍할 때는 주의가 필요하다. 이러한 이유로 이동 연산자는 주로 **unsigned** 형 변수에만 사용한다.

마지막으로 이동 연산자의 오른쪽 피연산자가 음수이거나 왼쪽 피연산자를 나타내는 데 필요한 비트 수보다 크거나 같은 값을 갖는다면, 그 수행 결과는 정의되지 않는다. 따라서 프로그래머는 오른쪽 피연산자가 적당한 범위의 값을 갖도록 주의해야 한다.

비트 단위 논리 연산자와 이동 연산자가 배정 연산자와 결합된 **&=, ^=, |=, <<=, >>=**와 같은 복합 배정 연산자를 사용할 수 있다. 이 연산자들은 다른 복합 배정 연산자와 유사하게 동작한다. 예를 들어, **a &= 255;**는 **a = a & 255;**와 같다. 프로그램 9.2는 정수를 입력받아 그 정수의 비트열을 출력하는 프로그램이다.

프로그램 9.2

```
#include <stdio.h>
void bit_print(int a);
int main(void)
{
    int i;
    printf("정수를 입력하세요 : ");
    scanf("%d", &i);
    printf("%d 비트열 : ", i);
    bit_print(i);
    printf("\n");
    return 0;
}

void bit_print(int a)
{
    int i;
    int n = sizeof(int) * 8;
    unsigned mask = 1 << (n - 1);
    for (i = 1;  i <= n;  ++i)  {
        putchar(((a & mask) == 0) ? '0' : '1');
```

```
21          mask >>= 1;
22          if (i % 8 == 0 && i < n)
23              putchar(' ');
24      }
25  }
```

14행에서 정의된 `bit_print()`는 `a`의 비트열을 최상위 비트부터 시작하여 출력하는 함수이다. 17행에서 선언한 `n`은 `a` 변수의 비트수를 갖는 변수이다. 18행에서 선언한 `mask`는 `a`의 비트열을 한 비트씩 확인하기 위한 마스크 변수이다. `a`의 비트열을 최상위 비트부터 시작하여 출력해야 하므로, `mask`는 최상위 비트만 1이고 나머지 비트는 0으로 초기화하고 있다. 19행의 `for` 문은 `n`번 반복 수행하면서 `a`의 비트열을 최상위부터 차례대로 검사하여 그 값을 출력한다. 20행의 `mask & a`는 `mask` 비트열 중 1을 가진 비트 위치와 대응하는 `a`가 1이면 참을, 0이면 거짓의 값을 갖는다. 20행은 `mask & a`가 참이면 `'1'`을 출력하고, 아니면 `'0'`을 출력한다. 21행은 `a`의 다음 비트 검사를 위해 `mask` 비트열을 오른쪽으로 이동한다. 프로그램 9.2의 출력 결과는 다음과 같다.

```
$ bit_pr
정수를 입력하세요 : 1
1 비트열 : 00000000 00000000 00000000 00000001
$ bit_pr
정수를 입력하세요 : -1
-1 비트열 : 11111111 11111111 11111111 11111111
$ bit_pr
정수를 입력하세요 : 230490
230490 비트열 : 00000000 00000011 10000100 01011010
```

9.2 패킹과 언패킹

비트 단위 연산자를 사용하면, 여러 가지 정보를 적은 바이트로 압축할 수 있다. 이렇게 압축하는 것을 패킹(packing)이라고 한다. 정보를 패킹하면 메모리 공간을 절약할 수 있을 뿐만 아니라 계산 시간을 절약할 수도 있다. 어떤 시스템 환경에서는 메모리를 최대한 적게 사용하도록 프로그래밍해야 하는데 이러한 환경에서 패킹은 아주 유용하다. 또한 분산 환경에서 네트워크를 통해 정보를 교환해야 할 때 정보를 패킹하면 전송해야 하는 데이터양을 줄일 수 있으므로 전송 시간을 많이 줄일 수 있다. 패킹된 정보를 사용할 때는 먼저 언패킹(unpacking)한 후 사용해야 한다.

예를 들어, 지상 기상관측소에서 획득한 온도, 습도, 풍향, 풍속 등과 같은 기상관측자료를 처리하는 프로그램을 작성한다고 하자. 다음 표는 각 항목이 가질 수 있는 값의 범위이다.

항목	데이터 범위
온도	–40 ~ +65℃
습도	0 ~ 100%
풍향	0 ~ 359°
풍속	0 ~ 75 m/s

이러한 항목은 모두 정수이므로 `int`나 `short` 형의 변수를 선언하여 다룰 수 있다. 따라서 4개의 변수를 위해 최소 8바이트에서 최대 16바이트 공간이 필요하다. 하지만 패킹을 사용하면 좀 더 적은 공간에 모든 항목을 저장할 수 있다. 패킹을 위해서 각 항목을 표현하는 데 필요한 최소 비트 수를 먼저 알아보자. 예를 들어, 온도가 가질 수 있는 값은 영하 40도에서부터 영상 65도까지 총 106가지 값을 가질 수 있으므로, 이는 128개의 값을 표현할 수 있는 7비트면 충분하다. 풍향은 360가지 값을 가질 수 있으므로, 이는 9비트로 표현이 가능하다. 이를 정리하면 다음과 같다.

항목	데이터 범위	최소 비트 수
온도	–40 ~ +65℃	7
습도	0 ~ 100%	7
풍향	0 ~ 359°	9
풍속	0 ~ 75 m/s	7

따라서 모든 항목을 표현하는 데 필요한 최소 비트 수는 30비트이다. 이는 `unsigned int` 변수 하나에 모든 정보를 담을 수 있다는 의미이다. 즉, `unsigned int` 변수를 다

음과 같이 나누어서 사용하면 된다.

	온도	습도	풍향	풍속
x x	t t t t t t t	h h h h h h h	d d d d d d d d d	s s s s s s s

기상관측자료를 패킹하는 함수는 다음과 같이 작성할 수 있다.

함수 9.1

```
1 unsigned pack_weather_data(int temp, int humi, int dir, int speed)
2 {
3     unsigned weather = 0;
4     weather |= speed;
5     weather |= dir << 7;
6     weather |= humi << 16;
7     weather |= (temp + 40) << 23;
8     return weather;
9 }
```

3행의 **weather**는 패킹된 데이터를 가지는 변수로 **0**으로 초기화하고 있다. 4행에서 **weather |= speed**를 하면 **weather**의 하위 7비트가 **speed**와 같은 값을 갖게 된다. 5행을 보면, **dir**을 7비트 왼쪽으로 이동시킨 다음 **weather**와 비트 단위 논리합을 하고 있는데, 이렇게 하면 **weather**의 8번째 비트부터 **dir**의 값이 저장될 것이다. 7행에서 **temp**를 패킹하기 전에 40을 먼저 더하고 있는데, 이는 온도를 7비트에 저장하기 위해 온도를 0 이상의 값으로 만들기 위해서다. 이렇게 패킹된 온도 정보는 언패킹할 때 40을 빼서 사용해야 한다.

패킹된 정보를 다룰 때는 먼저 패킹된 정보를 언패킹해야 한다. 예를 들어, 습도 정보를 출력하고 싶다면 패킹된 기상 정보에서 습도 정보를 언패킹하여 출력해야 한다. 언패킹은 패킹과는 반대로 마스크, **&** 연산자, 오른쪽 이동 연산자를 사용하면 된다. 다음 함수는 패킹된 기상 정보를 출력하는 함수이다.

함수 9.2

```
1  void print_weather_data(unsigned weather)
2  {
3      int temp, humi, dir, speed;
4
5      speed = weather & 0x7F;
6      dir = (weather >> 7) & 0x1FF;
7      humi = (weather >> 16) & 0x7F;
8      temp = ((weather >> 23) & 0x7F) - 40;
9      printf("온도 : 섭시 %d도\n", temp);
10     printf("습도 : %d%%\n", humi);
11     printf("풍향 : %d도\n", dir);
12     printf("풍속 : %dm/s\n", speed);
13     return;
14 }
```

5행에서 weather & 0x7F를 하게 되면 weather의 최하위 7비트에 저장된 풍속 정보를 얻을 수 있다. 6행에서 풍향 정보는 weather의 하위 8비트부터 9비트에 저장되어 있으므로, weather를 7비트 오른쪽으로 이동한 후 0x1FF와 비트 단위 논리곱 연산을 하여 얻고 있다. 온도 정보는 패킹할 때 40을 더해서 패킹했으므로, 8행에서 온도 정보를 언패킹한 후에 40을 빼서 보정하고 있다. 프로그램 9.3은 함수 9.1과 9.2를 사용한 예제 프로그램이다.

프로그램 9.3

```
#include <stdio.h>
unsigned pack_weather_data(int temp, int humi, int dir, int speed);
void print_weather_data(unsigned weather);
int main(void)
{
    unsigned packWeather = 0;
    int temp, humi, dir, speed;

    printf("온도 : ");
    scanf("%d", &temp);
    printf("습도 : ");
```

```
    scanf("%d", &humi);
    printf("풍향 : ");
    scanf("%d", &dir);
    printf("풍속 : ");
    scanf("%d", &speed);

    packWeather = pack_weather_data(temp, humi, dir, speed);
    print_weather_data(packWeather);
    return 0;
}
```

프로그램 9.3에서 pack_weather_data()와 print_weather_data() 정의는 생략하였다. 프로그램 9.3의 출력 결과는 다음과 같다.

```
온도 : -5
습도 : 20
풍향 : 50
풍속 : 20

*** 기상 정보 ***
온도 : 섭시 -5도
습도 : 20%
풍향 : 50도
풍속 : 20m/s
```

9.3 비트 필드

앞 절에서 비트 단위 연산자를 사용한 패킹과 언패킹에 관해 설명하였다. 비트 단위 연산자를 이용한 패킹과 언패킹은 비트 단위 논리합, 비트 단위 논리곱, 마스크를 사용한다. 이러한 방식의 패킹과 언패킹은 프로그래밍 오류가 발생할 확률이 높고 코딩도 복잡하다. 패킹과 언패킹하는 다른 방법은 비트 필드를 사용하는 것이다. 비트 필드는 구조체 멤버의 크기를 비트 단위로 지정하는 것으로, 이것을 사용하면 패킹과 언패킹을 아주 쉽게 할 수 있다. 비트 필드는 구조체나 공용체의 멤버 선언을 다음과 같은 형식으로 한다.

```
정수자료형 멤버이름 : 상수수식;
```

즉, 비트 필드는 정수형의 멤버에 적용할 수 있고, 일반적인 멤버 선언 뒤에 콜론(:)과 **상수수식**이 추가된 형태이다. 비트 필드는 멤버의 크기를 콜론 뒤에 명시된 **상수수식**의 값만큼의 비트로 하겠다는 것이다. 이 크기를 폭(width)이라 하고, 폭은 음수나 지정된 정수형의 크기보다 클 수 없다. 예를 들어, 기상관측자료 처리를 위해 온도, 습도, 풍향, 풍속을 저장하는 구조체는 다음과 같이 정의할 수 있다.

```
struct weather {
    int temp : 8;
    unsigned humi : 7;
    unsigned dir : 9;
    unsigned speed : 7;
}
```

`struct weather`는 앞에서 배운 구조체와는 달리 각 멤버 정의 뒤에 콜론(:)과 숫자가 명시되어 있으므로 비트 필드를 선언한 것이다. `temp`, `humi`, `dir`, `speed` 멤버에 각각 8, 7, 9, 7비트 메모리 공간이 할당된다. 앞 절에서, 온도(`temp`) 데이터의 경우 실제 온도의 범위가 −40 ~ +65이지만, 측정값에 40을 더해 값의 범위를 0 ~ 105로 보정하여 7비트에 저장했었다. 비트 필드를 사용할 때도 이런 방식을 사용하여 필드 폭을 7로 만들 수도 있지만, 여기서는 8비트로 하여 추가적인 보정 작업이 필요 없도록 하고 있다. 비트 필드가 정의된 구조체에 보통의 멤버가 있을 수도 있다.

```
struct weather_with_station_name {
    char name[30];
    int temp : 8;
    unsigned humi : 7;
    unsigned dir : 9;
    unsigned speed : 7;
}
```

일반적으로 비트 필드들은 구조체의 연속된 멤버로 선언한다. 컴파일러는 연속으로 나오는 비트 필드를 최소의 기계 워드로 패킹한다. 예를 들어 struct weather 형 변수는 4바이트가 할당될 것이다. 비트 필드는 일반 구조체 멤버와 같은 방법으로 사용할 수 있다. 따라서 패킹과 언패킹이 아주 단순해진다.

비트 필드를 사용할 때는 몇 가지 제약사항이 있다. 먼저 비트 필드의 배열은 허용되지 않는다. 또한 주소 연산자 &도 비트 필드에 사용할 수 없다. 멤버 접근 연산자 ->를 사용하여 비트 필드에 접근할 수는 있어도, 포인터가 직접 비트 필드를 포인트할 수는 없다. 프로그램 9.4는 비트 필드와 공용체를 사용하여 값들이 메모리에 어떻게 저장되는지를 보여주는 프로그램이다. 프로그램에서 bit_print() 함수는 프로그램 9.2의 것과 같으므로 생략하였다.

프로그램 9.4

```
#include <stdio.h>
typedef struct {
    unsigned b0 : 8, b1 : 8, b2 : 8, b3 : 8;
} word_bytes;
typedef struct {
    unsigned
        b0  : 1, b1  : 1, b2  : 1, b3  : 1, b4  : 1, b5  : 1,
        b6  : 1, b7  : 1, b8  : 1, b9  : 1, b10 : 1, b11 : 1,
        b12 : 1, b13 : 1, b14 : 1, b15 : 1, b16 : 1, b17 : 1,
        b18 : 1, b19 : 1, b20 : 1, b21 : 1, b22 : 1, b23 : 1,
        b24 : 1, b25 : 1, b26 : 1, b27 : 1, b28 : 1, b29 : 1,
        b30 : 1, b31 : 1;
} word_bits;
typedef union {
    int i;
    word_bytes byte;
    word_bits bit;
} word;
void bit_print(int);
int main(void)
{
```

```
    word w = {0};
    w.bit.b8 = 1;
    w.byte.b0 = 'a';
    printf("w.i = %d\n", w.i);
    bit_print(w.i);
    printf("\n");
    return 0;
}
```

프로그램 9.3의 출력 결과는 다음과 같다.

```
w.i = 353
00000000 00000000 00000001 01100001
```

어떤 시스템에서는 다음과 같이 출력될 수도 있다.

```
w.i = 1635778560
01100001 10000000 00000000 00000000
```

이것은 컴퓨터에 따라 비트나 바이트를 워드의 상위부터 카운트할 수도 있고 하위부터 카운트할 수도 있기 때문이다. 따라서 비트 필드를 사용하는 코드를 다른 컴퓨터에 이식할 때 주의가 필요하다.

연습문제

01 int 형 값을 입력받아 홀수 번째 비트를 추출하여 short 형으로 리턴하는 함수를 작성하여라. 단, 최상위 비트를 첫 번째 비트로 하여라. 예를 들어, int가 8비트이고 short가 4비트라고 했을 때, 다음과 같이 추출해야 한다.

```
01110101 -> 0100
10101111 -> 1111
```

02 순환 이동 연산을 수행하는 circular_shift() 함수를 작성하여라. 이 함수의 헤더는 다음과 같이 하여라.

```
int circular_shift(int a, int n)
```

이 함수는 a를 n만큼 왼쪽으로 이동하여 그 값을 리턴하는 함수로, 이동할 때 상위 비트가 다시 하위 비트로 들어오도록 해야 한다. 다음은 int가 8비트라고 했을 때 순환 이동 연산의 예이다.

```
10000001을 1 순환 이동 : 00000011
01101011을 3 순환 이동 : 01011011
```

03 int 형의 값을 입력받아 그 정수의 비트 표현을 역전시킨 후 그 값을 리턴하는 함수를 작성하여라. 예를 들어, 다음은 int가 8비트라고 했을 때, 비트열을 역전시키는 예이다.

```
01110101의 역전 : 10101110
10101111의 역전 : 11110101
```

04 오른쪽 이동 연산을 수행하면 부호 비트가 삽입되는지 프로그램을 작성하여 확인해 보아라.

05 10진 숫자를 입력받아 각 자리를 2진수로 출력하는 함수를 작성하고 프로그램을 작성하여 확인하여라. 예를 들어, 다음과 같이 출력하도록 하여라.

```
10진수 입력 : 12345678
12345678 = 0001 0010 0011 0100 0101 0110 0111 1000
```

06 마스크로 0xff, 0xff00, 0xff0000, 0xff000000이 많이 사용된다. 이들이 어떤 비트 표현을 갖는지 프로그램 9.2에 정의된 bit_print() 함수를 사용하여 출력하는 프로그램을 작성하여라.

07 bit_print() 함수를 사용하여 n = 0, 1, 2, …, 15에 대해서 2^n과 $2^n - 1$의 비트열을 표로 출력하는 프로그램을 작성하여라. 예를 들어, 다음과 같이 출력하도록 하여라.

```
 n         2^n                  2^n-1
 0:  00000000 00000001     00000000 00000000
 1:  00000000 00000010     00000000 00000001
 2:  00000000 00000100     00000000 00000011
......
15:  10000000 00000000     01111111 11111111
```

08 bit_print() 함수를 사용하여 n = 0, 1, …, 7에 대해서 10^n과 $10^n - 1$의 2진수 표현을 표로 출력하는 프로그램을 작성하여라.

09 4개의 문자를 한 int 형 변수에 패킹하는 함수와 패킹된 4개의 문자를 언패킹하는 함수를 작성하여라. 그리고 프로그램을 작성하여 'a', 'b', 'c', 'd'를 패킹한 변수를 bit_print() 함수를 사용하여 비트열로 출력하고, 언패킹한 각 문자를 출력해 보아라.

10 프로그램 9.2에 정의된 bit_print() 함수는 mask에 저장된 값을 오른쪽 이동 연산자를 사용하여 이동시키면서 주어진 정수의 비트 값을 검사한다. 이를 수정하여 mask는 그대로 두고, 똑같은 일을 하도록 수정하여라.

11 int 비트 필드는 부호를 사용할 수도 있고 사용하지 않을 수도 있다. 다음 프로그램을 실행해 보고, int 형 비트 필드에서 부호 비트를 사용하는지를 확인해 보아라.

```
#include <stdio.h>
int main()
{
    struct testbit{
        int a : 3, b : 4;
    } z = {0};

    for (int i = 0 ; i < 17; i++)
    {
        printf("z.a = %2d   z.b = %2d\n", z.a++, z.b++);
    }
}
```

12 다음 프로그램의 sizeof 연산 결과가 같은지 확인해 보아라. 비트 필드 멤버는 가능하면 한 워드에 패킹되어 저장되지만, 멤버 이름이 없고 폭이 0인 비트 필드가 있으면 그 후에 정의된 비트 필드는 그다음 워드에 저장된다.

```
#include <stdio.h>
int main(void)
{
    struct a  { unsigned a : 1, : 0, b : 1; };
    struct b  { unsigned a : 1, b : 1; };
    printf("%ld\n", sizeof(struct a));
    printf("%ld\n", sizeof(struct b));

    return 0;
}
```

13 다음 프로그램의 결과를 먼저 쓰고 프로그램을 작성하여 확인해 보아라. 출력 결과를 설명하여라.

```
#include <stdio.h>
struct test {
    unsigned   a : 1, b : 2, c : 3;
};
int main(void)
```

```
6  {
7      int i;
8      struct test x;
9      for (i = 0; i < 23; ++i) {
10         x.a = x.b = x.c = i;
11         printf("x.a = %d    x.b = %d    x.c = %d\n", x.a, x.b, x.c);
12     }
13     return 0;
14 }
```

만일 10행의 `x.a = x.b = x.c = i;` 문장을 `x.c = x.b = x.a = i;`로 대치하면 어떻게 되겠는가? 설명하여라.

14 날짜(연도, 월, 일)을 최소 비트로 패킹하고 언패킹하는 프로그램을 작성하여라. 연도는 BC 5,000년부터 AD 3,000년까지 표현할 수 있어야 한다. 비트 필드를 사용하지 말고, 비트 단위 논리 연산자만을 사용하여라.

15 연습문제 14번을 비트 필드를 사용하는 것으로 수정하여라.

10

CHAPTER

파일 입출력

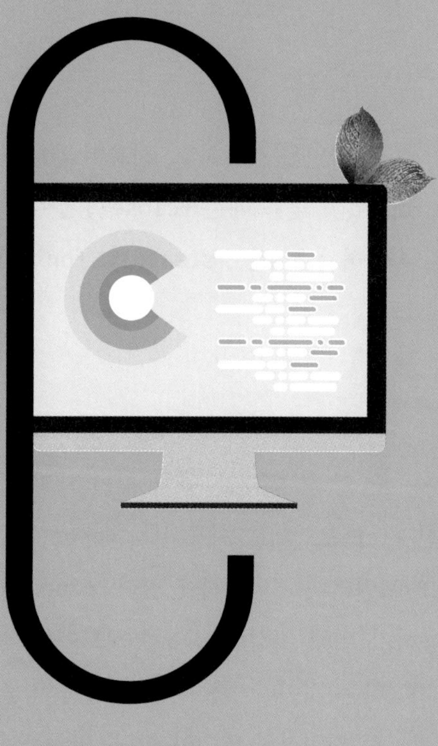

CHAPTER

10 파일 입출력

대량의 데이터를 다루는 프로그램이 키보드로 입력받고 화면에 출력하는 것은 바람직하지 않다. 이러한 프로그램은 보통 파일로부터 입력받고 파일로 출력한다. 어떤 경우에는 다른 프로그램의 결과를 받아서 처리해야 할 때도 있다. 이런 상황에서 파일을 사용한다. 이번 장에서는 프로그램에서 파일을 다루는 방법을 설명한다.

10.1 파일 사용

프로그램에서 파일을 다룰 때는 먼저 파일을 열고, 파일을 사용하고, 사용이 끝나면 파일을 닫는 순으로 진행한다. 파일을 열 때는 `fopen()`, 닫을 때는 `fclose()` 함수를 사용한다. 파일 읽기와 쓰기를 할 때, 기본적으로 사용하는 함수는 `fscanf()`와 `fprintf()`이다.

fopen()

파일을 열기 전에는 파일의 내용을 보거나 쓸 수 없다. 이것은 마치 덮인 책과 같다. 프로그램에서 파일을 다룰 때 파일 이름 대신 `FILE` 포인터를 사용한다. `fopen()` 함수는 파일 이름을 인자로 받아 그 파일을 `FILE` 포인터가 포인트하게 한다. `fopen()` 함수의 다른 매개변수는 파일을 올바르게 사용하기 위해 지정하는 파일 모드이다. 파일 모드는 그 파일을 어떻게 사용할 것인지를 지정하는 것이다. 즉, 파일 내용을 읽을 때는 읽기 모드, 파일에 내용을 쓸 때는 쓰기 모드로 지정하여 열어야 한다. 파일 모드에는 다음과 같은 것들이 있다.

모드	의미
"r"	읽기 모드
"w"	쓰기 모드
"a"	첨부 모드
"rb"	이진 파일 읽기 모드
"wb"	이진 파일 쓰기 모드
"ab"	이진 파일 첨부 모드

"r" 모드로 파일을 열 경우 지정한 파일이 없으면 파일 열기는 실패하게 된다. 반면 "w"나 "a" 모드로 파일을 열 경우 지정한 파일이 없다면 파일을 새로 생성한다. "w"와 "a" 모드의 차이는 "w"의 경우 파일의 기존 내용을 다 지우고 처음부터 다시 쓰지만, "a"는 기존 내용 뒤에 새로운 내용을 추가하여 쓴다는 것이다. 참고로, 모드에 + 기호가 붙으면 읽기와 쓰기를 모두 할 수 있는 업데이트 모드로 열게 된다. 다음 코드는 fopen() 함수를 사용하는 방법을 보여주고 있다.

```
FILE *ifp, *ofp;
ifp = fopen("infile", "r");
ofp = fopen("outfile", "w");
```

이 코드는 두 개의 파일을 열고 있다. 첫 번째 fopen()은 파일이름이 infile인 파일을 읽기 모드로 열고, 두 번째 fopen()은 outfile 파일을 쓰기 모드로 열고 있다. 그리고 이 두 파일은 FILE 포인터인 ifp와 ofp가 포인트하게 된다. 이후로 파일에 접근할 때는 FILE 포인터를 사용한다. fopen()은 파일 열기에 실패하면, NULL을 리턴한다. NULL이 리턴되면, 파일에 접근할 수 없으므로 다음과 같이 오류 처리를 하는 것이 좋다.

```
if ((ifp = fopen("infile", "r")) == NULL)
    printf("오류 : 파일을 열 수 없습니다.");
else
    . . .           // 파일 읽기
```

fclose()

파일을 다 사용한 다음에는 fclose() 함수로 파일을 닫아야 한다. fclose()의 인자로는 fopen()에 의해 리턴된 FILE 포인터를 명시하면 된다. 예를 들어 다음과 같이 사용한다.

```
fclose(ifp);
fclose(ofp);
```

이 코드는 각각 ifp가 포인트하는 파일과 ofp가 포인트하는 파일을 닫는다.

fprintf()와 fscanf()

fprintf()와 fscanf() 함수는 각각 printf()와 scanf() 함수의 파일 버전이다. fprintf()와 fscanf()는 첫 번째 매개변수로 FILE 포인터를 가지고 두 번째 매개변수부터는 각각 printf()와 scanf()의 매개변수와 같다. fprintf()와 fscanf()는 첫 번째 인자로 명시된 FILE 포인터가 포인트하고 있는 파일로 출력하고 입력받는다. 프로그램 10.1은 fprintf()와 fscanf()를 사용한 예제 프로그램이다.

프로그램 10.1

```
#include <stdio.h>
#include <stdlib.h>
int main(int argc, char **argv)
{
    FILE *pro, *sol;
    int c, i, opd1, opd2;
    char word[50];

    if (argc != 3) {
        printf("** 실행 오류 **\n");
        printf(" 사용법 : %s problem_file solution_file\n", argv[0]);
        exit(1);
    }
   if ((pro = fopen(argv[1], "w")) == NULL){
     printf("오류 : %s 파일을 열 수 없습니다.\n", argv[1]);
     exit(1);
    }

```

```
19     for (i = 0; i < 50; i++)
20         fprintf(pro, "%d + %d = \n", rand() % 1000, rand() % 1000);
21     fclose(pro);
22 
23     if ((pro = fopen(argv[1], "r")) == NULL){
24         printf("오류 : %s 파일을 열 수 없습니다.\n", argv[1]);
25         exit(1);
26     }
27     if ((sol = fopen(argv[2], "w")) == NULL){
28         printf("오류 : %s 파일을 열 수 없습니다.\n", argv[2]);
29         exit(1);
30     }
31 
32     while (fscanf(pro, "%d + %d = \n", &opd1, &opd2) != EOF)
33         fprintf(sol, "%d + %d = %d\n", opd1, opd2, opd1 + opd2);
34 
35     fclose(pro);
36     fclose(sol);
37 
38     return 0;
39 }
```

3행에서 매개변수를 가진 **main()** 함수를 정의하고 있다. 파일을 다루는 프로그램은 파일 이름을 명령어 라인을 통해 입력받기 위해 **main()**의 매개변수를 사용하는 것이 보통이다. 이 프로그램은 더하기 문제를 50개 만들어서 파일에 저장하고, 그 파일을 읽어서 답안을 만들어 파일에 저장하는 것이다. 따라서 문제를 저장할 파일과 답을 저장할 파일 두 개를 입력받아야 한다. 9행에서 명령어 라인에 명시된 인자의 개수를 확인하여 더하기 문제를 저장하기 위한 파일이 명시됐는지 확인하고, 안 되어 있으면 오류 처리를 한다. 명령어 라인의 첫 번째 파일은 생성된 문제를 저장할 파일이기 때문에, 14행에서 쓰기 모드로 파일을 열고 있다. 20행에서 쓰기 모드로 연 파일에 **fprintf()**를 사용하여 문제를 저장한다. 50개 문제를 다 저장한 다음 21행에서 **fclose()** 함수를 사용하여 쓰기 모드로 연 파일을 닫는다. 답안 파일을 만들 때는 문제 파일에서 문제를 읽은 다음, 문제의 답을 계산한 후, 문제와 답을 답안 파일에 저장해야 한다. 이를 위해, 23행에서 문제 파일을 읽기 모드로 열고 있고, 27행에서 두 번째 파일을 쓰기 모드로 열고 있다. 32행의 `while` 문에서 문제 파일로부터 `fscanf()`를 사용하여 문제를 하나씩 읽어가면서 답을 만들어 `fprintf()`를 사용하여 답안 파일에 저장한다. 파일 사용이 끝난 후, 35행과 36행에서 `fclose()` 함수를 사용하여 파일을 닫고 있다. 프로그램 10.1을 실행한 후 파일 내용을 확인하면 다음과 같을 것이다. 출력 내용 중 `head`는 파일의 첫 부분을 보는 명령어이다.

```
$ program pro sol
$ head -5 pro
886 + 383 =
915 + 777 =
335 + 793 =
492 + 386 =
421 + 649 =
$ head -5 sol
886 + 383 = 1269
915 + 777 = 1692
335 + 793 = 1128
492 + 386 = 878
421 + 649 = 1070
```

10.2 파일의 임의의 위치 접근

파일에서 `fscanf()`로 읽으면 이전에 마지막으로 읽었던 다음 위치부터 읽게 되고, `fprintf()`로 쓰면 이전에 마지막으로 쓴 다음 위치부터 쓰게 된다. 이것은 파일 위치 지시자(file position indicator)가 유지되기 때문이다. 즉 파일로의 입출력이 일어날 때마다 파일 위치 지시자를 조정하여 다음에 어디서부터 입출력이 일어나야 하는 지를 기억하게 된다. 파일 위치 지시자와 관련된 여러 함수가 있다. 먼저 파일 위치 지시자의 값을 알아보는 `ftell()` 함수를 보자. `ftell()`은 다음과 같이 사용한다.

```
pos = ftell(FILE_ptr);
```

ftell()은 **FILE** 포인터를 인자로 받아 그 파일의 현재 파일 위치 지시자의 값을 알려준다. 이 값은 파일의 처음부터 몇 바이트 떨어진 곳인지를 나타낸다. **fseek()** 함수는 파일 위치 지시자의 값을 직접 지정하는 함수이다. **fseek()** 함수는 다음과 같이 사용한다.

```
fseek(FILE_ptr, offset, place);
```

이것은 지정된 파일을 위한 파일 위치 지시자를 **place**부터 **offset** 바이트 떨어진 곳을 나타내는 값으로 설정한다. **place**는 0, 1, 2 중 하나가 될 수 있으며 그 의미는 다음과 같다.

값	기호 상수	의미
0	SEEK_SET	파일의 시작
1	SEEK_CUR	현재 위치
2	SEEK_END	파일의 끝

이 표에서와 같이 숫자 대신 기호 상수를 사용해도 된다. 예를 들어 **fseek(ifp, 100, SEEK_SET)**은 파일 위치 지시자를 파일 첫 부분에서 100바이트 떨어진 곳으로 지정한다. **ifp**가 읽기 모드로 연 파일의 포인터라면 이후에 **fscanf(ifp,...)**로 데이터를 읽으면 파일의 100바이트 위치부터 읽게 된다. **rewind()** 함수는 파일 위치 지시자를 파일의 제일 앞으로 지정한다. 이는 **fseek(ifp, 0, SEEK_SET)**을 호출한 것과 같다. 프로그램 10.2는 이와 관련된 예제 프로그램이다.

프로그램 10.2

```
#include <stdio.h>
#define   MAXSTRING   100
int main(void)
{
    char fname[MAXSTRING];
    char c;
    FILE *ifp;
    printf("\n입력 파일 : ");
    scanf("%s", fname);
```

```
10      ifp = fopen(fname, "r");
11      fseek(ifp, 0, SEEK_END);
12      if (ftell(ifp) == 0){
13          printf("Empty file...\n");
14          return 0;
15      }
16      fseek(ifp, -1, SEEK_CUR);
17      while (1){
18          fscanf(ifp, "%c", &c);
19          printf("%c", c);
20          if (ftell(ifp) == 1)
21              break;
22          fseek(ifp, -2, SEEK_CUR);
23      }
24      fclose(ifp);
25      return 0;
26  }
```

프로그램 10.2는 파일을 거꾸로 출력하는 프로그램이다. 거꾸로 출력할 파일 이름을 9행에서 읽고, 10행에서 읽기 모드로 열고 있다. 11행의 `fseek(ifp, 0, SEEK_END)`는 파일 위치 지시자를 파일의 끝을 포인트하게 한다. 12행의 `ftell(ifp)` 값은 현재 파일 위치 지시자가 파일의 끝에 있으므로 파일의 크기와 같을 것이다. 만일 그 값이 0이면 비어 있는 파일이므로 오류 처리를 해야 한다. 16행의 `fseek(ifp, -1, SEEK_CUR)`는 파일 위치 지시자를 파일의 제일 마지막 문자를 포인트하게 한다. 17행의 `while` 문은 파일에서 한 문자씩 읽어서 출력하는 것이다. 18행에서 문자를 하나 읽고 19행에서 출력하고 있는데, 이렇게 한 문자를 읽으면 파일 위치 지시자는 파일 뒤쪽으로 1 만큼 이동한다. 22행의 `fseek(ifp, -2, SEEK_CUR)`는 파일 위치 지시자를 파일의 앞으로 2 만큼 이동시킨다. 다시 18행에서 문자를 하나 읽게 되면, 그 문자는 이전에 읽은 문자 앞의 문자일 것이다. 이러한 과정을 계속 진행하면 파일을 끝에서부터 역으로 출력하게 될 것이다. 20행에서 문자를 읽은 다음의 `ftell(ifp)` 값을 확인하고 있는데, 만일 이 값이 1이라면 직전에 파일의 첫 번째 문자를 읽었다는 의미이다. 이때 `while` 문을 종료하고, 24행에서 파일을 닫고, 프로그램을 종료한다. 프로그램 10.2를 `program.c`로 하여 수행한 실행 결과 중 일부는 다음과 같다.

```
$ program
입력 파일 : program.c
}
;0 nruter
;)pfi(esolcf
}
. . .
{
)diov(niam tni
001   GNIRTSXAM   enifed#
>h.oidts< edulcni#
```

10.3 이진 파일

지금까지는 텍스트 파일(text file)만을 다루었다. 즉 `fprintf()` 함수로 파일에 쓰면 모든 내용은 문자로 저장된다. `int` 형 변수의 값을 `fprintf()`로 출력하면 메모리의 비트열이 파일로 저장되는 것이 아니라 숫자 문자가 저장된다. 숫자 문자가 저장된다는 것은 숫자 문자의 아스키 값이 저장됨을 의미한다. 이렇게 저장된 파일의 내용은 문서 편집기를 통해 그 내용을 확인할 수 있다. 텍스트로 저장된 파일은 문서 편집기로도 내용을 파악할 수 있어서 좋지만, 파일의 크기가 커지고 프로그램에서 원하는 데이터를 찾을 때 순차적으로 찾아야 한다는 문제가 있다. 예를 들어 재고 관리 프로그램에서 다음과 같은 `struct product` 구조체를 사용한다고 하자.

```
struct product {
    int id;
    char name[20];
    int price;
    int stock;
};
```

`struct product` 형 배열 `item`을 파일로 저장할 때 다음과 같이 할 수 있다.

```
fprintf(output, "%d %s %d %d\n",
        item[i].id, st[i].name, item[i].price, item[i].stock);
```

이렇게 저장하면 상품별로 id, 품명, 가격, 재고량 등의 값의 자릿수가 달라서 파일에서 차지하는 공간도 다르게 된다. 이런 파일에서 예를 들어 10번째 상품의 재고량을 보고 싶다면 처음부터 차례로 읽어야만 찾을 수 있다. 또한 상품별로 파일에서 차지하는 공간의 크기가 다르므로 특정 상품의 데이터를 수정하게 되면, 수정하는 상품 데이터 뒤에 있는 모든 상품의 데이터를 다시 써야 한다. 이러한 경우 이진 파일을 사용하면 프로그램이 매우 단순해진다. 이진 파일(binary file)은 메모리의 내용을 그대로 가지는 파일을 의미한다. 이렇게 만들어진 파일을 사용하면 특정한 데이터를 찾거나 수정하기가 수월해진다.

fwrite()

이진 파일은 메모리 내용을 그대로 저장하여 만든 파일로 파일을 다루는 응용 프로그램에서 주로 사용한다. 이진 파일은 fwrite() 함수를 사용하여 만들 수 있다. fwrite() 함수의 원형은 다음과 같다.

```
size_t fwrite(const void *buffer, size_t size, size_t count, FILE *FP);
```

buffer는 파일에 쓸 데이터를 가지고 있는 포인터이고, size는 저장할 각 객체의 크기이고, count는 저장한 객체의 수를 의미하며, FP는 저장할 파일 포인터이다. 프로그램 10.3은 fwrite() 함수를 사용하여 이진 파일을 만드는 예제이다.

프로그램 10.3

```
#include <stdio.h>
#include <stdlib.h>
typedef struct product {
    int id;
    char name[20];
    int price;
    int stock;
} product;
```

```
9  int main(int argc, char **argv)
10 {
11     FILE *ofp;
12     int id, check;
13     product item = {0, "", 0, 0};
14 
15     if (argc != 2) {
16         printf("실행 오류 : \n   사용법 : %s out_file\n", argv[0]);
17         exit(1);
18     }
19     if ((ofp = fopen(argv[1], "wb")) == NULL){
20         printf("오류 : %s 파일을 열 수 없습니다.\n", argv[1]);
21         exit(1);
22     }
23     printf("상품을 입력하세요.\n");
24     printf("입력 형식 : 품명 가격 재고량\n");
25     id = 1;
26     check = scanf("%s %d %d", item.name, &item.price, &item.stock);
27     while (check != EOF){
28         item.id = id++;
29         fwrite(&item, sizeof(product), 1, ofp);
30         check = scanf("%s %d %d", item.name, &item.price, &itm.stock);
31     }
32     fclose(ofp);
33     return 0;
34 }
```

19행에서 `fopen()`의 모드로 `"wb"`를 지정하였다. 이것은 이진 파일 쓰기 모드로 파일을 열라는 것이다. 상품 `id`는 1부터 자동으로 배정된다고 가정하였다. 이를 위해 25행에서 `id`를 1로 초기화하였고, 28행에서 새로운 상품에 현재 `id`를 부여한 다음 `id` 값을 1 증가시키고 있다. 27행의 `EOF(end-of-file)`는 파일의 끝을 나타내는 문자 상수이다. 26행이나 30행에서 `scanf()`가 파일을 읽다가 파일의 끝에 도달하여 더 이상 읽을 수가 없을 때 `EOF`를 리턴하게 된다. 29행의 `fwrite(&item, sizeof(product), 1, ofp)`은 `ofp`가 포인트하는 파일에 `item`이 포인트하는 곳부터 `sizeof(product) * 1`바이트만큼 메모리 내용을 그대로 쓰라는 것이다. 즉, `item` 구조체 전체의 메모리 내용을 그대로 파일에 저장하게 된다. 다음은 실행 결과 내용이다.

```
$ input_product productDB
상품을 입력하세요.
입력 형식 : 품명 가격 재고량
노트북   2500000 10
태블릿    750000 20
모니터    600000 15
마우스     50000 8
키보드     80000 10
냉장고   2500000 5
세탁기   1800000 6
^D
$ cat productDB
노트북�%&
태블릿�q
        모니터�'          마우스P키보드�8
냉장고�%&세탁기|@wk
```

실행 결과에서 ^D(control+d)는 터미널에서 EOF를 발생시키기 위한 것이다. productDB 파일의 내용을 보면, 문자열인 품명을 제외하고는 그 내용을 알아볼 수가 없음을 알 수 있다. 이것은 숫자가 이진수로 저장되기 때문이다.

fread()

fwrite()로 만든 이진 파일을 읽을 때는 fread() 함수를 사용한다. fread() 함수의 원형은 다음과 같다.

```
size_t fread(const void *buffer, size_t size, size_t count, FILE *FP);
```

buffer는 파일에서 읽은 데이터를 저장할 포인터이고, size는 각 객체의 크기이고, count는 객체의 수를 의미하며, FP는 읽을 파일 포인터이다. 프로그램 10.4는 프로그램 10.3에서 만든 이진 파일을 읽는 프로그램이다.

프로그램 10.4

```
1  #include <stdio.h>
2  #include <stdlib.h>
3  typedef struct product {
4      int id;
5      char name[20];
6      int price;
7      int stock;
8  } product;
9  int main(int argc, char **argv)
10 {
11     FILE *ifp;
12     int check;
13     product item = {0, "", 0, 0};
14 
15     if (argc != 2) {
16         printf("실행 오류 : \n   사용법 : %s in_file\n", argv[0]);
17         exit(1);
18     }
19     if ((ifp = fopen(argv[1], "rb")) == NULL){
20         printf("오류 : %s 파일을 열 수 없습니다.\n", argv[1]);
21         exit(1);
22     }
23     printf(" 번호   품명            가격        재고\n");
24     check = fread(&item, sizeof(product), 1, ifp);
25     while (check){
26         printf("%5d   %-15s %10d원 %5d\n",
27             item.id, item.name, item.price, item.stock);
28         check = fread(&item, sizeof(product), 1, ifp);
29     }
30     fclose(ifp);
31     return 0;
32 }
```

19행에서 파일을 이진 파일 읽기 모드인 "rb"로 열고 있다. 이진 파일을 읽을 때는 이진 파일을 만들 때 사용한 방법대로 읽어야 한다. 24행을 보면, fwrite()로 쓴 것과 같은 방식으로 fread()를 사용하여 읽고 있음을 알 수 있다. 프로그램 10.3에서 만들어진 파일을 입력으로 하여 실행한 결과는 다음과 같다.

```
$ print_product productDB
  번호   품명           가격       재고
    1   노트북      2500000원     10
    2   태블릿       750000원     20
    3   모니터       600000원     15
    4   마우스        50000원      8
    5   키보드        80000원     10
    6   냉장고      2500000원      5
    7   세탁기      1800000원      6
```

이진파일의 임의위치 접근

프로그램 10.3과 같은 형식으로 저장하면 파일에서 각 상품을 위한 데이터 크기는 sizeof(product) 바이트로 모두 같으므로 원하는 데이터를 쉽게 찾을 수 있다. 예를 들어, 첫 번째 상품 데이터는 파일의 처음부터 시작하고, 2번째 상품 데이터는 파일의 sizeof(product)부터 시작할 것이다. 일반화하면 i 번째 상품은 sizeof(product) * (i - 1)부터 시작할 것이다. 또한 데이터를 수정하여 저장할 때도 전체 데이터를 다 저장할 필요 없이 수정된 부분만 저장해도 다른 데이터에는 영향을 주지 않는다. 프로그램 10.5는 프로그램 10.3에서 만든 파일을 사용하는 재고 관리 프로그램이다.

프로그램 10.5

```
#include <stdio.h>
#include <stdlib.h>
#include <string.h>
typedef struct product {
    int id;
    char name[20];
    int price;
    int stock;
} product;
```

```
int selMenu(void);
void print(FILE *fp);
void add(FILE *fp);
void search(FILE *fp);
void update(FILE *fp);
int main(int argc, char *argv[])
{
    FILE *fp;
    int sel;
    if (argc != 2){
        printf("실행 오류 : \n   사용법 : %s productDB\n", argv[0]);
        exit(1);
    }
    if ((fp = fopen(argv[1], "rb+")) == NULL){
        printf("오류 : %s 파일을 열 수 없습니다.\n", argv[1]);
        exit(1);
    }
    while (1){
        sel = selMenu();
        switch (sel) {
            case 1:  // 전체 출력
                print(fp);
                break;
            case 2:  // 상품 추가
                add(fp);
                break;
            case 3:  // 상품 검색
                search(fp);
                break;
            case 4:  // 재고 업데이트
                update(fp);
                break;
            case 0:  // 종료
                printf("프로그램을 종료합니다.\n");
                fclose(fp);
                return 0;
            default:
                printf("잘못된 번호 입니다.\n");
```

```
        }
    }
}
void print(FILE *fp)
{
    int check;
    struct product item;
    rewind(fp);
    printf(" 번호   품명              가격       재고\n");
    check = fread(&item, sizeof(product), 1, fp);
    while (check){
        printf("%5d   %-15s %10d원 %5d\n",
            item.id, item.name, item.price, item.stock);
        check = fread(&item, sizeof(product), 1, fp);
    }
    return;
}
void add(FILE *fp)
{
    product item;
    int id = 0;
    printf("상품을 추가합니다.\n");
    printf("추가 상품이 없으면 품명에 .end를 입력하세요\n");
    fseek(fp, 0, SEEK_END);
    id = ftell(fp) / sizeof(product) + 1;
    while (1){
        printf("품명 : ");
        scanf("%s", item.name);
        if (!strcmp(item.name, ".end"))
            break;
        printf("가격 : ");
        scanf("%d", &item.price);
        printf("수량 : ");
        scanf("%d", &item.stock);
        item.id = id++;
        fwrite(&item, sizeof(product), 1, fp);
    }
    fflush(fp);
```

```
    return;
}
void search(FILE *fp)
{
    product item;
    int id = 0, maxID;
    fseek(fp, 0, SEEK_END);
    maxID = ftell(fp) / sizeof(product);
    printf("상품을 검색합니다.\n");
    do{
        printf("상품 ID : ");
        scanf("%d", &id);
        if (id > maxID){
            printf("1부터 %d 사이의 상품 ID를 입력하세요\n", maxID);
            continue;
        }
        fseek(fp, sizeof(product) * (id - 1), SEEK_SET);
        fread(&item, sizeof(product), 1, fp);
        printf(" 번호   품명             가격       재고\n");
        printf("%5d   %-15s %10d원 %5d\n",
            item.id, item.name, item.price, item.stock);
        break;
    } while (1);
    return;
}
void update(FILE *fp)
{
    product item;
    int id = 0, maxID, stock;
    fseek(fp, 0, SEEK_END);
    maxID = ftell(fp) / sizeof(product);
    printf("재고를 업데이트합니다.\n");
    do{
        printf("상품 ID : ");
        scanf("%d", &id);
        if (id > maxID){
            printf("1부터 %d 사이의 상품 ID를 입력하세요\n", maxID);
            continue;
```

```
        }
        fseek(fp, sizeof(product) * (id - 1), SEEK_SET);
        fread(&item, sizeof(product), 1, fp);
        printf(" 번호   품명            가격       재고\n");
        printf("%5d   %-15s %10d원 %5d\n",
            item.id, item.name, item.price, item.stock);
        do {
            printf("재고 수량 : ");
            scanf("%d", &stock);
            if (stock < 0){
                printf("0 이상의 수를 입력하세요\n");
                continue;
            }
            break;
        } while (1);
        item.stock = stock;
        break;
    } while (1);
    fseek(fp, -sizeof(product), SEEK_CUR);
    fwrite(&item, sizeof(product), 1, fp);
    return;
}
int selMenu(void)
{
    int num;
    while (1){
        printf("\n\n=== 재고 관리 프로그램 ===\n");
        printf("1. 전체 출력\n");
        printf("2. 상품 추가\n");
        printf("3. 상품 검색\n");
        printf("4. 재고 업데이트\n");
        printf("0. 종료\n");
        printf("메뉴 선택: ");

        if (scanf("%d", &num) != 1) {
            while (getchar() != '\n')
                ;
            continue;
```

```
162         }
163         return num;
164     }
165 }
```

23행을 보면 파일을 "rb+" 모드로 열고 있다. 이는 이진 파일을 읽기와 쓰기로 사용한다는 것을 의미한다. 프로그램 10.5는 전체 상품 목록을 출력하고, 상품 추가와 재고 수정, 등을 하는 프로그램이다. 이러한 일을 하기 위해서는 재고 파일을 읽기도 하고 쓰기도 해야 한다. 이를 위해 이진 파일 읽기와 쓰기로 연 것이다. 파일을 읽기와 쓰기 모두를 하도록 열 때, 사용에 주의할 점은 파일 읽기를 하다가 쓰기를 할 경우나 쓰기를 하다가 읽기를 할 경우처럼 새로운 유형의 작업을 하기 전에 fseek(), rewind(), fflush() 중 하나를 반드시 호출해야 한다는 것이다. 프로그램 10.5도 사용자가 입력한 서비스를 처리하기 위해 파일에 접근하기 전에 fseek()이나 rewind(), fflush()를 하고 있다.

30행의 case 1인 "전체 출력"은 전체 상품을 차례대로 출력하는 것이다. 이것이 선택되면 재고 파일의 처음부터 출력해야 한다. 이를 위해 55행에서 rewind(fp)를 호출하여 파일 위치 지시자를 파일의 처음을 포인트하게 하게 한 다음, 상품을 하나씩 읽어서 출력하고 있다.

33행의 case 2인 "상품 추가"는 파일의 끝에 새로운 상품을 추가하는 것이다. 이때 상품 id는 자동으로 가장 큰 id에 1을 더하여 부여한다고 가정한다. 이것이 선택되면 현재 부여된 제일 큰 상품 id를 알아내기 위해 먼저 파일의 전체 크기를 계산해야 한다. 71행에서 fseek(fp, 0, SEEK_END)로 파일 위치 지시자를 파일의 끝으로 보내고, 72행에서 ftell(fp)의 값을 보면 파일 크기를 알 수 있다. 72행과 같이 파일 전체 크기를 sizeof(product)로 나누면 현재 부여된 가장 큰 상품 id를 알 수 있다. 그다음 상품 정보를 입력받아, 83행에서 입력된 상품 정보를 fwrite()로 파일에 저장하고 있다. fwrite()은 파일에 쓰는 함수라고 했는데, 사실 하드디스크에 있는 파일에 직접 쓰는 것이 아니라 그 파일과 관련된 메모리 버퍼에 쓰게 된다. 파일을 위한 메모리 버퍼 내용을 실제 하드디스크 파일에 반영하기 위해서는 fflush() 함수를 사용한다. 입력된 추가 상품을 실제 파일에 반영하기 위해 85행에서 fflush()를 호출하고 있다.

36행의 case 3인 **"상품 검색"**은 선택된 상품의 정보만을 출력하는 것이다. 이것이 선택되면 파일 위치 지시자를 선택된 상품이 저장된 위치로 설정해야 한다. 이 예제는 문제를 단순화하기 위해 파일에 1번 id 상품부터 차례대로 저장되어 있다고 가정하였다. 따라서 상품별 정보는 sizeof(product) 바이트를 차지하므로 상품 번호가 id인 상품 데이터는 sizeof(product) * (id - 1)부터 시작할 것이다. 이를 위해 102행은 fseek()을 사용하여 입력된 id의 상품이 저장된 곳으로 파일 위치 지시자를 설정하고 있다.

39행의 case 4인 **"업데이트"**는 기존에 저장된 특정 상품의 재고를 수정하는 것이다. 이것이 선택되면 먼저 id를 입력받아, 그에 해당하는 상품 정보를 보여주고, 새로운 재고량을 입력받아 그 위치에 저장하면 된다. 이러한 과정은 앞에서 설명한 내용과 유사하므로 더 이상 설명하지 않겠다.

마지막으로 42행의 case 0인 **"종료"**가 선택되면, 파일을 닫고 프로그램을 끝내면 된다. 다음은 프로그램 10.5를 실행한 결과이다.

```
$ stock productDB
=== 재고 관리 프로그램 ===
1. 전체 출력
2. 상품 추가
3. 상품 검색
4. 재고 업데이트
0. 종료
메뉴 선택: 1
 번호  품명          가격       재고
    1  노트북      2500000원     10
    2  태블릿       750000원     20
    3  모니터       600000원     15
    4  마우스        50000원      8
    5  키보드        80000원     10
    6  냉장고      2500000원      5
    7  세탁기      1800000원      6
```

```
=== 재고 관리 프로그램 ===
1. 전체 출력
2. 상품 추가
3. 상품 검색
4. 재고 업데이트
0. 종료
메뉴 선택: 2
상품을 추가합니다. 추가 상품이 없으면 품명에 .end를 입력하세요
품명 : 에어컨
가격 : 2200000
수량 : 4
품명 : 헤드폰
가격 : 150000
수량 : 30
품명 : .end

=== 재고 관리 프로그램 ===
1. 전체 출력
2. 상품 추가
3. 상품 검색
4. 재고 업데이트
0. 종료
메뉴 선택: 1
  번호   품명            가격        재고
    1   노트북       2500000원     10
    2   태블릿        750000원     20
    3   모니터        600000원     15
    4   마우스         50000원      8
    5   키보드         80000원     10
    6   냉장고       2500000원      5
    7   세탁기       1800000원      6
    8   에어컨       2200000원      4
    9   헤드폰        150000원     30

=== 재고 관리 프로그램 ===
1. 전체 출력
```

```
2. 상품 추가
3. 상품 검색
4. 재고 업데이트
0. 종료
메뉴 선택: 3
상품을 검색합니다.
상품 ID : 7
  번호  품명            가격       재고
    7  세탁기        1800000원     6

=== 재고 관리 프로그램 ===
1. 전체 출력
2. 상품 추가
3. 상품 검색
4. 재고 업데이트
0. 종료
메뉴 선택: 4
재고를 업데이트합니다.
상품 ID : 7
  번호  품명            가격       재고
    7  세탁기        1800000원     6
재고 수량 : 2

=== 재고 관리 프로그램 ===
1. 전체 출력
2. 상품 추가
3. 상품 검색
4. 재고 업데이트
0. 종료
메뉴 선택: 1
  번호  품명            가격      재고
    1  노트북        2500000원    10
    2  태블릿         750000원    20
    3  모니터         600000원    15
    4  마우스          50000원     8
    5  키보드          80000원    10
```

```
    6   냉장고         2500000원    5
    7   세탁기         1800000원    2
    8   에어컨         2200000원    4
    9   헤드폰          150000원   30

=== 재고 관리 프로그램 ===
1. 전체 출력
2. 상품 추가
3. 상품 검색
4. 재고 업데이트
0. 종료
메뉴 선택: 0
프로그램을 종료합니다.
```

프로그램 10.5는 이진 파일의 데이터를 읽고, 추가하고, 변경하는 방법을 보여주고 있다. 예제 프로그램에서 볼 수 있는 것처럼 파일을 처리할 때는 읽기와 쓰기를 하기 전에 파일 위치 지시자를 올바른 위치로 먼저 옮기는 것이 중요하다. 프로그램을 설계할 때 데이터를 저장할 파일도 같이 설계해야 함을 알 수 있다.

연습문제

01 다음 프로그램의 출력을 확인해 보아라. stdout은 표준 출력 스트림을 의미한다. 일반적으로 표준 출력 스트림은 모니터로 연결되어 있다. printf()는 표준 출력 스트림으로 출력하는 함수이기 때문에, printf()를 사용하면 모니터 화면에 출력 결과가 나오는 것이다. stdout을 닫게 되면 더 이상 화면에 출력되지 않을 것이다.

```c
#include <stdio.h>
int main(void)
{
    printf("Hello!\n");
    fclose(stdout);
    printf("Goodbye!\n");
    return 0;
}
```

02 다음 프로그램을 실행하고 출력 결과를 확인해 보아라. fprintf()에서 첫 번째 인자로 stdout을 사용할 수 있다.

```c
#include <stdio.h>
int main(void)
{
    fprintf(stdout, "Hello!\n");
    return 0;
}
```

03 다음 프로그램을 실행하고 출력 결과를 확인해 보아라. stderr는 표준 오류 스트림으로, 이것도 모니터 장치와 연결되어 있다. stdout을 닫아도 stderr를 통해 모니터로 출력할 수 있다. 물론, stderr로 프로그램의 정상 출력 내용을 내보내는 것은 바람직하지 않다.

```c
#include <stdio.h>
int main(void)
{
    fprintf(stdout, "Hello!\n");
    fclose(stdout);
```

```
    fprintf(stdout, "Hello, again!\n");
    fprintf(stderr, "Hello, Hello!\n");
    return 0;
}
```

04 다음 프로그램을 실행하고 출력 결과를 확인해 보아라. stdin은 표준 입력 스트림으로, 키보드 장치와 연결되어 있다. stdin이 fscanf()의 첫 번째 인자로 오면, 키보드로부터 데이터를 읽을 것이다.

```
#include <stdio.h>
int main(void)
{
    int in;
    fprintf(stdout, "정수를 입력하세요 : ");
    fscanf(stdin, "%d", &in);
    fprintf(stdout, "입력한 값은 %d 입니다. \n", in);
    return 0;
}
```

05 프로그램 파일을 읽어드려 한 줄 띄어쓰기를 한 형태로 파일을 만들어서 출력하는 프로그램을 작성하여라. 단, 입력과 출력 파일 이름은 사용자로부터 읽어드리도록 하여라.

06 명령어 라인에서 프로그램 파일을 입력받아 프로그램의 라인 수를 출력하는 프로그램을 작성하여라. 즉, 다음과 같이 출력해야 한다.

```
$ program program.c
program.c : 57 라인
```

07 명령어 라인에서 프로그램 파일을 입력받아 프로그램에서 사용된 각 알파벳의 수를 출력하는 프로그램을 작성하여라. 단, 대소문자는 구분하지 말고, 다음과 같이 출력해야 한다.

```
$ program program.c
A :   3    B :  10    C : 111    D :  40    E : 15
. . .
```

08 명령어 라인에서 프로그램 파일을 입력받아 사용자가 입력한 단어가 있는 행을 모두 출력하는 프로그램을 작성하여라. 단, 다음과 같이 출력해야 한다.

```
$ program program.c
input word : main
main : 2
$ program program.c
input word : int
int : 2, 3, 4, 9, 10
```

09 프로그램 파일을 입력받아 각 알파벳을 자신보다 3 큰 알파벳으로 대치하여 파일로 출력하는 프로그램을 작성하여라. 즉, a는 d, b는 e, ... , z는 c, 등으로 대치해야 한다. 단, 입력과 출력 프로그램 파일은 명령어 라인으로 읽어드려야 한다.

10 data 파일에 학생 이름, 학번, 성적 등의 목록을 저장하여라. 예를 들면 다음과 같은 형태로 저장한다.

```
Casanova      910017 A
Smith         934422 C
Jones         878766 B
.....
```

이 파일에서 자료를 읽어 struct student 형의 배열에 저장하고 이를 이진 파일로 출력하는 make_binary 프로그램을 작성하여라. 이 프로그램은 명령어 라인의 인자로 입력과 출력 파일 이름을 입력받아야 한다.

11 연습문제 10번에서 만든 이진 파일을 읽어드려, 성적순이나 이름순으로 출력하고, 성적을 수정하고, 성적을 추가하는 기능을 갖는 process_grade라는 프로그램을 작성하여라. 각 기능은 사용자로부터 대화방식으로 읽어드려야 한다. 단, 이진 파일 이름은 명령어 라인 인자로 받아들여라.

12 연습문제 11번에서 작성한 프로그램에 한 학급의 평균을 계산하고, 이 평균을 출력하는 class_average() 함수를 추가하여라. 이때 A 학점은 4점이고, B 학점은 3점 등으로 한다.

13 프로그램 10.5에 재고가 2 이하인 상품 목록을 출력하는 기능을 추가하여라.

14 프로그램 10.5에 상품명으로 검색하는 기능을 추가하여라.

15 프로그램 10.5는 상품 id를 1부터 차례로 부여하고, 차례대로 파일에 저장하였다. 상품 id를 사용자가 직접 입력하도록 프로그램을 수정하여라.

힌트 상품 id와 저장 위치를 따로 관리해야 한다.

A

기타

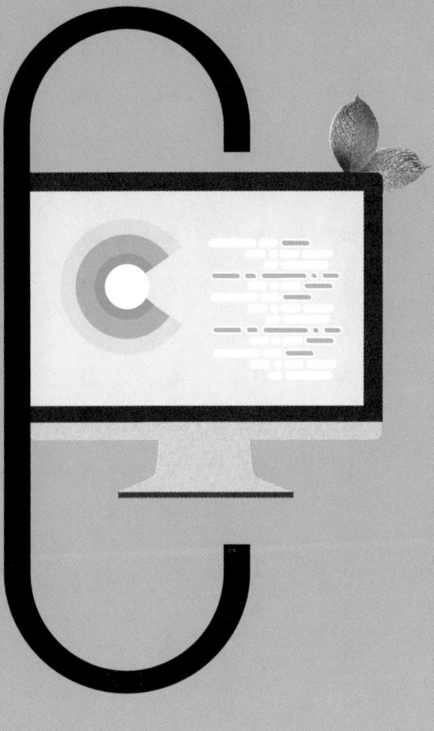

CHAPTER

A 기타

여기서는 ASCII 코드표, C 연산자 우선순위, gcc 컴파일 옵션을 간략하게 정리한다.

A.1 ASCII 코드표

ASCII: American Standard Code for Information Interchange

	0	1	2	3	4	5	6	7	8	9
0	nul	soh	stx	etx	eot	enq	ack	bel	bs	ht
1	nl	vt	np	cr	so	si	dle	dc1	dc2	dc3
2	dc4	nak	syn	etb	can	em	sub	esc	fs	gs
3	rs	us	sp	!	"	#	$	%	&	'
4	(	)	*	+	,	-	.	/	0	1
5	2	3	4	5	6	7	8	9	:	;
6	<	=	>	?	@	A	B	C	D	E
7	F	G	H	I	J	K	L	M	N	O
8	P	Q	R	S	T	U	V	W	X	Y
9	Z	[	\	]	^	_	'	a	b	c
10	d	e	f	g	h	i	j	k	l	m
11	n	o	p	q	r	s	t	u	v	w
12	x	y	z	{	|	}	~	del		

각 문자의 값은 각 행의 번호에 열 번호를 연결하여 만든다. 예를 들어 문자 A는 6번째 행과 5번째 열에 있다. 따라서 A의 값은 65이다. 약어는 다음과 같은 의미이다.

약어의 의미			
bel	audible bell	ht	horizontal tab
bs	backspace	nl	newline
cr	carriage return	nul	null
esc	escape	vt	vertical tab

A.2 C 연산자

연산자	설명	결합방향
[]	배열 인덱스	좌에서 우
( )	함수 호출	
.	구조체와 공용체 멤버 참조	
->	포인터를 통한 구조체와 공용체 멤버 참조	
++	후위 증가	
--	후위 감소	
++	전위 증가	우에서 좌
--	전위 감소	
(*type*)	캐스트	
&	주소	
*	역참조	
+	단항 + 부호	
-	단항 − 부호	
!	논리 부정	
~	비트 단위 보수	
sizeof	객체 크기	
*	곱하기	좌에서 우
/	나누기	
%	나머지	
+	더하기	좌에서 우
-	빼기	

<table>
<tr><th>연산자</th><th>설명</th><th>결합방향</th></tr>
<tr><td><<</td><td>비트 왼쪽 이동</td><td rowspan="2">좌에서 우</td></tr>
<tr><td>>></td><td>비트 오른쪽 이동</td></tr>
<tr><td><</td><td>작다</td><td rowspan="4">좌에서 우</td></tr>
<tr><td>></td><td>크다</td></tr>
<tr><td><=</td><td>작거나 같다</td></tr>
<tr><td>>=</td><td>크거나 같다</td></tr>
<tr><td>==</td><td>같다</td><td rowspan="2">좌에서 우</td></tr>
<tr><td>!=</td><td>다르다</td></tr>
<tr><td>&</td><td>비트 단위 논리 곱</td><td>좌에서 우</td></tr>
<tr><td>^</td><td>비트 단위 배타적 논리합</td><td>좌에서 우</td></tr>
<tr><td>|</td><td>비트 단위 논리합</td><td>좌에서 우</td></tr>
<tr><td>&&</td><td>논리곱</td><td>좌에서 우</td></tr>
<tr><td>||</td><td>논리합</td><td>좌에서 우</td></tr>
<tr><td>?:</td><td>조건부</td><td>우에서 좌</td></tr>
<tr><td>=</td><td>배정</td><td rowspan="2">우에서 좌</td></tr>
<tr><td>+= -= *=
/= %= <=
>>= &=
^= |=</td><td>복합 배정</td></tr>
<tr><td>,</td><td>콤마</td><td>좌에서 우</td></tr>
</table>

표에서 위에 있는 연산자일수록 높은 우선순위를 갖는다. 다만 점선으로 분리된 것들은 같은 우선순위를 갖는다.

A.3 gcc 옵션

옵션	설명
--help	간략한 gcc 옵션 설명
-c	링크를 하지 않고 컴파일만 수행함, 컴파일 결과는 .o 파일로 생성됨
-D *id*[=*value*]	*id* 매크로를 정의함, *value*가 없으면 *id*는 1의 값을 가짐
-E	전처리기만 수행함, 전처리 결과는 화면에 출력됨
-g	gdb 디버거가 사용할 수 있는 디버깅 정보를 만드는 코드 생성
-I *dir*	*dir* 디렉터리에서 헤더파일을 찾음
-L *dir*	라이브러리 패스에 *dir* 디렉터리를 추가함
-l*lib*	*lib*로 명시된 라이브러리를 찾음
-M	makefile 생성
-o *name*	실행 파일 이름을 *name*으로 함
-O*level*	코드 최적화 수준을 선택함, *level*: 0, 1, 2, 3, s
-pg	gprof 프로파일러가 사용할 수 있는 프로파일 정보를 만드는 코드 생성
-S	어셈블러 코드 생성, .s 파일로 생성됨
-std=*standard*	어떤 표준으로 작성된 프로그램인지 지정함, *standard*: c99, c89, ansi 등
-W*warning*	*warning*으로 명시된 경고 메시지를 설정함, *warning*: all, error, 등

gcc는 매우 다양한 옵션을 제공한다. 여기서는 많이 사용하는 것만 정리하였다. 더 자세한 내용은 man 페이지를 참조하기를 바란다.

찾/아/보/기